PENSE E ORE

DIEGO MENIN

PENSE E ORE

MENSAGENS INSPIRADORAS PARA UM NOVO TEMPO

Vida

Vida
Editora Vida
Rua Conde de Sarzedas, 246 — Liberdade
CEP 01512-070 — São Paulo, SP
Tel.: 0 xx 11 2618 7000
atendimento@editoravida.com.br
www.editoravida.com.br
@editora_vida /editoravida

PENSE E ORE

Todas as citações bíblicas e de terceiros foram adaptadas segundo o Acordo Ortográfico da Língua Portuguesa, assinado em 1990, em vigor desde janeiro de 2009.

As opiniões expressas nesta obra refletem o ponto de vista de seus autores e não são necessariamente equivalentes às da Editora Vida ou de sua equipe editorial.

Os nomes das pessoas citadas na obra foram alterados nos casos em que poderia surgir situações embaraçosas.

Todos os grifos são do autor, exceto os indicados.

Editora-chefe: Sarah Lucchini
Editor responsável: Judson Canto
Revisão: Paulo Oliveira
Revisão de provas: Eliane Viza
Coordenadora de design gráfico: Claudia Fatel Lino
Projeto gráfico: Marcelo Alves de Souza
Diagramação: Madalena Araujo, Philipe Santos, Marcelo Alves de Souza e Willians Rentz
Capa: Arte Vida

2. edição: set. 2024

Dados Internacionais de Catalogação na Publicação (CIP)
(Câmara Brasileira do Livro, SP, Brasil)

Menin, Diego
Pense e ore : seu renovo diário em meio às batalhas da vida / Diego Menin. -- 2. ed. -- São Paulo : Editora Vida, 2024.

ISBN 978-65-5584-567-9

1. Devoções diárias - Cristianismo 2. Deus (Cristianismo) 3. Literatura devocional I. Título.

24-221349 CDD-242

Índice para catálogo sistemático:

1. Literatura devocional : Cristianismo 242
Eliane de Freitas Leite – Bibliotecária – CRB 8/8415

É sua primeira vez aqui?

Fico muito feliz de poder dar boas-vindas a você. Quero convidá-lo a conhecer mais do meu ministério e a se integrar comigo nas redes sociais e em tudo que Deus tem movimentado. Para isso, leia o QR Code, e vamos juntos nesta caminhada.

Diego Menin

www.diegomenin.com

DIEGO MENIN

Dedicatória

Dedico este livro a todas as pessoas comprometidas que, diariamente, acompanham-me e me inspiram, não apenas no programa *Pense e ore*, no YouTube, mas também em todas as nossas outras redes e plataformas. É para cada um de vocês que este livro foi escrito. Seu apoio constante e comprometimento com nossa jornada espiritual são inestimáveis. Vocês me motivaram a escrever estas páginas, e é por vocês que elas existem. Meu objetivo neste livro é continuar ajudando vocês nas batalhas do dia a dia, oferecer palavras de inspiração e consolo que possam iluminar seus caminhos e fortalecer sua fé. Que estas páginas sejam um guia, um conforto e uma fonte de força em sua jornada espiritual. Que continuemos a crescer juntos, aprofundando nossa fé e fortalecendo nossa conexão com Deus. Obrigado por fazerem parte desta jornada!

Agradecimentos

Quero expressar minha profunda gratidão a todas as pessoas que tornaram possível a jornada até chegarmos a este livro.

Em primeiro lugar, desejo agradecer a Deus, nosso Pai Celestial, o Autor da vida e nossa Fonte de inspiração eterna. Toda a honra e glória pertencem a Ele, pois foi por sua graça e sua orientação que este projeto foi concebido e cresceu.

À minha amada esposa, Carla Menin, e à minha adorável filha, Julia Menin, que merecem um reconhecimento especial. Elas têm sido meu pilar de apoio constante, compreendendo as demandas do dia a dia e incentivando meu comprometimento com este ministério. A presença e o amor delas são o combustível que me impulsiona.

Aos meus pais, Antonio Carlos Menin e Auredian Menin, a quem devo uma profunda gratidão pelos ensinamentos e valores que moldaram minha vida. A sabedoria e o amor deles têm sido guias preciosos ao longo dos anos.

À equipe que tornou o *Pense e ore* uma realidade, incluindo nossos talentosos roteiristas e editores e todos os envolvidos na produção, minha sincera gratidão. O trabalho árduo e a dedicação deles fizeram do programa algo notável.

Aos nossos queridos alunos do *Pense e ore*, aos quais quero dedicar uma palavra especial de agradecimento. São vocês que tornam esta jornada significativa e inspiradora. Suas perguntas, comentários e participação diária são o coração e a alma deste ministério.

Por onde começar?

Este devocional foi pensado para incentivá-lo a ter um tempo diário com Deus, para meditar na Palavra e aprender com ela. Além disso, inserimos um cronograma para a leitura anual da Bíblia, de modo que, no fim destas páginas, você terá lido toda a Sagrada Escritura.

Certamente, isso não o impede de começar em qualquer época do ano, fazendo sua leitura como melhor lhe convier. Você pode também fazer seu devocional diário e completar suas leituras nos fins de semana. Ou pode ler apenas algumas passagens da leitura sugerida. Afinal, o processo é individual, e cabe a você, com o Espírito Santo de Deus, desvendar as Escrituras e aprender no seu ritmo.

O importante é separar um tempo com Deus, meditar na Palavra, orar e ouvir o que Ele tem a lhe dizer. Se ainda não tem esse hábito, vá construindo aos poucos, até que se torne algo primordial em sua rotina.

Ao realizar seu devocional, compartilhe nas suas redes sociais o versículo do dia, uma frase que o impactou ou algo que aprendeu. Dessa maneira, você irá inspirar outras pessoas a "pensar e orar" sobre o assunto abordado. Ah! E não se esqueça de postar com a hashtag #diegomenin, combinado?

Você irá se surpreender com o que Deus fará na sua vida após um tempo de intimidade e relacionamento com Ele! Tenha um ano de muito aprendizado e comunhão, em nome de Jesus! Seja abençoado!

Diego Menin

Meu devocional

Queridos alunos, que tal compartilharmos um momento de reflexão e interação?

Estas perguntas foram cuidadosamente criadas para que você as registre, permitindo que, no futuro, possa apreciar o quanto evoluiu e reconhecer as bênçãos que Deus derramou sobre sua vida!

Nome: ____________________ **Data de nascimento:** ___/___/___

1. Pontos fortes

____

____

____

2. Pontos a serem melhorados

____

____

____

3. Hobby

____

____

____

4. Em qual(is) área(s) você sente que poderia dedicar mais esforço?

____

____

____

5 Quais experiências você deseja alcançar com Deus?

____

____

____

6 Quais são seus sonhos?

____

____

____

7 Pelo que você é grato?

____

____

____

8 O que o inspira a ser uma pessoa melhor?

____

____

____

9 Quais lugares você ainda deseja conhecer?

____

____

____

10 Quais são os próximos objetivos materiais que você deseja conquistar?

____

____

____

A ALEGRIA NÃO DEPENDE DAS CIRCUNSTÂNCIAS, MAS DA ATITUDE DIANTE DAS PROVAÇÕES.

JANEIRO

01
JAN

ANO-NOVO

O PASTOR QUE GUIA TODOS OS SEUS PASSOS

O Senhor é o meu pastor; de nada terei falta.
Salmos 23.1

LEMBRETE DO DIA

DEUS É FIEL PARA SUPRIR TODAS AS SUAS NECESSIDADES.

#DIEGOMENIN

PLANO DE LEITURA BÍBLICA

Gênesis 1.1 — 2.25
Mateus 1.1-25
Salmos 1. 1-6

PENSE E ORE

Confiança

ANOTAÇÕES

As palavras de Salmos 23.1 não são apenas uma promessa, mas uma realidade para aqueles que confiam em Deus. Ele não é um pastor distante, que observa de longe. Ele está ao seu lado em cada passo, guiando, protegendo e provendo tudo de que você precisa. Em um mundo cheio de incertezas e desafios, saber que o Senhor está cuidando de cada detalhe da sua vida é o maior conforto que pode ter!

Ser guiado pelo Todo-Poderoso não significa que o caminho será sempre fácil, mas que você nunca estará sozinho. Ele conhece cada curva, obstáculo e momento de dúvida. E, mesmo quando o caminho parecer escuro ou incerto, lembre-se de que o Pastor está ali, conduzindo você com mãos firmes e amorosas. A confiança na presença constante de Deus transforma o medo em segurança e a ansiedade em paz.

Permita que o Pastor guie todos os seus passos, hoje e sempre. Confie nas promessas Dele e siga a Sua voz. Ele sabe exatamente onde você precisa estar e o que tem de fazer. Quando o Senhor é o seu pastor, você pode ter a certeza de que, mesmo em meio às tempestades da vida, você será conduzido a pastos verdejantes e águas tranquilas, porque Ele é fiel para suprir todas as suas necessidades.

CORAGEM PARA VENCER

02
JAN

Não fui eu que ordenei a você? Seja forte e corajoso! Não se apavore nem desanime, pois o Senhor, o seu Deus, estará com você por onde você andar.
Josué 1.9

É mais fácil não obter sucesso do que conquistá-lo. Isso acontece porque a miséria sempre tem acompanhantes, enquanto o sucesso é solitário e incita o desprezo.

Se você não quiser crescer, é fácil. Seja medíocre, normal. Adapte-se a qualquer modismo. Aja como os medíocres: vista-se e coma como eles, ande com eles, pense como eles pensam e faça o que eles fazem. Assim, neutralizará o fato de ser único e não precisará ter coragem para mais nada.

É preciso ter coragem para ser diferente. As pessoas não falam de perdedores, mas falarão a seu respeito se você vencer. Inspire-se nos homens de Deus mencionados na Bíblia e encontre motivos para vencer o medo e a insegurança!

Vencer os obstáculos criados pela sua mente só é possível com atitudes direcionadas e muita fé. Só assim você se tornará alguém determinado a perseguir seu sonho. Alinhe-se com Deus e seja corajoso, a fim de sair da mediocridade. Ore a respeito disso e fique atento ao seu comportamento, que é o reflexo de suas escolhas.

Faça uma análise de suas últimas decisões, para ver se elas estão de acordo com os princípios bíblicos. Desse modo, você saberá se está no caminho do sucesso.

LEMBRETE DO DIA

A CORAGEM CONSTRÓI O SUCESSO.

#DIEGOMENIN

PLANO DE LEITURA BÍBLICA

Gênesis 3.1 — 5.8
Mateus 2.1-23
Salmos 2.1-6

PENSE E ORE

Coragem

ANOTAÇÕES

03 JAN

RESILIÊNCIA FORJADA NA FÉ

Meus irmãos, considerem motivo de grande alegria o fato de passarem por diversas provações, pois vocês sabem que a prova da sua fé produz perseverança. E a perseverança deve ter ação completa, a fim de que vocês sejam maduros e íntegros, sem que falte a vocês coisa alguma.
Tiago 1.2-4

LEMBRETE DO DIA

A FÉ DE QUEM PERSEVERA PRODUZ FRUTOS DURADOUROS.

#DIEGOMENIN

PLANO DE LEITURA BÍBLICA

Gênesis 5.9 — 7.12
Mateus 3.1 — 4.4
Salmos 2.7-12

PENSE E ORE

Perseverança

ANOTAÇÕES

Cada passo, queda ou paralisação está polindo você. Sua resiliência está sendo testada. Deus está ajustando suas emoções, forjando sua maturidade. Talvez você não tenha noção de quem está se tornando, mas Ele conhece cada partícula de seu corpo, cada uma de suas reações emotivas e a essência de seu espírito. Ele está ciente de seus limites, então fique tranquilo.

Independentemente dos problemas que possam surgir, você está no caminho certo. Mesmo não gostando nem sentindo prazer, seu papel é permanecer firme e deixar o trabalho com quem sabe o que faz.

Não permita que a raiva diante de certas situações e provações o façam perder a bênção. Lembre-se: o que você não governa governará você! A boa notícia é que uma única palavra de Jesus pode curar sua dor.

Portanto, jamais apresse o que precisa de tempo para crescer. O cristão corre os mesmos riscos que qualquer outro ser humano, mas aquele que confia seu destino a Deus terá a fé necessária para sobreviver a qualquer situação.

SUPERANDO LIMITES

04 JAN

Suporte comigo os meus sofrimentos, como bom soldado de Cristo Jesus.
2Timóteo 2.3

Se existisse um "suportômetro", para medir o que podemos aguentar, sem dúvida pensaríamos que o ponteiro indicaria sempre os números mais baixos. Diríamos que conseguimos suportar certos aborrecimentos, como um pneu furado, ou uma frustraçãozinha aqui e ali, sempre em vias pouco problemáticas.

Isso acontece porque sempre nos enxergamos muito abaixo de nossos verdadeiros limites. Certamente, para tudo existe um limite – para a divisão de terras, para as coisas que podemos ou não fazer, para as atividades que somos capazes de executar. E, sim, os acontecimentos de nossa vida também têm seus limites. A questão é que às vezes eles parecem difíceis demais, como se fossem decretar nosso fim, mas isso não expressa a realidade.

Situações adversas fazem parte da vida, e devemos aprender a lidar com elas. Quando sentimos que não temos a força necessária para vencê-las, podemos contar com Deus! Na vida cristã, é preciso aprender a suportar antes de aprender a vencer. Ninguém é feliz o tempo todo, pois na vida há fases e estações. Mas se Deus permite certas situações, não é para que você se torne refém delas, pois Ele "não permitirá que vocês sejam tentados além do que podem suportar" (1Coríntios 10.13).

LEMBRETE DO DIA

MESMO NAS SITUAÇÕES MAIS DIFÍCEIS, DEUS ESTÁ AO SEU LADO.

#DIEGOMENIN

PLANO DE LEITURA BÍBLICA

Gênesis 7.13 — 9.23
Mateus 4.5-25
Salmos 3.1-8

PENSE E ORE

Situações adversas

ANOTAÇÕES

05 JAN

A ARMADILHA DA AUTOSSUFICIÊNCIA

Vocês nem sabem o que acontecerá amanhã! Que é a sua vida? Vocês são como a neblina que aparece por um pouco de tempo e depois se dissipa. Em vez disso, deveriam dizer: "Se o Senhor quiser, viveremos e faremos isto ou aquilo".
Tiago 4.14-15

LEMBRETE DO DIA

VIVA NA DEPENDÊNCIA DE DEUS E DE SUA ORIENTAÇÃO.

#DIEGOMENIN

PLANO DE LEITURA BÍBLICA

Gênesis 9.24 — 11.19
Mateus 5.1-26
Salmos 4.1-8

PENSE E ORE

Autossuficiência

ANOTAÇÕES

Com muita frequência, o conforto produz um efeito de amnésia em nossa vida. Isso nos dá uma falsa sensação de segurança. Mas erramos em acreditar que nos bastamos, porque quando o inesperado acontece somos lembrados de nossas limitações e logo saímos em busca de ajuda.

Portanto, a autossuficiência é como uma cerca devorada por cupins. Pode ter a aparência de força, mas uma leve pressão já revela sua fragilidade. Quando estamos quebrados, as cercas que construímos para nos isolar daqueles que nos rodeiam simplesmente desmoronam. A partir daí, estamos abertos para receber encorajamento, correção e uma nova visão para nossa vida.

Em tempos de grande dificuldade, tendemos a tentar percorrê-los o mais rápido possível. No entanto, a resistência aos períodos de sofrimento pode nos levar a perder a capacidade de ouvir a voz da instrução. A desaceleração permite-nos perceber que a verdadeira lição a ser aprendida é a ensinada pela dor, nem sempre pelo alívio.

A fase da cerca quebrada pode surpreendê-lo. Deixe de ser crítico e torne-se um aprendiz em Deus, seja qual for a estação de sua vida. Descanse no Senhor!

É HORA DE CRESCER!

06
JAN

Quando eu era menino, falava como menino, pensava como menino e raciocinava como menino. Quando me tornei homem, deixei para trás as coisas de menino.
1Coríntios 13.11

A forma como você lida com as frustrações mostra se você é uma criança ou um adulto. As decepções exterminam de uma vez por todas a criança que mora dentro de nós. Portanto, posso afirmar que as decepções são libertadoras.

São as situações dolorosas, que parecem querer destruir você e sua vida, que o deixam mais forte. Porque nem toda frustração provém do Inimigo, mas do amor de Deus, a fim de nos mudar para sempre.

Você pode questionar: "Como Deus pode me amar e me deixar passar por isso?". A resposta de Deus é: "Deixei você passar por isso porque amo você. Tanto que desejei mudá-lo e mostrar sua real identidade e sua capacidade de realizar!".

Nunca é tarde demais para mudar. Você não está velho demais nem perdeu seu momento. Ainda pode acontecer o que você tanto espera, apenas viva seu amadurecimento espiritual! Deixe para trás as coisas de menino e assuma sua identidade adulta, a fim de entender o processo de evolução e vencer as frustrações, pois elas fazem parte de sua jornada como cristão.

Deus não só é capaz de dar o que você deseja como também de realizar o desejo que Ele tem para você. Prepare-se para as mudanças! Deus logo fará algo novo.

LEMBRETE DO DIA

ACOLHA A NOVA TEMPORADA DE DEUS EM SUA VIDA.

#DIEGOMENIN

PLANO DE LEITURA BÍBLICA

Gênesis 11.20 — 14.7
Mateus 5.27-48
Salmos 5.1-6

PENSE E ORE

Mudança

ANOTAÇÕES

07
JAN

OBEDEÇA AO SENHOR E SEJA ABENÇOADO

Hoje ordeno a vocês que amem o Senhor, o seu Deus, andem nos seus caminhos e guardem os seus mandamentos, decretos e ordenanças; então vocês terão vida e aumentarão em número, e o Senhor, o seu Deus, os abençoará na terra em que vocês estão entrando para dela tomar posse.
Deuteronômio 30.16

LEMBRETE DO DIA

MANTENHA A SUA FÉ EM DEUS, NÃO EM VOCÊ MESMO.

#DIEGOMENIN

PLANO DE LEITURA BÍBLICA

Gênesis 14.8 — 17.2
Mateus 6.1-24
Salmos 5.7-12

PENSE E ORE

Fé em Cristo

ANOTAÇÕES

Algumas coisas estão esperando apenas que você anuncie seu fim. Não importa quanta energia você gastou para dar certo, elas não têm mais conserto — e não é por falta de talento, criatividade, força, fé ou persistência, mas porque Deus não quer. Se o Senhor não fez o que você tinha em mente, não quer dizer que Ele o abandonou. Na verdade, essa falta de conserto será um grande livramento!

Deus tem uma ideia melhor que a sua. Os planos Dele nunca irão falhar, enquanto os seus são frágeis demais. Quando preferimos nossas ideias aos planos de Deus, estamos nos preparando para o fracasso.

Além disso, significa que decidimos também não acreditar Nele. A incredulidade é a raiz do fracasso, enquanto a fé é a moeda do céu!

A fé irá estancar os vazamentos de seu espírito e conectar sua mente a uma nova perspectiva. A escolha é sua: ter fé em Deus ou em si mesmo. Não é possível crer em ambos ao mesmo tempo. Mas cuidado: essa escolha define a liberação — ou não — de Suas bênçãos.

ALGO NOVO

08
JAN

Esqueçam o que se foi; não vivam no passado. Vejam, estou fazendo uma coisa nova! Ela já está surgindo! Vocês não a reconhecem? Até no deserto vou abrir um caminho e riachos no ermo.
Isaías 43.18-19

Acredito que boa parte dos desfechos ruins aconteçam porque as pessoas não entendem o significado da palavra "final". Não sabem que ela determina que uma estação acabou e outra já vai começar, que um ciclo foi concluído, mas outro será iniciado.

Se todos entendessem isso, seria muito menos traumático encerrar qualquer relação ou projeto. Simplificaríamos os desfechos se abandonássemos a ideia de que todo término precisa ser trágico ou desgastante e entendêssemos que ele representa apenas uma mudança de uma fase, o fim de um ciclo e um novo patamar na vida.

Quando algo novo se inicia, nossa tendência é ficarmos abertos para receber encorajamento, correção e nova visão. Portanto, devemos deixar de lado o medo do fim, porque ele dará sequência a novos inícios.

Se você não soltar o que deve ir embora, poderá perder a capacidade de ouvir a voz da instrução. A desaceleração permite-nos perceber a verdadeira lição a ser aprendida, que pode estar na dor, não no alívio. E as fases seguintes poderão surpreendê-lo positivamente!

LEMBRETE DO DIA

NÃO SE PRENDA AO PASSADO, DEUS TEM UM NOVO TEMPO PARA A SUA VIDA!

#DIEGOMENIN

PLANO DE LEITURA BÍBLICA

Gênesis 17.3 — 18.33
Mateus 6.25 — 7.12
Salmos 6.1-7

PENSE E ORE

Recomeço

ANOTAÇÕES

09
JAN

DEFINITIVAMENTE LIVRE

Agora já não há condenação para os que estão em Cristo Jesus, porque por meio de Cristo Jesus a lei do Espírito de vida me libertou da lei do pecado e da morte.
Romanos 8.1-2

LEMBRETE DO DIA

VOCÊ É LIVRE EM CRISTO.

#DIEGOMENIN

PLANO DE LEITURA BÍBLICA

Gênesis 19.1 — 20.18
Mateus 7.13 — 8.4
Salmos 6.8 — 7.5

PENSE E ORE

Libertação

ANOTAÇÕES

Você já deve ter se perguntado: "Como posso ser livre efetivamente, não só na teoria?". Algumas dicas:

- *Una-se a pessoas que saibam para onde você está indo.* O máximo que alguém pode levar você é ao lugar onde ele já esteve. Seja radical, tire de sua vida pessoas que não lhe servirão de companhia.
- *Oriente-se pela Palavra.* Tome ações imediatas. A Palavra é como um enxerto de pele: causa dor e coceira, mas enquanto dói e coça está curando. Aceite os incômodos da transformação.
- *Esteja em lugares que possam retirar suas faixas.* Jesus ressuscitou Lázaro, mas logo em seguida as faixas tiveram de ser retiradas. Se for para continuar enrolado em faixas, é preferível continuar morto.

Siga esses passos e estará vivendo a liberdade plena na vida cristã

ENCARE A FORNALHA!

10
JAN

O rei Nabucodonosor, alarmado, levantou-se e perguntou aos seus conselheiros: "Não foram três os homens amarrados que nós atiramos no fogo?" Eles responderam: "Sim, ó rei". E o rei exclamou: "Olhem! Estou vendo quatro homens, desamarrados e ilesos, andando pelo fogo, e o quarto se parece com um filho dos deuses".
Daniel 3.21-25

Nabucodonosor era um homem embriagado pelo poder, vivia na maior e mais soberba cidade do mundo, a majestosa Babilônia. Era um homem mau, truculento e sanguinário, e ninguém ousava desobedecer às suas ordens. Mas o poder dos tiranos sempre encontra seu limite em pessoas fiéis a Deus.

Os três jovens hebreus eram uma nota dissonante no meio daquela sinfonia de servidão. Destoando da multidão, eles se recusaram a pecar. Sabiam que a verdade é inegociável, por isso enfrentaram a fornalha como se fosse uma batalha espiritual. Eles mantiveram sua integridade, sem a qual nosso elo com Deus é rompido.

Encare as fornalhas da vida, pois elas representam circunstâncias em que Deus se manifesta, e a presença Dele gera segurança, descanso, coragem e consolo. Além disso, as fornalhas são temporárias e têm um propósito. Portanto, não fuja! Elas são alvo de observação de Deus e do mundo. Enfrente as altas temperaturas de mãos dadas com o Senhor!

LEMBRETE DO DIA

ENFRENTE AS PROVAÇÕES SEM MEDO.

#DIEGOMENIN

PLANO DE LEITURA BÍBLICA

Gênesis 21.1 — 22.24
Mateus 8.5-27
Salmos 7.6-17

PENSE E ORE

Provação

ANOTAÇÕES

11
JAN

DEPENDA APENAS DE JESUS!

Falamos da sabedoria de Deus, do mistério que estava oculto, o qual Deus preordenou, antes do princípio das eras, para a nossa glória. Nenhum dos poderosos desta era o entendeu, pois, se o tivessem entendido, não teriam crucificado o Senhor da glória. Todavia, como está escrito: "Olho nenhum viu, ouvido nenhum ouviu, mente nenhuma imaginou o que Deus preparou para aqueles que o amam".
1Coríntios 2.7-9

LEMBRETE DO DIA

AMIGOS VÊM E VÃO, MAS JESUS JAMAIS NOS ABANDONARÁ.

#DIEGOMENIN

PLANO DE LEITURA BÍBLICA

Gênesis 23.1 — 24.33
Mateus 8.28 — 9.13
Salmos 8.1-9

PENSE E ORE

Desapego

ANOTAÇÕES

Aprenda a ser amigável com todos. Existem amizades temporárias, que durarão apenas algumas estações, e aquelas que se mantêm até o fim da vida. E, claro, nem todos serão seus amigos. O único com quem você realmente deve contar é Jesus Cristo.

Portanto, desapegue-se de pessoas que não o levarão ao seu destino ou perderam sua função ao longo do caminho.

Deus tem um destino valioso demais para você, por isso não permita que alguma coisa ou pessoa a que você se apegue no meio do caminho venha interferir negativamente em seu futuro. O desapego pode ser difícil, mas valerá a pena em comparação com o que Deus planejou para você, que "olho nenhum viu, ouvido nenhum ouviu".

ESTABELEÇA SUAS PRIORIDADES

12 JAN

Recebi tudo, e o que tenho é mais que suficiente. Estou amplamente suprido, agora que recebi de Epafrodito os donativos que vocês enviaram. São uma oferta de aroma suave, um sacrifício aceitável e agradável a Deus. O meu Deus suprirá todas as necessidades de vocês, de acordo com as suas gloriosas riquezas em Cristo Jesus.
Filipenses 4.18-19

Se Deus prometeu suprir nossas necessidades e nos dar vida abundante, por que parece que nunca temos o suficiente? De onde vem essa sensação terrível de escassez? A resposta é simples: isso acontece porque não temos prioridades.

Se você quer mais tempo, em vez de reclamar que seu tempo é insuficiente, analise como está gastando seu tempo. Se quiser mais fé, em vez de dizer que sua fé é fraca, peça a Deus que aumente sua fé.

Jesus ensinou que devemos buscar o Reino de Deus em primeiro lugar, acima de todas as coisas. Precisamos nos desapegar de coisas e pessoas que consideramos imprescindíveis – porque não são! – e andar por fé, não pelas nossas percepções. Então Deus suprirá todas as nossas necessidades.

LEMBRETE DO DIA

BUSQUE O REINO DE DEUS EM PRIMEIRO LUGAR.

#DIEGOMENIN

PLANO DE LEITURA BÍBLICA

Gênesis 24.34 — 25.28
Mateus 9.14-38
Salmos 9.1-6

PENSE E ORE

Suprimento

ANOTAÇÕES

13 JAN

UM VOO MAIS ELEVADO

O Senhor estabeleceu o seu trono nos céus, e como rei domina sobre tudo o que existe.
Salmos 103.19

LEMBRETE DO DIA

AS CIRCUNSTÂNCIAS DIFÍCEIS PREPARAM VOCÊ PARA NÍVEIS MAIS AVANÇADOS.

#DIEGOMENIN

PLANO DE LEITURA BÍBLICA

Gênesis 25.29 — 27.17
Mateus 10.1-20
Salmos 9.7-14

PENSE E ORE

Controle

ANOTAÇÕES

Deus está no controle de tudo. Só depois de reconhecermos que nem tudo está ao nosso alcance, mas que podemos ser e fazer o melhor com o que Deus nos deu, deixaremos de andar sob a sombra das derrotas e das frustrações.

Você terá um problema se não atentar para quem é e começar a dizer: "Não consigo suportar isso!". A questão é que ao fazer tal declaração você está rejeitando o chamado para avançar. Isso acontece porque avançar — alçar um voo mais elevado — significa lidar com mais problemas.

Digo isso porque os problemas com os quais você está lidando no momento correspondem a um treinamento para o próximo nível. Desse modo, reclamar do nível atual é confessar que não está pronto para o próximo nível.

Mas vamos relembrar: Deus está no controle, por isso Ele não permitirá problemas em sua vida que você não seja capaz de suportar. Ele quer que você cresça e avance no Reino.

CRIANÇAS MANHOSAS

14 JAN

Embora a esta altura já devessem ser mestres, precisam de alguém que ensine a vocês novamente os princípios elementares da palavra de Deus. Estão precisando de leite, e não de alimento sólido! Quem se alimenta de leite ainda é criança e não tem experiência no ensino da justiça.
Hebreus 5.12-13

É ridículo ver um adulto sugando uma mamadeira, da mesma forma que é absurdo ver homens cheios de experiência na igreja, depois de ouvir centenas de mensagens, ainda estarem "precisando de leite", quando já deveriam ser mestres.

Você ainda está atrás de leite, em busca de uma mamadeira e de quem o alimente? A maioria dos crentes já deveria ser mestre, mas ainda está preocupada com sentimentos, sensações e desejos e não tem estrutura para ajudar ninguém. Como crianças manhosas, apenas choram por mamadeiras.

Não há babá que dê conta de crianças grandes e birrentas, que só reclamam: "A igreja não me valoriza o suficiente"; "O pastor não me dá atenção"; "Ninguém está cuidando de mim". Estão sempre "pedindo leite". No entanto, o leite não é alimento para adultos. Por isso, nada os sacia.

Abandone a mamadeira e vá atrás de alimento sólido!

LEMBRETE DO DIA

RECLAME MENOS E AJUDE MAIS.

#DIEGOMENIN

PLANO DE LEITURA BÍBLICA

Gênesis 27.18 — 29.6
Mateus 10.21-42
Salmos 9.15-20

PENSE E ORE

Alimento espiritual

ANOTAÇÕES

15 JAN

DECLARAÇÃO DE AMOR

Alguns lhe cuspiram no rosto e lhe deram murros. Outros lhe davam tapas e diziam: "Profetize-nos, Cristo. Quem foi que bateu em você?"
Mateus 26.67-68

LEMBRETE DO DIA

CRISTO SE SACRIFICOU POR AMOR A VOCÊ.

#DIEGOMENIN

PLANO DE LEITURA BÍBLICA

Gênesis 29.7 — 30.28
Mateus 11.1-24
Salmos 10.1-9

PENSE E ORE

Amor

ANOTAÇÕES

Imagine o próprio Deus, de joelhos diante dos homens que Ele veio salvar, sendo condenado, depois de ter sido açoitado, esbofeteado e cuspido? Pois é, cuspiram Nele! Bateram Nele! Zombaram Dele, pedindo que adivinhasse quem o estava espancando! Não dá para imaginar algo assim, mas foi real! E como é possível haver pessoas que nem dão a mínima para o que Ele fez? Agradeça sempre a Deus pelo Seu amor e fale desse amor aos outros, pois é a melhor maneira de retribuir o que Cristo fez por nós.

O sol brilha no céu, mas por alguns momentos ele pode se ocultar atrás das nuvens. Contudo, está sempre cumprindo sua função. Mesmo quando não lhe damos atenção, o sol é essencial para nossa vida. O mesmo ocorre com o amor de Jesus por nós. Às vezes, nossa ignorância ou nossa teimosia não nos permite contemplar esse amor. Mas ele sempre está por perto, e graças a ele estamos aqui hoje, vivendo como filhos adotados do Senhor.

O PROPÓSITO DO ADEUS

16
JAN

Eles saíram do nosso meio, mas na realidade não eram dos nossos, pois, se fossem dos nossos, teriam permanecido conosco; o fato de terem saído mostra que nenhum deles era dos nossos.
1João 2.19

Algumas pessoas podem se afastar de você. E, quando isso acontecer, deixe ir! Deus não quer vê-lo implorando para que alguém continue apegado a você depois de ter decidido deixá-lo. Porque seria um amor fingido, uma preocupação disfarçada, uma companhia forçada.

Não importa quão maravilhosa seja a pessoa ou quanto você se sinta atraído por ela. Também não importa há quanto tempo ela está com você ou se ainda poderia ajudá-lo em alguma coisa. Seu destino não pode estar amarrado a alguém que está deixando de fazer parte de sua vida.

Quando alguém deixa você é porque algum elo foi rompido, porque a participação dele em sua história chegou ao fim. Querer mantê-lo ao seu lado é como ficar tentando ressuscitar um morto, esforçar-se para trazer de volta uma vida que já se foi.

Além disso, na vida do cristão nada acontece por acaso. Se alguém deixou de fazer parte de sua história, não foi um acidente. O "adeus" pode ser uma dádiva concedida pelo Senhor. Mesmo que agora você não entenda, mais tarde compreenderá que havia um propósito nessa separação.

LEMBRETE DO DIA

SEU DESTINO NÃO DEPENDE DE QUEM ESCOLHE PARTIR!

#DIEGOMENIN

PLANO DE LEITURA BÍBLICA

Gênesis 30.29 — 31.42
Mateus 11.25 — 12.21
Salmos 10.10-18

PENSE E ORE

O "adeus"

ANOTAÇÕES

17
JAN

ANDE SOBRE AS ÁGUAS

Jesus imediatamente lhes disse: "Coragem! Sou eu. Não tenham medo!" "Senhor", disse Pedro, "se és tu, manda-me ir ao teu encontro por sobre as águas". "Venha", respondeu ele. Então Pedro saiu do barco, andou sobre as águas e foi na direção de Jesus.
Mateus 14.27-29

LEMBRETE DO DIA

SAIR DO BARCO É O PRIMEIRO PASSO PARA O MILAGRE.

#DIEGOMENIN

PLANO DE LEITURA BÍBLICA

Gênesis 31.43 — 33.12
Mateus 12.22-45
Salmos 11.1-7

PENSE E ORE

Covardia

ANOTAÇÕES

Estamos rodeados de covardes. São pessoas fracas que estão o tempo todo ao nosso redor — em casa, no trabalho, em qualquer lugar — tentando nos impedir de sair do barco e andar por sobre as águas. São pessoas que têm medo de vencer e invejam os que têm ousadia para crer no sobrenatural, mesmo em dia de tempestade.

Não tenha dúvida de que quando Pedro tentou colocar o pé para fora do barco alguém procurou impedi-lo: "Você está louco? Isso é uma alucinação! Somos pescadores experientes e sabemos que ninguém sobrevive em mar aberto! Você vai ser sugado para o fundo do mar!".

Se você quer viver algo com Deus, saiba que muito perto de você sempre haverá pessoas sem coragem de sair do barco. Mas, apesar de toda essa gente sem fé à sua volta, de maneira alguma você deve permanecer no barco: saia e ande sobre as águas!

DE BEM COM AS CRÍTICAS

18
JAN

Façam isso com mansidão e respeito, conservando boa consciência, de forma que os que falam maldosamente contra o bom procedimento de vocês, porque estão em Cristo, fiquem envergonhados de suas calúnias.
1Pedro 3.16

Quando alguém o critica, significa que ele notou você, que você apareceu no radar dessa pessoa. Significa que você chamou a atenção, e pessoas que chamam a atenção atraem críticas. É por isso que estão falando de você. E a recomendação do apóstolo é que você esteja confortável com as críticas. Mas como?

A melhor maneira de lidar com as críticas é simplesmente não fazer nada. Se você revidar, só irá aumentar o conflito. Se você entrar com tudo na polêmica, vai acabar prejudicando seus propósitos e deixando de lado suas prioridades.

Não importa o que digam de você — afinal, não é possível agradar a todos o tempo todo. Se você estiver indo no caminho certo, prestes a alcançar as alturas para as quais Deus o tem chamado, certamente receberá críticas da parte de gente mesquinha e ciumenta, dos que ficaram para trás. Em vez de ouvi-los, prossiga para o alvo "conservando boa consciência"!

LEMBRETE DO DIA

A MELHOR PROTEÇÃO CONTRA AS CRÍTICAS É A BOA CONSCIÊNCIA.

#DIEGOMENIN

PLANO DE LEITURA BÍBLICA

Gênesis 33.13 — 35.18
Mateus 12.46 — 13.23
Salmos 12.1-8

PENSE E ORE

Críticas

ANOTAÇÕES

19 JAN

DEUS EM PRIMEIRO LUGAR

Confie no Senhor de todo o seu coração e não se apoie em seu próprio entendimento; reconheça o Senhor em todos os seus caminhos, e ele endireitará as suas veredas. Não seja sábio aos seus próprios olhos; tema o Senhor e evite o mal.
Provérbios 3.5-7

LEMBRETE DO DIA

SUA VIDA É GUIADA PELO QUE VOCÊ PÕE COMO PRIORIDADE.

#DIEGOMENIN

PLANO DE LEITURA BÍBLICA

Gênesis 35.19 — 37.2
Mateus 13.24-52
Salmos 13.1-6

PENSE E ORE

Prioridade

ANOTAÇÕES

Às vezes, dizem-me: "Pastor, estou em um beco sem saída. Não consigo avançar nem voltar". Se isso também está acontecendo com você, pergunto: que lugar Deus ocupa em sua vida? Você tem dado prioridade ao seu relacionamento com Ele? Tem buscado o Reino de Deus em primeiro lugar? Suas prioridades incluem Deus?

As pessoas ficam especulando sobre as possíveis razões de as coisas não terem dado certo e jogando a culpa nas circunstâncias, no Inimigo, no Universo, e assim por diante. Mas acredite: a culpa é toda sua! Geralmente, o motivo de você não ter um final feliz é que não começou da maneira correta.

Temos a responsabilidade – e o privilégio – de iniciar todos os nossos planos com Deus. Ele precisa estar no começo de tudo que pretendemos realizar. Se você fizer isso, jamais se verá em um beco sem saída, porque Ele "endireitará as suas veredas".

DEUS NÃO MUDA DE IDEIA

20 JAN

Deus não é homem para que minta, nem filho de homem para que se arrependa. Acaso ele fala e deixa de agir? Acaso promete e deixa de cumprir? Recebi uma ordem para abençoar; ele abençoou, e não o posso mudar.
Números 23.19-20

Há pessoas que mudam de ideia rapidamente: um dia beijam, no outro apunhalam pelas costas; um dia alimentam, no outro ministram veneno. Vivem uma inconstância na alma, uma inquietação interna, sem saber se amam ou se odeiam, com atitudes do mundo no ambiente do Evangelho. Também há mudanças de pensamento que são benéficas, com o ato de arrependimento, que nos leva à salvação.

Deus é o único que não muda de ideia. Ele é estável e confiável o tempo todo. Por isso, se um dia o Senhor chamou você, isso significa que Ele continua a ter sobre você a mesma opinião que tinha há vinte anos.

Sua vida pode estar uma bagunça hoje, mas a opinião de Deus continua sendo a mesma. Ele é imutável! Com as inseguranças que assaltam o ser humano, é relevante que você saiba o que Deus pensa a seu respeito. Se levar em conta a imutabilidade Dele, você se sentirá seguro na certeza de que tudo que Ele planejou para sua vida será concretizado.

LEMBRETE DO DIA

OS PENSAMENTOS DE DEUS SÃO FIRMES E CONSTANTES.

#DIEGOMENIN

PLANO DE LEITURA BÍBLICA

Gênesis 37.3 — 38.24
Mateus 13.53 — 14.21
Salmos 14.1-7

PENSE E ORE

Imutável

ANOTAÇÕES

21 JAN

A MUDANÇA EM VOCÊ

Sei que podes fazer todas as coisas; nenhum dos teus planos pode ser frustrado.
Jó 42.2

LEMBRETE DO DIA

SUA SITUAÇÃO NÃO TEM DE SER PERMANENTE, MAS NEM SEMPRE A SOLUÇÃO É RÁPIDA.

#DIEGOMENIN

PLANO DE LEITURA BÍBLICA

Gênesis 38.25 – 41.4
Mateus 14.22 – 15.9
Salmos 15.1 – 16.2

PENSE E ORE

Mudança

ANOTAÇÕES

Como pastor, já ouvi muitas vezes estes questionamentos: "Se Deus pode mudar minha situação, por que não muda?"; "Se Ele pode me tirar daqui, por que não tira?"; "Se Ele pode agir e manifestar a glória Dele por meio da minha vida, por que nada acontece?". Temos de reconhecer, é um raciocínio lógico. Mas não podemos nos esquecer de que por trás dessa situação está nossa necessidade de crescimento e a soberania de Deus, por exemplo.

Situações como essa revelam um tipo de fé diferente, pela qual as pessoas acreditam que tudo irá mudar pelo simples fato de crer que Deus está no controle. Essa fé faz parte da doutrinação de muitas igrejas, que repetem incessantemente aos ouvidos do povo: "Receba! Receba! Receba!". E os crentes ficam pensando que todas as situações serão resolvidas com rapidez.

Mas não é assim. O sofrimento de Jó foi longo. Paulo passou muitos anos na prisão. Outros cristãos enfrentam lutas que parecem intermináveis. Com você não será diferente. Por isso, talvez seja melhor mudar um pouco sua oração: em vez de pedir a Deus que mude logo a situação, passe a pedir que Ele mude você. Sua vida nunca mais será a mesma – e você será uma pessoa melhor.

QUANDO TEMOS UMA VISÃO DO SENHOR

22
JAN

No ano em que o rei Uzias morreu, eu vi o Senhor assentado num trono alto e exaltado, e a aba de sua veste enchia o templo. Acima dele estavam serafins [...]. E proclamavam uns aos outros: "Santo, santo, santo é o Senhor dos Exércitos, a terra inteira está cheia da sua glória".
Isaías 6.1-3

O profeta Isaías viveu tempos de incerteza, mas não procurou auxílio nos homens: buscou a Deus e o encontrou: ele viu o Senhor! Encontrou-O e foi encontrado Nele!

Nos momentos de incerteza, prestes a tomar alguma decisão, as pessoas vão tentar interferir em sua vida com conversas de todo tipo, "achismos" e opiniões que você não pediu. Meu conselho é: *"Pense e ore!"*. Mas faça isso no tempo certo, antes de tomar sua decisão, para poder deixar as incertezas de lado.

As decisões mudam o rumo e o destino de nossa vida. E nessas horas, mais do que nunca, precisamos do Senhor. Mas se o buscar, como fez o profeta, você acabará vendo o Senhor em toda a sua glória e a aba de sua veste preencherá sua vida.

LEMBRETE DO DIA

QUANDO VEMOS O SENHOR, AS INCERTEZAS VÃO EMBORA.

#DIEGOMENIN

PLANO DE LEITURA BÍBLICA

Gênesis 41.5 – 42.5
Mateus 15.10-31
Salmos 16.3-11

PENSE E ORE

Incerteza

ANOTAÇÕES

23
JAN

NÃO LIMITE DEUS

Moisés perguntou: "Quando eu chegar diante dos israelitas e lhes disser: O Deus dos seus antepassados me enviou a vocês, e eles me perguntarem: 'Qual é o nome dele?' Que lhes direi?" Disse Deus a Moisés: "Eu Sou o que Sou. É isto que você dirá aos israelitas: Eu Sou me enviou a vocês".
Êxodo 3.13-14

LEMBRETE DO DIA

DEUS NÃO CABE EM NOSSAS DEFINIÇÕES.

#DIEGOMENIN

PLANO DE LEITURA BÍBLICA

Gênesis 42.6 — 43.23
Mateus 15.32 — 16.20
Salmos 17.1-7

PENSE E ORE

Inseguranças

ANOTAÇÕES

O fato de termos nossas inseguranças, não significa que o céu está abalado. Se não sabemos como fazer algo, não significa que Deus também não saiba. Se não tivermos todos os recursos, não significa que Deus não possa nos suprir com o que necessitamos. Quando trememos de medo, não significa que Deus se sinta ameaçado.

Você pode ter todas as inseguranças do mundo, mas não rebaixe Deus ao nível de suas expectativas e experiências infelizes. Ele não pode ser medido pelo medo humano, tampouco afetado pelas nossas dúvidas. Ele é o que é, por isso disse a Moisés: "Eu Sou o que Sou".

Não podemos definir Deus em um único adjetivo. Ele não cabe em nossos conceitos, muito menos em nossas inseguranças. Entenda suas limitações, mas não limite Deus! Ele pode tudo! Ele tem tudo! Ele é tudo!

FALSA ALEGRIA

24
JAN

Junto aos rios da Babilônia nós nos sentamos e choramos com saudade de Sião. Ali, nos salgueiros, penduramos as nossas harpas; ali os nossos captores pediam-nos canções, os nossos opressores exigiam canções alegres, dizendo: "Cantem para nós uma das canções de Sião!" Como poderíamos cantar as canções do Senhor numa terra estrangeira?
Salmos 137.1-4

Os exilados israelitas sofriam com saudades de sua terra natal, mas seus opressores lhe pediam que cantassem as canções alegres de seu antigo repertório. Contudo, os israelitas recusavam-se a atendê-los. O argumento era: "Como poderíamos cantar as canções do Senhor numa terra estrangeira?".

Fingir alegria em momentos de dor pode ser uma forma de negação da realidade, que impede a cura verdadeira e o enfrentamento honesto dos desafios. Os israelitas escolheram honrar seus sentimentos, em vez de mascará-los com uma alegria superficial. A atitude deles nos ensina que é melhor ser verdadeiro consigo mesmo e com os outros, mesmo que isso signifique enfrentar emoções difíceis.

A autenticidade de nossas emoções e reações é essencial a uma vida plena e significativa, pois só assim poderemos encontrar a verdadeira paz e a cura para nossa alma, independentemente das circunstâncias.

LEMBRETE DO DIA

VOCÊ NÃO É OBRIGADO A FINGIR ALEGRIA.

#DIEGOMENIN

PLANO DE LEITURA BÍBLICA

Gênesis 43.24 — 45.16
Mateus 16.21 — 17.13
Salmos 17.8-15

PENSE E ORE

Emoções verdadeiras

ANOTAÇÕES

25 JAN

A FALA ATRELADA À FÉ

Quando ouviu falar de Jesus, chegou por trás dele, no meio da multidão, e tocou em seu manto, porque pensava: "Se eu tão somente tocar em seu manto, ficarei curada". Imediatamente cessou sua hemorragia e ela sentiu em seu corpo que estava livre do seu sofrimento.
Marcos 5.27-29

LEMBRETE DO DIA

A FALA ATRELADA À FÉ MUDA TUDO.

#DIEGOMENIN

PLANO DE LEITURA BÍBLICA

Gênesis 45.17 — 47.12
Mateus 17.14 — 18.9
Salmos 18.1-6

PENSE E ORE

Fé

ANOTAÇÕES

Quando essa mulher, que havia doze anos sofria com um fluxo de sangue intenso, disse para si mesma: "Se eu tão somente tocar em Seu manto, ficarei curada", ela estava atrelando sua fala à própria fé. As coisas que você diz sem pensar não surtem efeito algum, mas quando a fala está atrelada à fé, tudo muda.

Cabe aqui uma observação. Sem dúvida, a mulher não disse aquela frase apenas uma vez, mas ficava repetindo as palavras, porque precisava acreditar no que dizia. De outro modo, não teria coragem nem energia para chegar aonde chegou. A repetição irá atrelar sua fala à sua fé.

Tocar na orla da veste de Jesus parecia uma ideia idiota, mas se tornou sua única esperança. Mas, não importa o que pareça, Deus espera que verbalizemos nossa fé: "Não estou vendo nem ouvindo, mas sei que o milagre está vindo na minha direção". Pode ser que você não tenha nada nem ninguém a quem se apegar, mas se você aproximar sua boca de seu coração, com fé, o milagre virá até você, e então irá mudar!

ATÉ ONDE SEU OLHAR ALCANÇA?

26
JAN

A palavra do Senhor veio a mim: "O que você vê, Jeremias?" Vejo o ramo de uma amendoeira, respondi. O Senhor me disse: "Você viu bem, pois estou vigiando para que a minha palavra se cumpra".
Jeremias 1.11-12

A forma como vemos as coisas é relativa, por isso, quando vemos algo, o que sentimos está diretamente ligado às nossas crenças, à nossa cultura, ou seja, à bagagem que recebemos ao longo da vida. Um dia Deus perguntou ao profeta Jeremias o que ele estava vendo. Ele respondeu que estava vendo o ramo de uma amendoeira, algo bem específico.

A amendoeira é uma árvore que floresce antes das árvores tradicionais. Seu processo de poda e cura é muito mais rápido, por isso é uma árvore diferenciada. E, se Jeremias a identificou, sabia também do contexto no qual ela estava inserida e o que representava, pois é uma árvore que não depende de ciclos, estações e ambientes. Em outras palavras, Deus estava dizendo a Jeremias que iria cumprir algo na vida dele que não dependia de ciclos, estações, tampouco de suas sensações quanto ao ambiente.

A questão é que é muito difícil enxergar o plano de Deus nas situações problemáticas que vivenciamos no dia a dia. Mas Deus está nos perguntando: "O que você vê?". E quando Deus nos faz essa pergunta, significa que iremos chegar exatamente aonde nosso olhar alcança. Por isso, amplie sua visão!

LEMBRETE DO DIA

DEUS QUER NOS MOSTRAR O NOSSO AMANHÃ.

#DIEGOMENIN

PLANO DE LEITURA BÍBLICA

Gênesis 47.13 — 49.15
Mateus 18.10-35
Salmos 18.7-19

PENSE E ORE

Visão

ANOTAÇÕES

27
JAN

RÓTULOS

Pois Deus não nos deu um espírito de covardia, mas de poder, de amor e de equilíbrio.
2Timóteo 1.7

LEMBRETE DO DIA

O MUNDO VAI TENTAR NOS ROTULAR, MAS NÃO PODE MUDAR QUEM SOMOS EM CRISTO.

#DIEGOMENIN

PLANO DE LEITURA BÍBLICA

Gênesis 49.16 — 50.26
Mateus 19.1-24
Salmos 18.20-30

PENSE E ORE

Identidade

ANOTAÇÕES

Satanás se esforça para roubar a identidade dos homens de Deus. Temos uma boa ilustração disso quando quatro fiéis servos de Deus tiveram seu nome original trocado por um designativo ligado ao sistema religioso da Babilônia.

Daniel ("Deus é o meu juiz") teve o nome mudado para Beltessazar, que significa "príncipe de Baal"; Hananias ("Jeová é misericordioso"), para Sadraque, que significa "amigo do rei"; Misael ("Quem é como Deus?"), para Mesaque, que significa "quem é como Aku [deus da lua]"; Azarias ("Jeová é meu socorro"), para Abede-Nego, que significa "servo de Nagô [ídolo da astrologia]".

Mas quando Sadraque, Mesaque e Abede-Nego foram lançados na fornalha, eles ainda mostraram que eram servos do Deus Altíssimo. A reação deles foi um testemunho vivo de sua fé que tocou no coração do rei Nabucodonosor.

Não importa como o rotulem, as pessoas estão de olho para ver como você enfrenta suas fornalhas. É nessa hora que você deve provar que nunca perdeu sua identidade em Cristo.

O QUE OCUPA O PRIMEIRO LUGAR EM SUA VIDA?

28 JAN

Tu, Senhor, guardarás em perfeita paz aquele cujo propósito está firme, porque em ti confia. Confiem para sempre no Senhor, pois o Senhor, somente o Senhor, é a Rocha eterna.
Isaías 26.3–4

Se Deus promete suprir nossas necessidades e nos dar vida abundante, por que às vezes parece que não temos o suficiente? De onde vem essa sensação terrível de escassez, mesmo quando Deus é nosso Supridor? A resposta é simples: nossa insatisfação é resultado das escolhas prioritárias que fazemos.

Se você quer mais tempo, em vez de reclamar que ele é insuficiente, pense em como está gastando o tempo de que dispõe. Se você quer mais fé, em vez de dizer que ela é fraca, priorize a oração e peça a Deus que aumente sua fé. Quando você fizer de Deus sua prioridade, a sensação de escassez desaparecerá.

Além disso, você é prioridade para Ele, sabia? O Pai é onipresente e zela por você o tempo todo. Portanto, nada mais justo que Ele também ocupe o primeiro lugar em sua vida!

LEMBRETE DO DIA

VOCÊ É PRIORIDADE PARA DEUS.

#DIEGOMENIN

PLANO DE LEITURA BÍBLICA

Êxodo 1.1 — 3.10
Mateus 19.25 — 20.19
Salmos 18.31-42

PENSE E ORE

Prioridade

ANOTAÇÕES

29
JAN

PARA A GLÓRIA DE DEUS

Ao passar, Jesus viu um cego de nascença. Seus discípulos lhe perguntaram: "Mestre, quem pecou: este homem ou seus pais, para que ele nascesse cego?" Disse Jesus: "Nem ele nem seus pais pecaram, mas isto aconteceu para que a obra de Deus se manifestasse na vida dele".
João 9.1-3

LEMBRETE DO DIA

ALGUNS DESAFIOS DA VIDA REVELAM UM GRANDE PROPÓSITO!

#DIEGOMENIN

PLANO DE LEITURA BÍBLICA

Êxodo 3.11 – 5.14
Mateus 20.20 – 21.11
Salmos 18.43-50

PENSE E ORE

Visão do Reino

ANOTAÇÕES

A pergunta que os discípulos fizeram a Jesus é mais comum do que você imagina. Toda vez que vemos algo que não é "normal", o sofrimento inexplicado de alguém, queremos saber a causa, se o que aconteceu é consequência de alguma coisa que ele fez. E às vezes aplicamos isso a nós mesmos. Se você é demitido, logo fica se perguntando por que está passando por essa situação.

A verdade é que estamos sempre querendo encontrar motivos para tudo, porque encontrar essa resposta corresponde a uma espécie de consolo. A resposta de Jesus aos discípulos nos ensina algo diferenciado. Ele quebra nosso conceito de que tudo que acontece de ruim com alguém é uma forma de punição. Nada disso! É para que a glória de Deus seja manifestada na vida dessa pessoa!

Isso é fantástico! Há um propósito em tudo que Deus faz, e essas situações não são diferentes. Temos de enxergar as coisas como Jesus, através das lentes do Reino de Deus, de uma perspectiva pela qual os fatos acontecem não como consequência do pecado, mas para que a glória de Deus seja manifestada.

DEUS PREENCHE O VAZIO

30 JAN

Ensina-me a fazer a tua vontade, pois és o meu Deus; guie-me o teu bom Espírito por terra plana.
Salmos 143.10

Quando nada estiver acontecendo em sua vida, ponha Jesus nesse "nada". Ele precisa estar presente em sua vida em todos os momentos, mesmo quando pareça que nada está acontecendo, porque às vezes o "nada" é coisa de sua cabeça, resultado da maneira como você encara a vida e de como se relaciona com Deus. Portanto:

- Pare de pedir que Deus o coloque de pé se você não está disposto a se levantar!
- Pare de pedir liberdade a Deus se não está disposto a soltar o que prende você!
- Pare de pedir paz se você não está disposto a terminar suas guerras desnecessárias!

Nesses casos, pedir uma coisa e agir na direção contrária é a causa do "nada". Contudo, não significa que Deus não esteja presente em sua vida, apenas que ela está precisando de alinhamento. Se fizer isso, o "nada" desaparecerá. Você não ficará vazio!

LEMBRETE DO DIA

ALINHE-SE COM DEUS!

#DIEGOMENIN

PLANO DE LEITURA BÍBLICA

Êxodo 5.15 — 7.19
Mateus 21.12-32
Salmos 19.1-9

PENSE E ORE

Plenitude de Deus

ANOTAÇÕES

31 JAN

COM QUEM VOCÊ ANDA?

Aquele que anda com os sábios será cada vez mais sábio, mas o companheiro dos tolos acabará mal.
Provérbios 13.20

LEMBRETE DO DIA

PROSPERAR IMPLICA ANDAR COM AS PESSOAS CERTAS.

#DIEGOMENIN

PLANO DE LEITURA BÍBLICA

Êxodo 7.20 — 9.19
Mateus 21.33 — 22.14
Salmos 19.10-14

PENSE E ORE

Associação

ANOTAÇÕES

As pessoas com quem você se associa influenciam sua situação financeira. Partindo-se do ponto de que prosperidade é uma mentalidade, a pergunta que você precisa fazer a você mesmo é: "As pessoas com quem ando têm uma mentalidade que me impulsiona ou que me puxa para baixo?".

Andar com pessoas medíocres tornará você uma pessoa medíocre. Por isso, preste atenção nos hábitos das pessoas com quem costuma andar. Por exemplo, se costumam não jogar nada fora, guardar coisas quebradas ou aceitar qualquer coisa só porque é de graça, você pode também aprender a acumular coisas inúteis.

Avalie suas amizades. A mentalidade próspera quer sempre o melhor; a mente medíocre aceita qualquer coisa. Não ande com pessoas que ficam questionando e falando o preço das coisas. Não tenha receio de rever essas "amizades", de se afastar daqueles que impedem sua prosperidade.

CADA DESAFIO É UMA OPORTUNIDADE DE REVELAR O NOSSO MELHOR.

FEVEREIRO

01
FEV

LOUVOR EM MEIO ÀS TEMPESTADES

Bendirei o Senhor o tempo todo!
Os meus lábios sempre o louvarão.
Salmos 34.1

LEMBRETE DO DIA

O LOUVOR DOS JUSTOS AGRADA O CORAÇÃO DE DEUS.

#DIEGOMENIN

PLANO DE LEITURA BÍBLICA

Êxodo 9.20 – 11.10
Mateus 22.15-40
Salmos 20.1-9

PENSE E ORE

Adoração

ANOTAÇÕES

Nem todos os dias serão fáceis. Algumas situações estão além de nossas forças e de nosso entendimento, porém Deus é especialista em trazer glória às ruínas. O preço é você louvar ao Senhor em meio aos destroços e entulhos, sempre carregando uma palavra que produza esperança para os dias mais sombrios.

Não permita que a tristeza o destrua nem que seus desejos atuais sejam a causa de sua desistência. Enquanto houver esperança, existirá salvação. Alinhe seu coração e submeta seus desejos mais profundos e intensos à vontade do Pai. Assim, a tristeza jamais irá vencê-lo.

O Senhor habita no meio dos louvores. Por isso, se você o louvar, especialmente em um movimento contrário à sua realidade, Ele com certeza virá ao seu encontro.

Adorar é uma forma de mostrar o quanto amamos a Deus. É uma entrega que nos aproxima Dele e nos permite sentir Sua presença onde quer que façamos isso.

FORÇA E RESILIÊNCIA

02
FEV

Em todas estas coisas somos mais que vencedores, por meio daquele que nos amou. Pois estou convencido de que nem morte nem vida, nem anjos nem demônios, nem o presente nem o futuro, nem quaisquer poderes, nem altura nem profundidade, nem qualquer outra coisa na criação será capaz de nos separar do amor de Deus que está em Cristo Jesus, nosso Senhor.
Romanos 8.37-39

De vez em quando, precisamos do colo de Deus. Pedir forças não é covardia, é confiança. Uma situação repentina pode nos pegar desprevenidos e mudar nossa realidade: um acidente, o desemprego, um problema de saúde — a vida tem várias formas de nos impor obstáculos, sem aviso prévio e sem explicação.

Contudo, a despeito do impacto ou do estrago, você deve permanecer forte, resiliente. Mesmo ferido, continue firme. Embora seus sentimentos sejam seu ponto fraco, é sua obrigação aprender a crescer em meio a situações adversas. E, ao lidar com elas, esteja pronto para voltar à rotina com o foco e a continuidade de antes, ainda que emocionalmente esteja em cacos e querendo parar.

Mas você não pode parar! Todos temos nossos momentos de esgotamento mental ou físico, mas é preciso manter os olhos no alvo e entender que esses momentos passam e que o sol voltará a brilhar.

Tudo isso é possível, mas não se iluda: não é nada fácil. Atitudes que podem mudar sua vida são difíceis de pôr em prática, pois demandam esforço e determinação. Está disposto a enfrentá-las? Avalie seu momento atual e não tire os olhos de Jesus!

LEMBRETE DO DIA

NADA PODE SEPARÁ-LO DO AMOR DE DEUS.

#DIEGOMENIN

PLANO DE LEITURA BÍBLICA

Êxodo 12.1 — 13.8
Mateus 22.41 — 23.15
Salmos 21.1-7

PENSE E ORE

Amor

ANOTAÇÕES

03 FEV

O VALOR DA VERDADE DIVINA

Desde criança você conhece as Sagradas Letras, que são capazes de torná-lo sábio para a salvação mediante a fé em Cristo Jesus.
2Timóteo 3.15-17

LEMBRETE DO DIA

PONTOS DE VISTA MUDAM, MAS A PALAVRA DE DEUS PERMANECE PARA SEMPRE.

#DIEGOMENIN

PLANO DE LEITURA BÍBLICA

Êxodo 13.9 — 15.11
Mateus 23.16-39
Salmos 21.8-13

PENSE E ORE

Edificação

ANOTAÇÕES

Opiniões são as famosas conversas sem propriedade e sem responsabilidade advindas de pessoas que apenas dizem o que deve ser feito, quando elas mesmas nunca fizeram nada. Opiniões não alteram nada, não pagam as contas, não curam doenças nem alteram destinos. Elas não mudam vidas, não transformam corações nem trazem edificação pessoal.

Portanto, você não pode se apoiar em alguém que não tenha nada além de uma opinião. Muito cuidado com pessoas que adoram opinar, mas nunca construíram nada na vida, porque a relevância está nos frutos, não no que alguém opina sobre alguma coisa.

Mesmo que seja tentador ouvir o que pessoas têm a dizer, não misture opiniões com fé. Ter fé não é algo para fazer sentido à mente humana, mas um recurso para seguir em frente apoiado em verdades como: "Deus está comigo!"; "Tudo vai bem!"; "Eu posso!". Prefira ser edificado pelas Escrituras, não pela opinião de alguém.

DESCANSO EM DEUS

04 FEV

Retorne ao seu descanso, ó minha alma, porque o Senhor tem sido bom para você!
Salmos 116.7

Sabe aquela preocupação que está corroendo você como um câncer? Lance-a sobre Deus! Recuse-se a ficar pensando nisso, mesmo que por um instante. Abandone a dúvida e o medo. Deixe tudo com Deus. Depois, fique apenas assistindo, enquanto Ele trabalha.

Ele afrouxará as cordas para que seu arco não se quebre. Não importa o que esteja enfrentando, você não está sozinho. A razão de estar tão aflito e preocupado é que, no futuro, você poderá ajudar outras pessoas a sair da armadilha da qual você escapou.

Você precisa descansar, lembrar quem é o Deus de sua vida, que Ele tem o controle de tudo e que você não precisa se preocupar com nada. Caso contrário, terá um colapso.

Sim, nada é tão difícil quanto lançar nossas preocupações sobre o Senhor (1Pedro 5.7), mas há esperança e um propósito em descansar Nele. Você não sente alegria todos os dias, mas isso não significa que não é feliz. Externar felicidade quando não se está alegre não é falsidade, é apenas uma prova de amor ao Deus de sua vida, em quem você confia e descansa. A adoração e a oração o ajudarão a encontrar descanso em Deus. Você precisa descansar. Então descanse!

LEMBRETE DO DIA

ENTREGUE AS ANSIEDADES A DEUS E EXPERIMENTE O VERDADEIRO DESCANSO.

#DIEGOMENIN

PLANO DE LEITURA BÍBLICA

Êxodo 15.12 — 17.7
Mateus 24.1-22
Salmos 22.1-11

PENSE E ORE

Descanso em Deus

ANOTAÇÕES

05 FEV

DEUS TEM UM PLANO PARA VOCÊ

Então ele começou a ensinar-lhes que era necessário que o Filho do homem sofresse muitas coisas e fosse rejeitado pelos líderes religiosos, pelos chefes dos sacerdotes e pelos mestres da lei, fosse morto e três dias depois ressuscitasse.
Marcos 8.31

Deus às vezes permite a rejeição para que as impressões digitais de terceiros não estejam em Seu propósito. Chegará o tempo em que a tempestade parece ter bloqueado seu caminho. Mas não desista! Não deixe o desânimo entrar pelas suas portas: olhos, ouvidos e boca. O Diabo faz seus melhores negócios por meio delas — o que você vê, ouve e fala — para desanimar você e levá-lo a desistir.

Por isso, em vez de ficar sentado, chorando e perguntando: "Deus, por que estou passando por isso?", mude sua percepção e pergunte: "Deus está me preparando para quê?". Assim, a rejeição poderá se transformar nos tijolos da construção da melhor obra que o Senhor realizará por meio de você.

Sim, Deus tem um plano para elevá-lo. Ele está usando alguém abaixo de você para lhe dar impulso. Procure entender os fatos de sua vida e altere sua percepção.

LEMBRETE DO DIA

A REJEIÇÃO PODE PREPARAR VOCÊ PARA ALGO MAIOR. MANTENHA-SE FIRME.

#DIEGOMENIN

PLANO DE LEITURA BÍBLICA

Êxodo 17.8 — 19.20
Mateus 24.23-51
Salmos 22.12-21

PENSE E ORE

Rejeição

ANOTAÇÕES

ORE SEM PARAR

06
FEV

[... Jesus] ajoelhou-se e começou a orar: "Pai, se queres, afasta de mim este cálice; contudo, não seja feita a minha vontade, mas a tua". Apareceu-lhe então um anjo do céu que o fortalecia. Estando angustiado, ele orou ainda mais intensamente; e o seu suor era como gotas de sangue que caíam no chão.
Lucas 22.39-44

Humildemente, discordo de você que acha que não tem tempo para orar ou que só ora quando deseja algo de Deus. Mas o melhor momento para orar é quando não sentimos vontade alguma, quando achamos que não vale a pena ou que será inútil fazer isso.

No texto acima, vemos que Jesus orou estando prestes a ser morto. Seu corpo verteu sangue por todos os poros, tamanha a intensidade de Sua dor. Enquanto isso, os discípulos dormiam, cansados e tristes. Tenha disciplina! Contrarie a sensação natural do momento e ore!

A tristeza e a angústia podem levá-lo a dormir física e espiritualmente, mas Jesus nos mandou resistir e orar. E, assim como Ele, iremos superá-las. Viva a experiência de orar regularmente!

LEMBRETE DO DIA

FOMOS FEITOS PARA ESTAR EM COMUNHÃO COM DEUS.

#DIEGOMENIN

PLANO DE LEITURA BÍBLICA

Êxodo 19.21 — 21.25
Mateus 25.1-23
Salmos 22.22-31

PENSE E ORE

Mais oração

ANOTAÇÕES

07 FEV

EXISTE O TEMPO DE GUARDAR E O DE DISTRIBUIR

Quando a fome já se havia espalhado por toda a terra, José mandou abrir os locais de armazenamento e começou a vender trigo aos egípcios, pois a fome se agravava em todo o Egito.
Gênesis 41.56

LEMBRETE DO DIA

PROCURE ENTENDER O QUE DEVE SER ARMAZENADO PARA QUE NÃO FALTE MANTIMENTO EM TEMPOS DE ESCASSEZ!

#DIEGOMENIN

PLANO DE LEITURA BÍBLICA

Êxodo 21.26 –23.15
Mateus 25.24-46
Salmos 23.1-6

PENSE E ORE

Providência divina

ANOTAÇÕES

Toda vez que Deus quer abençoar, Ele vincula a bênção a uma causa. Por exemplo, o objetivo da ascensão de José no Egito foi abrir os celeiros e alimentar um povo faminto. Se esse povo olhasse para todos os lados e só se deparasse com iguais, não teria sobrevivido à fome.

A falta de referências é terrível para qualquer geração! E José foi a referência que Deus providenciou para alimentar o povo. O Senhor estava enchendo os celeiros porque sabia que um período de escassez estava para chegar.

Vemos hoje muitas igrejas abrindo e em poucos meses contabilizando centenas de membros. Por que elas crescem e fazem planos audaciosos nesta época de insegurança e descontrole? Porque seremos a resposta a um mundo que caminha para a fome! É por isso que o Eterno tem nos dado riquezas, sabedoria e recursos. Contudo, a questão é: quando chegar a fome, a dor ou o desespero, quando os povos clamarem por ajuda, como estará o coração Daquele que tem a chave do celeiro?

Você deve discernir o que precisa comer e o que precisa guardar. Nosso maior inimigo é o sucesso, quando não precisamos mais orar para ter o almoço na mesa, para ter gasolina no carro ou para pagar o aluguel. A razão de Deus abençoá-lo é encher seu celeiro para as estações de fome. Você não pode viver no limite: precisa encher seu celeiro.

QUE A PAZ DE DEUS GUARDE O SEU CORAÇÃO

08 FEV

Alegrem-se sempre no Senhor. Novamente direi: Alegrem-se! Seja a amabilidade de vocês conhecida por todos. Perto está o Senhor. Não andem ansiosos por coisa alguma, mas em tudo, pela oração e súplicas, e com ação de graças, apresentem seus pedidos a Deus. E a paz de Deus, que excede todo o entendimento, guardará o coração e a mente de vocês em Cristo Jesus.
Filipenses 4.4-7

Deus não precisa de um horário humano para realizar Seus propósitos. Ele não é servo do tempo, mas seu dono. Ele tem domínio, não pressa. Então, pare de levar sua ansiedade para o relógio! Em vez disso, apresente-a à grandeza de Deus.

Muitos já lutavam contra a ansiedade antes da pandemia, da angústia da quarentena e da máscara obrigatória. Durante a propagação do coronavírus, pediam que tudo voltasse ao normal, mas estavam orando errado. O que deveriam pedir é que tivessem a mente guardada em Cristo.

Quando fazemos essa oração, cientes da grandeza de Deus, nossa percepção de mundo é alterada. Passamos a confiar no Deus do tempo, a esperar o tempo Dele, e assim nosso coração e nossa mente ficam guardados em Cristo Jesus.

LEMBRETE DO DIA

CONFIE NO FATO DE QUE O SENHOR AGE NA HORA CERTA.

#DIEGOMENIN

PLANO DE LEITURA BÍBLICA

Êxodo 23.16 – 25.22
Mateus 26.1-22
Salmos 24.1-10

PENSE E ORE

Ansiedade

ANOTAÇÕES

09
FEV

NÃO ESPERE NADA EM TROCA

Amem [...] os seus inimigos, façam-lhes o bem e emprestem a eles, sem esperar receber nada de volta. Então, a recompensa que terão será grande e vocês serão filhos do Altíssimo, porque ele é bondoso para com os ingratos e maus.
Lucas 6.35

LEMBRETE DO DIA

É O SENHOR QUEM NOS FORTALECE.

#DIEGOMENIN

PLANO DE LEITURA BÍBLICA

Êxodo 25.23 — 26.37
Mateus 26.23-46
Salmos 25.1-11

PENSE E ORE

Ingratidão

ANOTAÇÕES

Seja automotivado: ninguém tem a obrigação de motivar você. Seja maduro: nem tudo que você fará pelos outros será retribuído. Portanto, ignore a ingratidão das pessoas, para não perder sua motivação. Deus não o abençoará pela opinião dos outros, mas pela maneira como você se enxerga.

Muitos dirão que você é otário, mas Deus quebrará o ciclo. Não permita que suas mágoas machuquem mais alguém! Não é fácil oferecer ajuda depois de só receber desprezo e ingratidão, mas é assim que ciclos são quebrados. Aprenda a viver sem aqueles que vivem sem você. Quem perdoa consegue virar a página, quem não perdoa fica revirando o lixo.

A ingratidão mata os sentimentos mais fortes, porém jamais se arrependa do bem que praticou. Acredite: pessoas felizes não criticam, não brigam, não perdem tempo falando da vida alheia nem morrem por não serem o centro das atenções.

Você não pode ficar esperando até que alguém o anime. Se acontecer, ótimo. Caso contrário, ótimo também. Siga o exemplo de Davi, que diante de profunda angústia encontrou encorajamento no Senhor (1Samuel 30.6). E o mesmo Senhor que encorajou Davi está com você!

A MULTIDÃO PODE NÃO TER RAZÃO

10 FEV

O Senhor disse a Moisés: "Envie alguns homens em missão de reconhecimento à terra de Canaã, terra que dou aos israelitas. Envie um líder de cada tribo dos seus antepassados".
Números 13.1-2

As coisas sempre ficam mais difíceis quando estamos perto de realizar algo. O povo de Deus estava prestes a adentrar Canaã. Estavam tão perto que Moisés enviou espiões para reconhecer a terra. Conclusão: era excelente, porém já estava ocupada! Era próspera, mas abrigava gigantes!

Amo o espírito de Calebe. A mensagem que passou ao povo foi: "Vamos subir e conquistar, não importa quanto custe!". Ele entendeu que não era hora de falar em oposição, em sacrifício, em quão trabalhoso seria: era hora de conquistar!

Calebe olhou para todos os que estavam reclamando e murmurando e tratou de silenciá-los. Há momentos em que você estará com a minoria, mas terá de calar a multidão.

A maioria contagia quem está por perto, tem complexo de inferioridade e mantém o "Egito" – a mentalidade de escravo – dentro de si. E você terá de fazer como Calebe. Não deixe que a multidão subestime o tamanho de Deus. Ele é maior e mais poderoso que qualquer gigante.

LEMBRETE DO DIA

NÃO SUBESTIME O TAMANHO DE DEUS.

#DIEGOMENIN

PLANO DE LEITURA BÍBLICA

Êxodo 27.1 – 28.38
Mateus 26.47-68
Salmos 25.12-22

PENSE E ORE

Gigantes

ANOTAÇÕES

11 FEV

VOCÊ ESTÁ MAIS PERTO DO QUE IMAGINA

No futuro, quando os filhos perguntarem aos seus pais: "Que significam essas pedras?", expliquem a eles: Aqui Israel atravessou o Jordão em terra seca. Pois o Senhor, o seu Deus, secou o Jordão perante vocês até que o tivessem atravessado. O Senhor, o seu Deus, fez com o Jordão como fizera com o mar Vermelho, quando o secou diante de nós até que o tivéssemos atravessado [...].
Josué 4.21-24

Deus reservou você para um propósito maior, mas haverá uma jornada para chegar lá, e não será fácil, porque seu passado irá tentar segurá-lo. Você encontrará velhos amigos pessimistas, que tentarão fazê-lo desistir. Mas esses momentos são indicadores de que está tudo bem com sua caminhada.

Se você está avançando, por certo encontrará oposição. E irá encontrar tanta resistência que até pensará em voltar. Mas não volte. A resistência mais forte significa que você está mais perto de seu destino do que imagina. Vá em frente e não olhe para trás: sua fé o ajudará a chegar!

O Senhor está abrindo o caminho para que você alcance outros níveis e chegue do outro lado com os pés enxutos. Portanto, não retroceda! O Senhor estará com você, e todos os seus passos serão abençoados. Vença as resistências pelo caminho e não pense em voltar!

LEMBRETE DO DIA

CONTINUE AVANÇANDO!

#DIEGOMENIN

PLANO DE LEITURA BÍBLICA

Êxodo 28.39 — 30.5
Mateus 26.69 — 27.14
Salmos 26.1-5

PENSE E ORE

Retrocesso

ANOTAÇÕES

DESERTO

Como é bom render graças ao Senhor e cantar louvores ao teu nome, ó Altíssimo; anunciar de manhã o teu amor leal e de noite a tua fidelidade, ao som da lira de dez cordas e da cítara, e da melodia da harpa.
Salmos 92.1-3

12
FEV

Um dos lugares mais difíceis de estar é entre o que Deus fez em nosso passado e o que esperamos Dele no futuro. É o que muitas vezes chamamos "deserto" – um lugar de sequidão existencial. Talvez você esteja vivendo nele agora. No deserto, nossos olhos instintivamente procuram o que não temos e o que aparentemente perdemos. Damos lugar à frustração, em vez de contar com a fidelidade de Deus.

No entanto, qualquer que seja a estação da vida, mesmo a estação da seca, você sempre terá uma escolha: pode decidir entre reclamar do que lhe falta ou agradecer a Deus pelo que está disponível; pode optar entre ficar olhando para o chão seco ou voltar os olhos para o céu, em atitude de louvor.

A estação da seca pode nos levar a uma devoção maior a Deus, a um lugar de renovo espiritual, se nos apoiarmos na fidelidade de Deus. Então não temeremos se Ele nos conduzir por algum de Seus caminhos inéditos – como o deserto. E Deus, que é fiel, irá honrar nossa confiança Nele.

LEMBRETE DO DIA

EM VEZ DE MURMURAR, AGRADEÇA!

#DIEGOMENIN

PLANO DE LEITURA BÍBLICA

Êxodo 30.6 – 32.6
Mateus 27.15-44
Salmos 26.6-12

PENSE E ORE

Fidelidade

ANOTAÇÕES

13 FEV

DEUS É O GOVERNADOR DA SUA VIDA

O Senhor é a minha força e o meu escudo; nele o meu coração confia, e dele recebo ajuda. Meu coração exulta de alegria, e com o meu cântico lhe darei graças.
Salmos 28.7

LEMBRETE DO DIA

A DOR PODE NOS APERFEIÇOAR.

#DIEGOMENIN

PLANO DE LEITURA BÍBLICA

Êxodo 32.7 – 34.7
Mateus 27.45-66
Salmos 27.1-6

PENSE E ORE

Fortalecimento

ANOTAÇÕES

Na hora da dor, tendemos a tomar decisões que podem bagunçar ainda mais nossa vida. Nessas horas, convém lembrar que Deus governa sobre tudo e tudo vê, até mesmo o sofrimento de Seus filhos, sejam eles crianças, velhos, pobres ou indefesos.

Deus não é insensível, cego ou impotente. Ele sabe todas as coisas e age com sabedoria e poder, mesmo quando não entendemos muito bem o que Ele está fazendo.

Seja lá o que estejamos enfrentando, Deus está do nosso lado. É Ele quem nos dá toda a força de que precisamos. Ele é nossa força, como diz o salmista.

Além disso, Deus pode transformar nossa experiência mais dolorosa em matéria-prima para a construção de uma linda história. É assim que a dor nos refina, em vez de nos destruir. E isso acontece porque Deus nos dá força até que a dor passe.

SIGA OS MANDAMENTOS DO SENHOR

14
FEV

Quem dera eles tivessem sempre no coração esta disposição para temer-me e para obedecer a todos os meus mandamentos. Assim tudo iria bem com eles e com seus descendentes para sempre!
Deuteronômio 5.29

Todos nós queremos milagres, falar em línguas e profetizar, mas nem todos querem obedecer. Pensam que assistir a dois cultos por semana ou ser voluntário em algum trabalho para a igreja faz deles cristãos exemplares, completos. A verdade é que Deus não precisa de nós, porém nos usa, e devemos ser obedientes às Suas ordens.

Quando você entender que Deus fez de você uma semente, não ficará mais ofendido quando pessoas quiserem enterrá-lo e estará ciente de que, não importa quanto você faça, sempre será pouco diante do que recebeu Dele. Obedecer a Ele sem questionar é o mínimo que você pode fazer.

O que Deus requer de nós é que o amemos acima de tudo, "o primeiro e maior mandamento". Jesus disse que quem obedece aos mandamentos Dele, esse é o que o ama. Portanto, obedecer é sinônimo de amar!

LEMBRETE DO DIA

NADA DO QUE FAZEMOS SE COMPARA AO QUE DEUS FEZ POR NÓS.

#DIEGOMENIN

PLANO DE LEITURA BÍBLICA

Êxodo 34.8 — 35.29
Mateus 28.1-20
Salmos 27.7-14

PENSE E ORE

Obediência

ANOTAÇÕES

15
FEV

FORTE REFÚGIO

O Senhor é a minha luz e a minha salvação; de quem terei temor? O Senhor é o meu forte refúgio; de quem terei medo? Quando homens maus avançarem contra mim para destruir-me, eles, meus inimigos e meus adversários, é que tropeçarão e cairão. Ainda que um exército se acampe contra mim, meu coração não temerá; ainda que se declare guerra contra mim, mesmo assim estarei confiante.
Salmos 27.1-3

LEMBRETE DO DIA

CONFIE NAS PROMESSAS DE DEUS.

#DIEGOMENIN

PLANO DE LEITURA BÍBLICA

Êxodo 35.30 — 37.16
Marcos 1.1-22
Salmos 28.1-9

PENSE E ORE

Refúgio

ANOTAÇÕES

Não se desespere! Espere mais um pouco! Agarre-se às promessas de Deus e siga em frente.

- Depois das lágrimas, vem o consolo.
- Depois do deserto, vem a terra prometida.
- Depois da humilhação, vem a exaltação.
- Depois da cruz, vem a coroa.
- Depois da prisão, vem o trono.
- Depois do choro, vem a alegria.

Refugie-se no Senhor e confie Nele, independentemente das circunstâncias!

ESPERANÇA QUE TRANSFORMA

16
FEV

Alegrem-se na esperança, sejam pacientes na tribulação, perseverem na oração.
Romanos 12.12

O versículo acima reflete exatamente como deve ser o posicionamento do cristão.

Alegrar-se na esperança não é ilusão. É vislumbrar, pela fé, o nascimento de um novo dia. A esperança é o ingrediente principal da fé, que possibilita à pessoa nocauteada por algum acontecimento traiçoeiro respirar novamente e ter condição de voltar ao estado normal de vida — e se alegrar por isso.

A paciência é um dos segredos para vencer qualquer obstáculo, mas a pressa — o mal do século — tem roubado essa bênção do ser humano. Vivemos uma época de coisas instantâneas. Queremos tudo "para ontem". Trabalhamos em ritmo acelerado. Até os passeios no shopping são corridos. Esquecemo-nos da virtude da paciência. Mas pessoas pacientes não aceleram o processo, pois entendem que ele não irar durar para sempre. A paciência leva o crente a extrair preciosas lições da tribulação.

Perseverar na oração é uma grande virtude. Não sei como é sua relação com Deus, mas a capacidade de falar com Ele é extremamente renovadora, porque existe na oração persistente a certeza de que ainda que os olhos não vejam, os ouvidos não ouçam e a dor tome conta de todo o corpo Ele irá nos ajudar a superar a crise.

LEMBRETE DO DIA

A FÉ QUE ESPERA SABE QUE O PROCESSO NÃO DURA PARA SEMPRE.

#DIEGOMENIN

PLANO DE LEITURA BÍBLICA

Êxodo 37.17 – 39.21
Marcos 1.23-45
Salmos 29.1-6

PENSE E ORE

Posicionamento

ANOTAÇÕES

17 FEV

SEM ATALHOS

Ordenou o Senhor a Moisés: "Saia deste lugar, com o povo que você tirou do Egito, e vá para a terra que prometi com juramento a Abraão, a Isaque e a Jacó, dizendo: 'Eu a darei a seus descendentes'. Mandarei à sua frente um anjo e expulsarei os cananeus, os amorreus, os hititas, os ferezeus, os heveus e os jebuseus".

Êxodo 33.1-3

LEMBRETE DO DIA

SIGA PELO CAMINHO QUE DEUS INDICAR E A TERRA PROMETIDA SERÁ SUA.

#DIEGOMENIN

PLANO DE LEITURA BÍBLICA

Êxodo 39.22 — 40.38
Marcos 2.1-22
Salmos 29.7-11

PENSE E ORE

Caminho

ANOTAÇÕES

Se você quer servir a Deus, não pode deixar seus bois e ovelhas no Egito. Mas assim que você colocar os pés na estrada, levando o que é seu, muitos irão dizer: "Acabou!".

Contudo, haverá uma coluna de fogo para protegê-lo do frio da noite e uma nuvem para protegê-lo do calor e do sol durante o dia. Seu alimento estará garantido, e sua roupa irá resistir por muito tempo sem se desgastar.

Por isso, não negocie com Satanás, mesmo sabendo que essa escolha implica o caminho mais difícil, o qual a maioria tenta evitar. Com certeza, será uma jornada difícil, mas a chegada está garantida.

Nenhum gigante irá impedir seu acesso ao que o Senhor preparou para você, basta seguir pelo caminho que Ele indicar, sem buscar atalhos. Decida passar pelo deserto, sabendo que a terra que mana leite e mel será seu destino certo!

QUANDO A FÉ SUPERA O ENTENDIMENTO

[...] João dizia a Herodes: "Não te é permitido viver com a mulher do teu irmão". Assim, Herodias o odiava e queria matá-lo. Mas não podia fazê-lo, porque Herodes temia João e o protegia, sabendo que ele era um homem justo e santo; e, quando o ouvia, ficava perplexo. Mesmo assim gostava de ouvi-lo.
Marcos 6.17-20

18 FEV

João Batista, primo de Jesus, preparou o caminho do Messias apregoando de forma incisiva o arrependimento dos pecados. E ele foi preso por Herodes justamente por pregar a verdade e o arrependimento.

Contudo, não vemos Jesus acompanhando João, nem mesmo tentando ajudá-lo. É aqui que o mundo não entende Jesus, porque ser cristão nem sempre significa uma escalada de sucesso, pelos padrões humanos. Desse modo, nada parece fazer sentido na trajetória de João.

No entanto, o cristão sabe que não precisa gostar ou ver sentido no plano de Deus. Ele apenas confia no propósito. Quando Deus não parece fazer sentido, ele mantém a disciplina para entender que, embora o coração e os pensamentos digam o contrário, Deus tem o poder de transformar tudo em bem. Diante dessa verdade, tudo passa a fazer sentido.

LEMBRETE DO DIA

MESMO QUANDO NÃO ENTENDEMOS, DEUS SABE O QUE FAZ.

#DIEGOMENIN

PLANO DE LEITURA BÍBLICA

Levítico 1.1 — 2.16
Marcos 2.23 — 3.19
Salmos 30.1-5

PENSE E ORE

Propósito divino

ANOTAÇÕES

19 FEV

SOB PRESSÃO, MAS EM ASCENSÃO

Os justos clamam, o Senhor os ouve e os livra de todas as suas tribulações. O Senhor está perto dos que têm o coração quebrantado e salva os de espírito abatido. O justo passa por muitas adversidades, mas o Senhor o livra de todas; protege todos os seus ossos; nenhum deles será quebrado.
Salmos 34.17-20

Se você for capaz de superar um período de pressão, certamente voltará melhor. Você deve ser como a mola, que sofre pressão, mas isso só serve para lhe dar impulso. Se não ceder, tudo pelo que você passou irá impulsioná-lo para uma nova fase de sua vida.

O impulso de crescimento após a fase de pressão é galopante, uma aceleração das coisas em sua vida, um avanço além do normal, com um crescimento exponencial.

Enquanto estiver sob pressão, utilize esse tempo para se dedicar à Palavra de Deus e potencializar ainda mais essa fase, que a princípio pode parecer insuportável, mas que o amadurecerá espiritualmente.

LEMBRETE DO DIA

A PRESSÃO É SÓ UMA FORMA DE TOMAR IMPULSO.

#DIEGOMENIN

PLANO DE LEITURA BÍBLICA

Levítico 3.1 — 5.6
Marcos 3.20 — 4.12
Salmos 30.6-12

PENSE E ORE

Pressão e crescimento espiritual

ANOTAÇÕES

QUANDO O CÉU PARECE SILENCIOSO

20 FEV

Os justos clamam, o Senhor os ouve e os livra de todas as suas tribulações.
Salmos 34.17

Já teve a experiência de dobrar os joelhos, orar dias a fio e não ver as portas do céu se abrindo? Já orou por algo relevante, sabendo que Deus tem todo poder para ajudá-lo, mas tendo como resposta apenas o silêncio? Eu já, e parecia que o céu estava vazio. Silêncio absoluto. E eu me levantava do mesmo jeito que estava quando dobrara os joelhos para orar.

Não há nada mais angustiante que você orar e sentir como se estivesse falando com o teto ou com as paredes. Nessas horas, porém, precisamos ter em mente que Jesus está o tempo todo conosco. Mesmo quando não o percebemos, devemos entender que o "silêncio do céu" acontece para testar nossa fé.

Nenhuma provação será maior que aquilo que possamos suportar. Portanto, devemos insistir na oração, pois, mesmo que Deus pareça estar em silêncio, Ele não é indiferente à nossa causa e conhece nossas necessidades. Seu aparente silêncio é apenas um teste de fé para nós, e Ele não deixará de nos responder.

LEMBRETE DO DIA

O SILÊNCIO DE DEUS NÃO É INDIFERENÇA, MAS UM TESTE DE FÉ.

#DIEGOMENIN

PLANO DE LEITURA BÍBLICA

Levítico 5.7 — 7.15
Marcos 4.13-34
Salmos 31.1-5

PENSE E ORE

Silêncio de Deus

ANOTAÇÕES

21 FEV

ALÉM DO VÉU

Depois de ter bradado novamente em alta voz, Jesus entregou o espírito. Naquele momento, o véu do santuário rasgou-se em duas partes, de alto a baixo. A terra tremeu, e as rochas se partiram [...].
Mateus 27.50-52

LEMBRETE DO DIA

A MORTE DE CRISTO NOS PERMITE UM RELACIONAMENTO ÍNTIMO COM O PAI.

#DIEGOMENIN

PLANO DE LEITURA BÍBLICA

Levítico 7.16 — 8.36
Marcos 4.35 — 5.17
Salmos 31.6-13

PENSE E ORE

Ir além

ANOTAÇÕES

Nada no Reino de Deus é morno. Se você quer uma fé frágil e politicamente correta, definitivamente o cristianismo não é a melhor opção. Todos querem ir além na caminhada de fé, mas isso implica chegar aonde poucos chegam, viver o que poucos vivem, sentir o que poucos sentem.

O véu do templo representava a porta de acesso ao Santo dos Santos, o lugar de maior intimidade que alguém poderia ter com Deus. Tanto que só o sacerdote tinha permissão para entrar ali – e isso uma vez por ano! No entanto, o véu foi rasgado, e hoje o cristão tem a possibilidade de ir além do véu e obter uma verdadeira vida espiritual – não mais uma vez por ano, mas todos os dias.

Esse relacionamento profundo com Deus está disponível a todos, porém tem sido uma verdade na vida de poucos. Estar além do véu significa a conquista do maior nível de intimidade que um ser humano pode ter com Deus. Então, o que está esperando? O acesso está liberado!

RESISTÊNCIA: O SEGREDO DA VITÓRIA

22 FEV

Submetam-se a Deus. Resistam ao Diabo, e ele fugirá de vocês. Aproximem-se de Deus, e ele se aproximará de vocês! Pecadores, limpem as mãos, e vocês, que têm a mente dividida, purifiquem o coração.

Tiago 4.7-8

Sabe como você é curado e liberto para vencer? Certamente não é dormindo nem chorando, porque ou você dorme ou vence, ou você chora ou põe o Inimigo em fuga. Se dormir, continuará doente. Se ficar se vitimizando, não se livrará do Diabo.

Para vencer, identifique a área de sua vida na qual o Diabo está achando brechas para atuar. Depois, ordene que ele saia. Plante os pés na terra que você sabe que Deus vai lhe dar e, faça chuva ou faça sol, com câncer ou sem câncer, empregado ou desempregado, resista ao Diabo — e ele fugirá de você!

Há um poder em você que suporta a dor. Portanto, você não vai morrer por falta de amor ou pela solidão. Se você não sabe disso, o Diabo sabe. O maior medo dele é ver você disposto a resistir, porque a resistência irá pô-lo em fuga!

LEMBRETE DO DIA

A RESISTÊNCIA PÕE O DIABO EM FUGA.

#DIEGOMENIN

PLANO DE LEITURA BÍBLICA

Levítico 9.1 — 11.8
Marcos 5.18-43
Salmos 31.14-18

PENSE E ORE

Resistência

ANOTAÇÕES

23
FEV

NÃO EXPONHA SUAS FERIDAS!

"Farei cicatrizar o seu ferimento e curarei as suas feridas", declara o Senhor, "porque a você, Sião, chamam de rejeitada, aquela por quem ninguém se importa".
Jeremias 30.17

LEMBRETE DO DIA

NEM TUDO NECESSITA SER COMPARTI-LHADO.

#DIEGOMENIN

PLANO DE LEITURA BÍBLICA

Levítico 11.9 — 13.8
Marcos 6.1-20
Salmos 31.19-24

PENSE E ORE

Exposição

ANOTAÇÕES

Nem sempre o que acontece dentro de você precisa estar exposto, nem sempre o que você sente precisa ser colocado para fora. O que importa é você se recompor e fazer o que precisa ser feito.

Mesmo que você esteja borbulhando por dentro, não externe seus dilemas internos. Por que você iria expor suas feridas para quem não tem o remédio? Você pode até se questionar se isso é falsidade, mas não é. Pelo contrário, essa atitude mostra sua confiança em Deus.

As feridas abertas hoje serão curadas com o passar do tempo. No entanto, mesmo depois de a dor cessar, as marcas continuarão visíveis. Goste você ou não, as cicatrizes são definitivas. Elas estarão com você a vida toda, para que não esqueça jamais que em meio às feridas mais profundas e dolorosas Deus esteve sempre com você.

Nesta existência mortal, não existe misericórdia para os fracos, por isso não permita que ninguém toque suas feridas. Concentre-se no processo de cura. Deus vai curar você!

FOQUE NO QUE ESTÁ ADIANTE

24 FEV

No passado Deus não levou em conta essa ignorância, mas agora ordena que todos, em todo lugar, se arrependam.
Atos 17.30

Deus não está no seu passado! Ele está vivo e esperando uma atitude sua para caminharem juntos. O crente não pode andar com saudade, e sim com esperança! Respeite o terapeuta, o psicólogo, os psicanalistas, mas quem cura a alma é Jesus! As coisas que você viveu antes de conhecê-Lo não importam mais.

Não permita que suas emoções armazenem lembranças e coisas que só servem para emperrar sua vida. Não insista no passado, nos antigos erros, porque em Cristo tudo se fez novo, e você precisa viver essa nova vida.

Você pode até olhar para trás, mas para se arrepender e não voltar a cometer aqueles erros. O crente tem a obrigação de deixar no passado o tempo de ignorância e buscar em Cristo novas diretrizes.

LEMBRETE DO DIA

O TEMPO DA IGNORÂNCIA PRECISA FICAR PARA TRÁS.

#DIEGOMENIN

PLANO DE LEITURA BÍBLICA

Levítico 13.9 – 14.9
Marcos 6.21-44
Salmos 32.1-5

PENSE E ORE

Passado

ANOTAÇÕES

VOCÊ NÃO É MAIS CRIANÇA

25
FEV

Enquanto o herdeiro é menor de idade, em nada difere de um escravo, embora seja dono de tudo. No entanto, ele está sujeito a guardiões e administradores até o tempo determinado por seu pai.
Gálatas 4.1-2

LEMBRETE DO DIA

SÓ QUEM É MADURO PODE ASSUMIR RESPONSABILI-DADES.

#DIEGOMENIN

PLANO DE LEITURA BÍBLICA

Levítico 14.10 — 15.11
Marcos 6.45 — 7.13
Salmos 32.6-11

PENSE E ORE

Responsabilidade

ANOTAÇÕES

Há quem viva procurando alguém para culpar por tudo que lhe acontece. Mudou de igreja porque não lhe deram atenção necessária. Foi demitido do emprego porque o chefe não gosta dele. Acabou o relacionamento porque o outro não o compreende. E assim por diante. Com essa atitude, você nunca irá amadurecer.

A criança não assume responsabilidades! Se quebra um copo, trata logo de escondê-lo ou então diz: "Não fui eu!". Ela não enfrenta seus medos e, por ser imatura, não pode assumir a própria herança. Em nada difere de um escravo, mesmo tendo a posse de tudo.

Ficou chateado porque ninguém o visitou ou porque faltou a três cultos e ninguém percebeu? A igreja deveria perceber o que você sente? Talvez, mas você não deveria ficar esperando por isso. Quem é responsável por você estar cheio de Deus? Quem é responsável por conduzi-lo à presença de Deus? Amadureça! Você não é mais criança. Se quiser receber sua herança espiritual, precisa se comportar como adulto e deixar de culpar os outros!

VISÃO ESPIRITUAL

26 FEV

Senhor, queremos que se abram os nossos olhos.
Mateus 20.33

Será que você está vendo o que Deus quer mostrar a você? A resposta que você der a Deus irá determinar a qualidade de suas crenças, seu ânimo, sua paixão e a qualidade de sua fé, ou seja, diz respeito a absolutamente tudo em sua vida.

A fé nada mais é que uma espera, ou seja, tem tudo a ver com o amanhã. Portanto, analise o que está vendo, porque se não consegue ver nada é muito provável que seus olhos estejam ressecados. Então vamos lubrificá-los com estes dois elementos:

- *Paixão.* É impossível contemplar novos horizontes sem ter os olhos nutridos por uma paixão. A paixão sempre será um combustível que potencializa as ações, os pensamentos, o sorriso e o corpo. Ela minimiza o cansaço físico e nos enche de vida. Se você quer ver como Deus vê, precisa ter uma paixão.
- *Preparo.* Você jamais conseguirá ver o que precisa ser visto se não treinar os olhos para isso. Treine seus olhos espirituais na leitura e na meditação da Palavra, na oração e na busca da vontade de Deus.

Abra seus olhos espirituais e veja o que o Senhor tem para você!

LEMBRETE DO DIA

A VISÃO ESPIRITUAL TAMBÉM SOFRE DESGASTE.

#DIEGOMENIN

PLANO DE LEITURA BÍBLICA

Levítico 15.12 — 16.34
Marcos 7.14-37
Salmos 33.1-5

PENSE E ORE

Olhos espirituais

ANOTAÇÕES

27 FEV

A LIBERTAÇÃO É UM PROCESSO

Portanto, se o Filho os libertar, vocês de fato serão livres.
João 8.36

LEMBRETE DO DIA

A LIBERTAÇÃO É UM CAMINHO QUE PRECISA SER PERCORRIDO.

#DIEGOMENIN

PLANO DE LEITURA BÍBLICA

Levítico 17.1 — 19.8
Marcos 8.1-21
Salmos 33.6-12

PENSE E ORE

Salvação e libertação

ANOTAÇÕES

Nenhum de nós chegou até Deus sem bagagens. Chegamos com nossos pecados e com cargas de pessoas que pecaram contra nós. Como vilões ou vítimas de injustiça, maltrato ou abusos.

Se você chegou como vítima, logo começou a aprender a ser salvo. Deus lhe apresentou a *salvação*, mas o processo de *libertação* não é instantâneo. Salvar você depende só de Deus, mas a libertação é um processo.

Se você foi um predador (alguém que prejudicou pessoas) ou um predador vitimizado (esperando se erguer para retribuir as dores), Jesus o salvou, porém, mais uma vez, a libertação não é instantânea.

Mas você está no caminho para ser verdadeiramente livre!

UM CORAÇÃO QUEBRANTADO E CONTRITO

28 FEV

Os sacrifícios que agradam a Deus são um espírito quebrantado; um coração quebrantado e contrito, ó Deus, não desprezarás.
Salmos 51.17

Às vezes, percebemos que não temos nada para oferecer ao nosso Pai. Procuramos algo para ofertar e não encontramos. No entanto, o que Deus quer é apenas nosso coração. E com o coração quebrantado podemos rasgar os céus e tocar o coração de Deus também. Deus sonda nosso coração, e, quando percebe nosso quebrantamento, Ele toca nossa vida e nunca mais somos os mesmos.

Cristo notou o verdadeiro arrependimento do ladrão condenado com Ele na cruz e fez dele um santo. Da mesma forma, viu você vivendo longe Dele e o resgatou quando você se rendeu de coração a Ele.

Nos momentos difíceis, nas situações angustiantes, Ele observa você, à espera de sua contrição. E, ao derramar seu coração na presença Dele, seu quebrantamento não passará despercebido.

LEMBRETE DO DIA

A ORAÇÃO CONTRITA MOVE O CORAÇÃO DE DEUS.

#DIEGOMENIN

PLANO DE LEITURA BÍBLICA

Levítico 19.9 – 20.27
Marcos 8.22 - 9.4
Salmos 33.13-17

PENSE E ORE

Coração quebrantado

ANOTAÇÕES

O SENHOR TEM ESPERANÇA E UM FUTURO PARA NÓS.

MARÇO

01 MAR

APROVADO POR DEUS, NÃO PELOS HOMENS

Procure apresentar-se a Deus aprovado, como obreiro que não tem do que se envergonhar e que maneja corretamente a palavra da verdade.
2Timóteo 2.15

LEMBRETE DO DIA

A VERDADEIRA APROVAÇÃO VEM DAQUELE QUE VÊ ALÉM DAS APARÊNCIAS.

#DIEGOMENIN

PLANO DE LEITURA BÍBLICA

Levítico 21.1 — 22.33
Marcos 9.5-27
Salmos 33.18-22

PENSE E ORE

Aprovação

ANOTAÇÕES

Pare de buscar a aprovação das pessoas, especialmente com relação ao que Deus está fazendo em sua vida. Noé dedicou-se muitos anos à construção da arca. Não é difícil imaginar as pessoas chamando-o de louco por construir um barco sem água para navegar!

Quando Deus fizer algo em sua vida, as pessoas à sua volta nem sempre irão entender, pois o que Ele preparou para você não cabe no molde do entendimento alheio. Deus tem algo especial para cada um, porém isso exigirá total confiança Nele.

Se vivermos esperando a aprovação dos outros, morreremos pela rejeição deles. Deus deu a visão a você, não a eles, por isso não desanime quando alguém não entende sua visão. O que importa é ter a aprovação de nosso Senhor e Salvador Jesus Cristo, que morreu por nós no madeiro.

Você tem a aprovação Dele?

TEMPLO VIVO DE DEUS

02
MAR

Acaso não sabem que o corpo de vocês é santuário do Espírito Santo que habita em vocês, que lhes foi dado por Deus, e que vocês não são de vocês mesmos? Vocês foram comprados por alto preço. Portanto, glorifiquem a Deus com o seu próprio corpo.
1Coríntios 6.19-20

Certos acontecimentos nos farão acelerar o ritmo, como um tapa no rosto gritando que não é hora de chorar, tampouco de parar. Às vezes, ocorre tão rápido que não podemos nem sentir tristeza: temos pressa, devido à escassez de tempo.

Só iremos sobreviver se não nos comportarmos como se estivéssemos em um ponto de ônibus, ou seja, se não pararmos para observar os ventos, sem rumo, enquanto o tempo avança sem piedade. Por isso, diante dos desafios que se avolumam, devemos engolir o choro e renovar as forças. Creio que, como Igreja, é hora de sermos sustentados por algo que nem consigo descrever, mas tenho a convicção de que algo surpreendente está para acontecer.

Também creio que é o momento pelo qual todos esperamos e que estamos no lugar certo e na hora certa, pois tudo que está acontecendo faz parte de um plano maior. Se não fosse para acontecer agora, não faríamos o que estamos fazendo como Corpo de Cristo.

Toda vez que a vida dá uma pausa, precisamos continuar, a despeito do que sentimos, pois Deus tem um plano, uma estratégia. Como Igreja, fazemos parte disso. Não se esqueça de que os planos de Deus não são afetados pelas fases de nossa vida!

LEMBRETE DO DIA

O LUGAR CERTO E A HORA CERTA SÃO AQUELES QUE AGRADAM A DEUS.

#DIEGOMENIN

PLANO DE LEITURA BÍBLICA

Levítico 23.1 — 24.12
Marcos 9.28-50
Salmos 34.1-7

PENSE E ORE

Igreja

ANOTAÇÕES

03
MAR

LIBERTAÇÃO E NOVOS COMEÇOS

Foi para a liberdade que Cristo nos libertou. Portanto, permaneçam firmes e não se deixem submeter novamente a um jugo de escravidão.
Gálatas 5.1

LEMBRETE DO DIA

SUA LIBERDADE É CONQUISTADA PELO POSICIONAMENTO FIRME EM CRISTO.

#DIEGOMENIN

PLANO DE LEITURA BÍBLICA

Levítico 24.13 — 25.46
Marcos 10.1-25
Salmos 34.8-14

PENSE E ORE

Posicionamento

ANOTAÇÕES

Quando alguém lhe oferecer ajuda ou se dispuser a caminhar com você na trilha da vida, seja educado, aceite. Contudo, trabalhe sua mente para nunca depender de ninguém, apenas de Deus. Isso o livrará de decepções e da praga do vitimismo, se for abandonado.

Muitos procuram um novo começo, mas poucos conseguem, por conviverem com a diabólica culpa, que não resolve nada, apenas pune e massacra a alma. Outra razão é a falta de posicionamento. Só uma posição firme diante de Cristo nos permitirá arrancar da mão de pessoas, situações e lembranças as chaves da prisão da mente e ter um recomeço: "Se o Filho os libertar, vocês serão de fato livres" (João 8.36).

Não se desgaste em batalhas inúteis, para manter a qualquer preço algo ou alguém que deseja deixá-lo. Não seja escravo de emoções doentias, que o rebaixam como ser humano. Um simples desapego pode ser a solução para todos os seus problemas. Portanto, posicione-se! Passe a depender apenas de Deus e, no restante, limite-se a praticar o desapego.

Não existe liberdade sem um reinício. Aprender com as quedas, permitindo a reviravolta e o confronto, é uma forma de nos posicionarmos e mudar a rota. Deixe para trás o que já não lhe serve!

PERSISTÊNCIA NA ADVERSIDADE

04 MAR

Duas pessoas andarão juntas se não tiverem de acordo?
Amós 3.3

Em Lucas 18.1-8, Jesus conta aos Seus discípulos a parábola da viúva persistente, para ensinar sobre o poder da insistência. Uma viúva teve sua causa negada por um juiz poderoso e injusto. No entanto, depois de ela muito insistir, ele atendeu ao seu pedido. Jesus nunca mandou ninguém insistir com pessoas, mas quando se trata de sistemas injustos, aí deve entrar a insistência.

Você já se sentiu invisível? Negligenciado? Sem voz alguma? Quando você se dispõe a insistir em algo, é porque está contrariando um sistema. Choramos pelas dores que as pessoas nos causam, mas não pelo sistema que nos oprime. Choramos por pessoas que nos traem, mas não por sermos traídos o tempo todo. Choramos pelo fim de um relacionamento, mas não por falta de uma convivência sólida. Choramos porque a empresa nos demitiu, mas não por falta de estabilidade profissional. Se você foi cruelmente derrotado pelo sistema, pela solidão, pela ausência de oportunidades, levante-se agora! Torne-se bem resolvido para superar as dependências humanas, e assim, no que se refere ao plano de Deus, terá uma vida madura e consistente.

Há uma vantagem na desvantagem. Se você já tem uma vida de portas fechadas, use a vantagem da desvantagem a seu favor! Quando os sistemas disserem "não", insista. Não aceite ser sentenciado à maldição de repetir ciclos de morte. Ponha um significado em sua vida e prossiga!

LEMBRETE DO DIA

QUANDO ENFRENTAR SISTEMAS INJUSTOS, CONFIE NO PODER DA PERSISTÊNCIA.

#DIEGOMENIN

PLANO DE LEITURA BÍBLICA

Levítico 25.47 – 26.46
Marcos 10.26-45
Salmos 34.15-22

PENSE E ORE

Insistência

ANOTAÇÕES

05 MAR

AS GRANDES VISÕES DE DEUS

Então, Davi e seus soldados choraram em alta voz até não terem mais forças. As duas mulheres de Davi também tinham sido levadas: Ainoã, de Jezreel, e Abigail, de Carmelo, a que fora mulher de Nabal. Davi ficou profundamente angustiado, pois os homens falavam em apedrejá-lo; todos estavam amargurados por causa de seus filhos e de suas filhas. Davi, porém, fortaleceu-se no Senhor [...].
1Samuel 30.4-6

As grandes visões de Deus não virão em estações de satisfação, mas de frustração. Primeiro, o Senhor nos frustra e só então nos apresenta Seu propósito, pois a frustração nos torna dependentes Dele.

O nível de resistência que você enfrenta é proporcional ao nível do projeto que Deus tem para sua vida. Se você não enfrenta nenhuma resistência, algo está errado. O Diabo não atormenta gente inofensiva. Ele ataca aqueles que já identificaram seus propósitos e estão avançando. Ou seja, quanto mais você leva pancada, mais se confirma que existe algo relevante em suas mãos.

De acordo com a física, todo objeto que se move encontra resistência. O único objeto que não encontra resistência é o que está parado. Sonhos que não enfrentam opositores não valem a pena. Não tenha medo de mudanças, mova-se! Olhe para as frustrações com outros olhos a partir de hoje.

LEMBRETE DO DIA

FRUSTRAÇÕES PODEM SINALIZAR UM PROPÓSITO MAIOR. ENCARE-AS COMO OPORTUNIDADES.

#DIEGOMENIN

PLANO DE LEITURA BÍBLICA

Levítico 27.1-34;
Números 1.1-23
Marcos 10.46 — 11.14
Salmos 35.1-8

PENSE E ORE

Frustração

ANOTAÇÕES

DEUS TEM BONS PLANOS PARA VOCÊ

06
MAR

Assim diz o Senhor: "Quando se completarem os setenta anos da Babilônia, eu cumprirei a minha promessa em favor de vocês, de trazê-los de volta para este lugar. Porque sou eu que conheço os planos que tenho para vocês", diz o Senhor, "planos de fazê-los prosperar e não de causar dano, planos de dar a vocês esperança e um futuro".
Jeremias 29.10-11

Pense em sua vida, nas fases, processos, coisas que não parecem ter nenhum sentido e situações complexas, boas ou ruins, que você teve de encarar, até mesmo estações em que a ansiedade dominou seu coração e sua alma.

Por mais cruel que tenha sido a experiência, afirmo que acasos não existem. Há uma razão para tudo que você viveu até agora. Deus sabe quem o deixou e quem acabou de chegar. Ele sabe quem o demitiu e por que seu corpo desenvolveu uma doença.

Todos nós estamos sob o querer de Deus, seja nos momentos de dor ou de morte, seja quando há ganho e crescimento pessoal, profissional e espiritual. Ele está intencionalmente com você em todos os momentos.

Deus está com você em todas as situações, independentemente do que aconteça. O Senhor tem um plano, e se você estiver caminhando com Ele, mantendo-se conectado, nada irá derrubá-lo nem sabotar os sonhos que o Céu estabeleceu para sua vida.

Nosso Pai não dorme nem Se cansa. Pense agora na situação mais dolorosa que aconteceu em sua vida. Certamente, em algum momento Satanás ousou dizer que Deus falhou em protegê-lo, mas lembre-se: acasos não existem. Continue confiando Nele.

LEMBRETE DO DIA

O QUE VOCÊ VIVEU ATÉ HOJE NÃO FOI EM VÃO.

#DIEGOMENIN

PLANO DE LEITURA BÍBLICA

Números 1.24 — 2.28
Marcos 11.15 — 12.2
Salmos 35.9-12

PENSE E ORE

Planos de Deus

ANOTAÇÕES

07 MAR

DIA MUNDIAL DA ORAÇÃO

PERSISTA EM ORAÇÃO

Orem continuamente.
1Tessalonicenses 5.17

LEMBRETE DO DIA

"DEDIQUEM-SE À ORAÇÃO, VIGIANDO POR MEIO DELA COM AÇÕES DE GRAÇAS." (COLOSSENSES 4.2)

#DIEGOMENIN

PLANO DE LEITURA BÍBLICA

Números 2.29 — 3.51
Marcos 12.3-27
Salmos 35.13-18

PENSE E ORE

Oração

ANOTAÇÕES

Você deve adotar a oração como uma prática contínua. O motivo é que se trata de um recurso fundamental para mantermos nossa comunhão com Deus. Em diversas ocasiões, Jesus enfatizou a necessidade da oração e Ele mesmo era um exemplo de Alguém que cultivava essa prática.

Em Lucas 18.1-8, Jesus conta a parábola da viúva persistente, que insistiu em sua causa perante um juiz que não queria ouvi-la. Talvez você esteja vivendo um momento em que o céu parece de bronze e tenha pensado em desistir de orar. Mas o Senhor quer que você continue, que não desanime. Sua causa será ouvida, assim como a viúva da parábola acabou sendo atendida pelo juiz, pela insistência dela.

Paulo acrescenta que devemos apresentar nossas necessidades a Deus "pela oração e súplicas, e com ação de graças" (Filipenses 4.6). A oração constante e com espírito de gratidão é a maneira certa de nos aproximarmos de Deus com nossas petições.

A vida de oração só lhe trará benefícios. Ela não só fortalecerá seu espírito, como também tem o poder de trazer cura, restauração e bênçãos para você e para os outros.

PRONTA PARA SERVIR

Maria respondeu: — Sou serva do Senhor; que aconteça comigo conforme a tua palavra.
Lucas 1.38a

08 MAR

DIA INTERNACIONAL DA MULHER

Muito se fala sobre o protagonismo feminino nos dias de hoje. Vemos cada vez mais mulheres batalhando pelos mais altos cargos e lugares de destaque, porém, segundo a lógica bíblica, "os últimos serão primeiros, e os primeiros serão últimos" (Mateus 20.16).

Isto é válido, evidentemente, para homens e mulheres. Mas hoje, em homenagem ao Dia Internacional da Mulher, quero destacar o melhor exemplo de mulher que soube agir conforme o propósito divino e, por consequência, foi honrada de forma extraordinária: Maria.

Acredito que não seja fácil encontrar alguém que sonha em ser serva, mas justamente este era o coração de Maria; ela desejava apenas que a vontade do Altíssimo se cumprisse em sua vida. Seu único anseio era servir ao Senhor, não à toa ganhou o lugar de maior destaque entre as mulheres que já viveram nesta Terra.

Maria teve o privilégio de ser mãe do Filho de Deus. Ela foi considerada "bendita entre as mulheres", como está escrito em Lucas 1.42. Tudo isso porque se dispôs a ser serva, entregou-se completamente a Deus, para que a Sua palavra se concretizasse em sua vida. Portanto, podemos aprender com ela a não procurarmos o lugar de honra, mas submetermo-nos ao Senhor, pois Ele reserva bons planos aos que se rendem a Ele.

LEMBRETE DO DIA

MULHERES NOTÁVEIS AGEM CONFORME A VONTADE DE DEUS.

#DIEGOMENIN

PLANO DE LEITURA BÍBLICA

Números 4.1 — 5.4
Marcos 12.28 — 13.4
Salmos 35.19-22

PENSE E ORE

Mulheres da Bíblia

ANOTAÇÕES

09 MAR

SUA GRAÇA É SUFICIENTE

Para impedir que eu me exaltasse por causa da grandeza dessas revelações, foi-me dado um espinho na carne, um mensageiro de Satanás, para me atormentar. Três vezes roguei ao Senhor que o tirasse de mim. Mas ele me disse: "Minha graça é suficiente a você, pois o meu poder se aperfeiçoa na fraqueza". Portanto, eu me gloriarei ainda mais alegremente em minhas fraquezas, para que o poder de Cristo repouse em mim.
2Coríntios 12.7-9

Quando pedimos a Deus que nos livre de determinada situação por causa do sofrimento, revelamos que ainda não entendemos como o poder Dele se aperfeiçoa em nós.

Deus permite que essas situações aconteçam e se prolonguem porque está testando nosso caráter, para ver até quando nossa fé seguirá firmada Nele.

Em vez de pedir livramento, você deve se perguntar: "O que Deus está preparando para mim nesta situação?". Tenha fé, que tudo é propósito divino!

Alegre-se nos momentos de fraqueza e de dor, como Paulo fez. Se Deus está permitindo que você passe por isso, não tema — apenas confie.

Os momentos que revelam nossas fraquezas são os que mais nos aproximam de Deus e aumentam nossa confiança Nele, ou seja, nossa fé. Use as adversidades a seu favor!

LEMBRETE DO DIA

SUBMETA-SE AO SENHOR PARA QUE ELE O APERFEIÇOE!

#DIEGOMENIN

PLANO DE LEITURA BÍBLICA

Números 5.5 — 7.5
Marcos 13.5-27
Salmos 35.23-28

PENSE E ORE

Aperfeiçoamento

ANOTAÇÕES

PERSISTA!

10 MAR

"Tenho ainda muito que lhes dizer, mas vocês não o podem suportar agora".
João 16.12

Você já esteve no meio de uma temporada difícil, que durou mais tempo do que imaginava? Esses períodos prolongados podem desviar nosso foco daquilo que Deus nos prometeu.

Sua chance de sobreviver a essa fase desgastante é persistir, apesar da aparente demora. Não busque atalhos para aliviar o percurso, apenas confie no tempo de Deus. Todavia, lembre-se de que às vezes Ele permite "atrasos" para nos ensinar algo.

Creia que essas estações estão fortalecendo sua estrutura. Se não suportar a pressão nesse nível, não estará pronto para o próximo. Quando você diz: "Quero ir para um nível mais elevado", você está na verdade dizendo: "Quero ter problemas".

No mundo corporativo, os funcionários são pagos de acordo com sua responsabilidade. As empresas remuneram pessoas pelas habilidades que possuem para gerenciar conflitos, pressões e disputas. Mas há um problema quando você diz: "Não consigo suportar!". Quando isso acontecer, não deixe de avançar. Persista! Ir além significa ter mais problemas, mas você é capaz!

Esteja preparado para as provações e para ser fortalecido em Jesus a fim de suportar o necessário, ser promovido a um nível mais elevado e estar cada vez mais capacitado a cumprir seu propósito na Terra.

LEMBRETE DO DIA

MAR CALMO
NUNCA
FEZ BOM
MARINHEIRO.

#DIEGOMENIN

PLANO DE LEITURA BÍBLICA

Números 7.6-59
Marcos 13.28 — 14.11
Salmos 36.1-6

PENSE E ORE

Capacitação

ANOTAÇÕES

11 MAR

AUTOCONFIANÇA

Assim, aquele que julga estar firme, cuide-se para que não caia!
1Coríntios 10.12

LEMBRETE DO DIA

É MUITO MELHOR CONFIAR EM DEUS DO QUE EM VOCÊ MESMO!

#DIEGOMENIN

PLANO DE LEITURA BÍBLICA

Números 7.60 — 8.26
Marcos 14.12-31
Salmos 36.7-12

PENSE E ORE

Autoconfiança

ANOTAÇÕES

Sempre lutei contra a autoconfiança, até descobrir que a vida de completa paz está não em confiar em si mesmo, mas em confiar plenamente em Deus. E essa luta é real, tão real que sempre me faz correr na direção contrária, procurar oportunidades que me forcem a confiar em Deus e me mostrem quão limitado e incapaz eu sou, a fim de não me sentir orgulhoso de mim mesmo.

Durante muito tempo, a autoconfiança gerou em mim um nervosismo doentio, com o qual eu tinha de lidar o tempo todo. A ideia de ter tudo sob controle tirava-me do eixo e começou a deformar minha fé e meus pensamentos. Ainda não sou um especialista em superar meu estado de nervos, mas tive uma revelação que mudou a maneira como lido com minha autoconfiança. Essa revelação veio de 1Coríntios 10.12.

Portanto, esqueça a autoconfiança: ela é inútil! Não seja tão ingênuo, porque você não está isento de erros. Cultive a confiança no Senhor. Nenhum teste ou tentação que surja em seu caminho está além do curso que outros tiveram de encarar. Tudo que você precisa é lembrar que Deus nunca o decepcionará. Ele não o deixará ser empurrado para além de seus limites e sempre estará lá para ajudá-lo a passar por qualquer situação.

UM NOVO NÍVEL

12 MAR

A quem muito foi dado, muito será exigido; e a quem muito foi confiado, muito mais será pedido.
Lucas 12.48b

Queremos que Deus nos leve a um novo nível de liderança, mas precisamos entender que chegar ao lugar que Ele preparou exigirá avanços também na área emocional e na forma de pensar. Ou não saberemos lidar com o que nos foi confiado.

Os líderes comuns lidam com problemas comuns, mas líderes extraordinários lidam com problemas extraordinários. No mundo corporativo, a pessoa é paga de acordo com a escala de responsabilidade: o gerente não faz o mesmo que o diretor, nem o diretor cumpre as obrigações do presidente. Quanto mais elevado o nível, maiores as responsabilidades.

"A quem muito foi dado, muito será exigido", diz o texto de hoje. Quanto mais for colocado em nossas mãos, mais habilidade para lidar e gerenciar conflitos, pressões e guerras será necessária. Não basta querer subir de nível: é preciso crescer mental e emocionalmente, porque em novos níveis tudo será em escala maior.

Todos somos líderes de algo – da família, dos filhos, de alguém ou de nós mesmos. Conforme galgamos outros degraus, passamos a enfrentar novos níveis de adversidade e novos desafios. Em resumo, *tudo é mais*!

LEMBRETE DO DIA

QUANTO MAIS ELEVADO O NÍVEL, MAIORES OS DESAFIOS.

#DIEGOMENIN

PLANO DE LEITURA BÍBLICA

Números 9.1 — 10.36
Marcos 14.32-52
Salmos 37.1-7

PENSE E ORE

Liderança

ANOTAÇÕES

13 MAR

A ESTRATÉGIA DA ÁGUIA

Mas aqueles que esperam no Senhor renovam as suas forças. Voam alto como águias; correm e não ficam exaustos, andam e não se cansam.
Isaías 40.31

LEMBRETE DO DIA

VOE ALTO!

#DIEGOMENIN

PLANO DE LEITURA BÍBLICA

Números 11.1 — 13.2
Marcos 14.53-72
Salmos 37.8-15

PENSE E ORE

Estratégias

ANOTAÇÕES

O único pássaro que se atreve a bicar uma águia é o corvo. Ele se acomoda nas costas da águia e começa a lhe bicar o pescoço. No entanto, a águia não luta contra o corvo, não perde tempo nem desperdiça energia com ele. Para se livrar do incômodo, ela apenas voa mais alto. Quanto mais alto o voo, mais difícil é para o corvo respirar. Até que ele desiste por falta de oxigênio.

A lição aqui é: não devemos perder tempo com os corvos. Basta levá-los às alturas, e eles irão desaparecer.

Que estratégia você tem utilizado para se livrar dos incômodos que surgem no caminho? Deus conhece cada partícula de seu corpo, cada detalhe de suas emoções e a essência de seu espírito. Ele está ciente de seus limites, então relaxe: os incômodos não irão matá-lo.

Adote a estratégia da águia: sempre que os incômodos surgirem, alce voos mais elevados. Na verdade, os incômodos funcionam como uma academia espiritual, que levarão você a exercitar mais sua fé. E, mesmo que não perceba, hoje você está mais forte que ontem.

CONFIE NO AGIR DE DEUS

14
MAR

Pois o Senhor, o seu Deus, é o Deus dos deuses e o Soberano dos soberanos, o grande Deus, poderoso e temível, que não age com parcialidade nem aceita suborno.
Deuteronômio 10.17

Você tem estrutura para olhar o que parece ser e crer no que não parece ser? É o que a fé exigirá de você. Deus faz o que quer e como quer, e, se você quiser entender o passo a passo, nem sempre fará sentido. Você ficará confuso, e isso irá atrapalhar sua adoração. Porque ninguém explica Deus.

Seja lá o que você esteja enfrentando, sentindo ou pensando, repita para si mesmo: "Não entendo, mas confio no que Deus está fazendo". Deus Se utiliza de caminhos inéditos, desafiadores e assustadores para nos aperfeiçoar. O medo muitas vezes é o ponto de partida da fé, assim como o fracasso pode ser o ponto de partida da graça. As possibilidades são infinitas.

Se sua vida não tem exigido de você decisões ousadas, escolhas difíceis, você pode estar em uma zona de conforto e ter parado de crescer. Portanto, deixe Deus, o Deus dos deuses e o Soberano dos soberanos, trabalhar em sua vida, mesmo que você não entenda o que Ele está fazendo!

LEMBRETE DO DIA

ÀS VEZES, AS AÇÕES DE DEUS NÃO FARÃO SENTIDO.

#DIEGOMENIN

PLANO DE LEITURA BÍBLICA

Números 13.3 — 14.25
Marcos 15.1-20
Salmos 37.16-22

PENSE E ORE

Ação de Deus

ANOTAÇÕES

15

MAR

SEJA CORAJOSO

Por isso, não tema, pois estou com você; não tenha medo, pois sou o seu Deus. Eu o fortalecerei e o ajudarei; eu o segurarei com a destra da minha justiça.
Isaías 41.10

LEMBRETE DO DIA

CORAGEM É AGIR MESMO EM MEIO AO MEDO.

#DIEGOMENIN

PLANO DE LEITURA BÍBLICA

Números 14.26 — 15.41
Marcos 15.21-41
Salmos 37.23-31

PENSE E ORE

Medo

ANOTAÇÕES

Sempre que perdemos o controle de uma situação ou quando precisamos tomar uma decisão importante diante de um problema que nos parece ser insolúvel, o medo toma conta de nossa vida. Sim, o medo é uma realidade e faz parte da limitação humana, por isso não é fácil descartá-lo. Mas podemos aprender a conviver com ele.

Convém lembrar que coragem não é ausência do medo, mas o domínio sobre ele. Às vezes, esquecemos que é Deus quem nos sustenta e fortalece. Diante dessa verdade, não temos motivo para temer.

Talvez você esteja com vontade de chorar ou se sentindo fraco, desanimado. Mas não tenha medo! Não deixe que suas emoções, que são temporárias, o façam recuar. Não tema! Não desanime! Não recue! Deus está com você!

AJUSTE O SEU OLHAR

16 MAR

Porque vivemos por fé, e não pelo que vemos.
2Coríntios 5.7

A vida é como uma janela, e dependendo do lado que você está, irá enxergar uma paisagem diferente. Toda janela aponta para dois lugares, então você pode estar vendo algo diferente do que deveria ver agora. Não basta olhar, é preciso olhar do lado certo!

A perspectiva correta permitirá que você entenda o que não é lógico, mas é real. Por exemplo, entender que a provisão exige preparação e se inicia quando você oferece o que tem, independentemente se é muito ou pouco. O olhar certo conduz seu coração do que está acabando para o que está prestes a acontecer.

Sua alma se liberta quando você deixa de perguntar: "De onde virá?" para concentrar-se apenas em quem confiar. Ter fé não é sobre fazer sentido, mas sobre seguir em frente. Portanto, vez por outra Deus irá permitir que você saiba que Ele é Deus. E, mesmo que sua fé seja pequena ou esteja em frangalhos, você só precisa entregar-lhe uma partícula dela, pois será suficiente para Ele operar um milagre em sua vida.

Seja lá o que estiver acontecendo em sua vida ou o que vier a enfrentar hoje, continue avançando pela fé!

LEMBRETE DO DIA

A PERSPECTIVA CORRETA LHE PERMITIRÁ AVANÇAR PELA FÉ.

#DIEGOMENIN

PLANO DE LEITURA BÍBLICA

Números 16.1 — 17.7
Marcos 15.42 — 16.20
Salmos 37.32-40

PENSE E ORE

Fé

ANOTAÇÕES

17 MAR

INTIMIDADE PROFUNDA

Mas, se fosse comigo, eu apelaria para Deus; apresentaria a ele a minha causa. Ele realiza maravilhas insondáveis, milagres que não se pode contar. Derrama chuva sobre a terra e envia água sobre os campos. Os humildes, ele exalta e traz os que pranteiam a um lugar de segurança. Ele frustra os planos dos astutos, para que fracassem as mãos deles.
Jó 5.8-12

LEMBRETE DO DIA

NÃO PERMANEÇA EM UM RELACIONAMENTO SUPERFICIAL COM O SENHOR.

#DIEGOMENIN

PLANO DE LEITURA BÍBLICA

Números 17.8 — 19.22
Lucas 1.1-22
Salmos 38.1-8

PENSE E ORE

Intensidade

ANOTAÇÕES

Algumas pessoas não se envolvem sentimentalmente com Deus. Querem servi-Lo apenas no nível da razão, como religiosos. Certamente, elas não alcançarão nenhum milagre, nem mesmo terão suas orações respondidas, porque seu relacionamento com Deus é superficial.

Sem uma busca intensa, em oração, o choro do sofrimento não será suficiente para atrair a bênção. Para apelar a Deus e apresentar a Ele nossa causa, precisamos ter profunda comunhão com Ele, um nível de paixão e intimidade que nos dê a certeza de que seremos atendidos, que Ele realizará "maravilhas insondáveis, milagres que não se pode contar".

QUANDO DEUS FALA AO CORAÇÃO

18 MAR

"Porque sou eu que conheço os planos que tenho para vocês", diz o Senhor, "planos de fazê-los prosperar e não de causar dano, planos de dar a vocês esperança e um futuro".
Jeremias 29.11

Nunca ouvi a voz audível de Deus, porém a reconheço pelo tempo que tenho passado em Sua presença e com Sua Palavra ao longo dos anos. Em várias ocasiões, ouvi-O falar ao meu coração com tanta clareza que não houve como duvidar. Foram momentos que me conduziram para fora de minha zona de conforto e me levaram a tomar decisões em minha liderança que, humanamente falando, não faziam sentido.

Lembro-me, por exemplo, da negociação de um dos imóveis para a igreja, quando meu coração dizia: "Desista, é impossível!". No entanto, ao mesmo tempo, Deus dizia: "Ligue para a imobiliária! Já!". Hoje o imóvel faz parte de nosso patrimônio.

A voz de Deus plantada em nosso espírito é o início de uma jornada pessoal que nos leva para muito além de nossas habilidades naturais: é a fé sobrenatural. Estou convencido de que Deus tem planos incríveis para a vida de cada um de Seus filhos.

Mas, se é assim, por que tantos cristãos vivem derrotados? Como ter certeza de que esses planos realmente funcionarão para nós? A questão é que Deus está falando sobre eles com você o tempo todo. Ele está chamando você para fora de sua vida segura e confortável, a fim de lançá-lo nas profundezas de Seu amor e de Seus projetos. Mas você está ouvindo?

LEMBRETE DO DIA

DEUS FALA COM CLAREZA, MAS VOCÊ PRECISA OUVIR.

#DIEGOMENIN

PLANO DE LEITURA BÍBLICA

Números 20.1 — 21.30
Lucas 1.23-45
Salmos 38.9-16

PENSE E ORE

Voz de Deus

ANOTAÇÕES

NÃO É O FIM

19 MAR

Em lugar da vergonha que sofreu, o meu povo receberá porção dupla e, em vez de humilhação, ele se regozijará em sua herança; pois herdará porção dupla em sua terra, e terá alegria eterna.
Isaías 61.7

LEMBRETE DO DIA

SUA DOR LOGO SERÁ ESQUECIDA.

#DIEGOMENIN

PLANO DE LEITURA BÍBLICA

Números 21.31 — 23.10
Lucas 1.46-66
Salmos 38.17-22

PENSE E ORE

Dupla honra

ANOTAÇÕES

Lamentavelmente, algumas pessoas nunca saem da crise. Elas alimentam seus dramas pessoais com um fanatismo terrível e assim mantêm vivos assuntos e lembranças que deveriam morrer. Não desapegam da crise porque não sabem ser felizes, não sabem viver em paz.

O primeiro passo para sair da crise é parar de fazer drama. Engula o choro, porque você não é vítima. Deus sempre tem um plano, e tudo vai dar certo.

Assim que a mãe dá à luz um filho, ela esquece a dor do parto. Por isso, não se preocupe com as lágrimas que está derramando agora, nem com os hematomas: tudo vai passar, e chegará o tempo do esquecimento.

Não se preocupe com as fases de lamento, porque você receberá dupla honra. A alegria dessa honra supera toda dor e todos os lamentos.

MOTIVAÇÃO QUE TRANSFORMA

20 MAR

Tudo o que fizerem, façam de todo o coração, como para o Senhor, e não para os homens.
Colossenses 3.23

Um médico tratava dois pacientes com câncer em estado terminal. A um deles, recomendou que repetisse todos os dias pela manhã: "Vou me curar, vou ficar bom!". O outro foi tratado apenas com remédio. Depois de um tempo, o que estava se motivando diariamente teve uma melhora significativa. O outro paciente morreu.

Responda rápido: você está motivado? O que é motivação para você? A palavra "motivação" significa: "motivo da ação", ou seja, o motivo que movimenta nossa vida, nossas paixões e nossa energia, que determina a intensidade de nossas realizações.

A baixa motivação torna a vida lenta e pesada. O que o motiva a acordar pela manhã? Quando se olha no espelho, quais suas motivações com relação ao seu corpo? Quais suas motivações quanto ao progresso profissional? O que tem gerado vida, energia ou ações naquilo que você pretende fazer?

Jesus declarou: "Tenham ânimo! Eu venci o mundo" (João 16.33). Você precisa encontrar o caminho para desenvolver a motivação em sua vida!

LEMBRETE DO DIA

A MOTIVAÇÃO FAZ TODA A DIFERENÇA ENTRE ESTAGNAÇÃO E PROGRESSO.

#DIEGOMENIN

PLANO DE LEITURA BÍBLICA

Números 23.11 — 25.13
Lucas 1.67 — 2.07
Salmos 39.1-6

PENSE E ORE

Motivação

ANOTAÇÕES

21
MAR

OS LIMITES DA CONFIANÇA

Mas eu, quando estiver com medo, confiarei em ti. Em Deus, cuja palavra eu louvo, em Deus eu confio e não temerei. Que poderá fazer-me o simples mortal?
Salmos 56.3-4

LEMBRETE DO DIA

NEM TODO MUNDO DECEPCIONARÁ VOCÊ.

#DIEGOMENIN

PLANO DE LEITURA BÍBLICA

Números 25.14 — 26.51
Lucas 2.8-32
Salmos 39.7-13

PENSE E ORE

Confiança

ANOTAÇÕES

Muitos me procuram com a mesma afirmação: "Não confio em mais ninguém, pastor!". Entendo a decepção, mas a verdade é que somos seres relacionais e, portanto, precisamos uns dos outros. Precisamos de relacionamentos amorosos, de amigos tipo "unha e carne" e de outras interações sociais. Mas é claro que todas essas relações têm seus limites. Não se pode confiar no ser humano tanto quanto se confia em Deus.

Quanto às experiências decepcionantes, convém lembrar que não é porque alguém errou com você que todos irão fazer a mesma coisa. Não é por causa de um incidente infeliz que você não deixará mais ninguém se aproximar de você, não fará novas amizades, não terá um novo amor.

No entanto, mais uma vez, você não pode confiar de maneira absoluta em ninguém, porque somos humanos e cometemos erros. Mesmo os melhores amigos, o cônjuge e os irmãos em Cristo mais cedo ou mais tarde acabam errando conosco – e nós com eles.

Sem dúvida, em certos casos os laços precisam ser rompidos, mas não permita que essas decepções criem medos e inseguranças e o impeçam de vivenciar outros bons relacionamentos.

NO TEMPO CERTO, O PROPÓSITO SE CUMPRE

22 MAR

Muitos são os planos no coração do homem, mas o que prevalece é o propósito do Senhor.
Provérbios 19.21

Deus pode redirecionar nossa história. Ele pode pegar a vida mais bagunçada que existe e colocá-la em ordem. Mesmo que você esteja reduzido a uma situação vergonhosa, incapaz de se reerguer ou reduzido a nada, o propósito do Senhor para sua vida ainda será cumprido.

Talvez você tenha preenchido sua agenda com um monte de compromissos e esteja perdido por não conseguir encaixá-la em lugar algum. Você estuda e não sente que está aprendendo, constituiu família, mas não se sente bem nela. Enfim, nada parece ser compatível com sua vida. E você se pergunta: "Em que parte do caminho eu me perdi?". Parece que não consegue mais ser você mesmo. Tornou-se prisioneiro de anulações e crenças alheias sobre quem você realmente é.

Se isso está acontecendo com você, lembre-se de que a vida sempre tentará moldá-lo, mas a lapidação deve ser feita por Deus. Só Ele pode garantir que sua essência não seja alterada. A solução é continuar no propósito de Deus para sua vida. Assim, não haverá desvios. Mantenha-se alinhado com Deus, e o propósito Dele será cumprido.

LEMBRETE DO DIA

QUANDO TUDO PARECE PERDIDO, DEUS TEM O PODER DE RESTAURAR.

#DIEGOMENIN

PLANO DE LEITURA BÍBLICA

Números 26.52 – 28.25
Lucas 2.33-52
Salmos 40.1-8

PENSE E ORE

Essência

ANOTAÇÕES

23 MAR

DOIS REQUISITOS FUNDAMENTAIS (PARTE 1/2)

Portanto, irmãos, temos plena confiança para entrar no Lugar Santíssimo pelo sangue de Jesus, por um novo e vivo caminho que ele nos abriu por meio do véu, isto é, do seu corpo. Também temos um grande sacerdote sobre a casa de Deus.
Hebreus 10.19-21

LEMBRETE DO DIA

VOCÊ PRECISA TER SEDE DE DEUS E VITÓRIA SOBRE A CARNE.

#DIEGOMENIN

PLANO DE LEITURA BÍBLICA

Números 28.26 – 30.9
Lucas 3.1-20
Salmos 40.9-17

PENSE E ORE

Acesso

ANOTAÇÕES

Conquistar o acesso além do véu exige alguns requisitos e muito esforço. Você está pronto para se dedicar e, assim como Jesus, se sacrificar e se doar para ter esse acesso? Para isso, dois requisitos são fundamentais:

- *Sede pelas coisas de Deus*. "Como a corça anseia por águas correntes, a minha alma anseia por ti, ó Deus. A minha alma tem sede de Deus, do Deus vivo. Quando poderei entrar para apresentar-me a Deus?" (Salmos 42.1-2). Você não terá acesso ao Santo dos Santos se não houver em sua alma um anseio por Deus.
- *Vencer a carne*. "A mentalidade da carne é morte, mas a mentalidade do Espírito é vida e paz; a mentalidade da carne é inimiga de Deus porque não se submete à Lei de Deus, nem pode fazê-lo. Quem é dominado pela carne não pode agradar a Deus" (Romanos 8.6-8). Quando a carne se cala, o Espírito fala. É Ele quem deve dominar nossa vida.

DOIS REQUISITOS FUNDAMENTAIS (PARTE 2/2)

24 MAR

Portanto, irmãos, temos plena confiança para entrar no Lugar Santíssimo pelo sangue de Jesus, por um novo e vivo caminho que ele nos abriu por meio do véu, isto é, do seu corpo. Também temos um grande sacerdote sobre a casa de Deus.
Hebreus 10.19

Pronto para acessar o Santo dos Santos? Você ainda precisará de mais dois requisitos:

- *Vida no altar.* "Foi levantado um tabernáculo; na parte da frente, chamada Lugar Santo, estavam o candelabro, a mesa e os pães da Presença. Por trás do segundo véu havia a parte chamada Lugar Santíssimo [o Santo dos Santos], onde se encontravam o altar de ouro para o incenso e a arca da aliança, totalmente revestida de ouro. Nessa arca estavam o vaso de ouro contendo o maná, a vara de Arão que floresceu e as tábuas da aliança" (Hebreus 9.2-4).
- *Ter uma experiência com a glória de Deus.* "Não somos como Moisés, que colocava um véu sobre a face para que os israelitas não contemplassem o resplendor que se desvanecia. Na verdade a mente deles se fechou, pois até hoje o mesmo véu permanece quando é lida a antiga aliança. Não foi retirado, porque é somente em Cristo que ele é removido. De fato, até o dia de hoje, quando Moisés é lido, um véu cobre os seus corações. Mas, quando alguém se converte ao Senhor, o véu é retirado. Ora, o Senhor é o Espírito e onde está o Espírito do Senhor ali há liberdade. E todos nós, que com a face descoberta contemplamos a glória do Senhor, segundo a sua imagem estamos sendo transformados com glória cada vez maior, a qual vem do Senhor, que é o Espírito" (2Coríntios 3.13-18).

LEMBRETE DO DIA

VOCÊ PRECISA PÔR A VIDA NO ALTAR E TER UMA EXPERIÊNCIA COM A GLÓRIA DE DEUS.

#DIEGOMENIN

PLANO DE LEITURA BÍBLICA

Números 30.10 — 31.54
Lucas 3.21 — 4.2
Salmos 41.1-7

PENSE E ORE

Acesso

ANOTAÇÕES

25
MAR

VOCÊ NÃO VAI CAIR

Vocês nem sabem o que acontecerá amanhã! Que é a sua vida? Vocês são como a neblina que aparece por um pouco de tempo e depois se dissipa. Em vez disso, deveriam dizer: "Se o Senhor quiser, viveremos e faremos isto ou aquilo".
Tiago 4.14-15

LEMBRETE DO DIA

SUAS MELHORES EXPECTATIVAS ESTÃO NO SENHOR.

#DIEGOMENIN

PLANO DE LEITURA BÍBLICA

Números 32.1 — 33.4
Lucas 4.3-22
Salmos 41.8-13

PENSE E ORE

Preparação

ANOTAÇÕES

Se Deus disse que vai cuidar de você, mas em um tempo indefinido, é melhor se preparar para o pior, porque assim terá uma garantia, uma preparação extra para saber esperar o dia que o Senhor reservou para abençoar você.

Não é recomendável se preparar para o melhor. Nossa fé deve ser preparada para suportar os piores dias, as piores decepções, mas sempre lembrando que é o Senhor quem tem a palavra final.

Você pode estar doente, a vida pode estar difícil, mas esteja certo de uma coisa: você não vai cair, porque só o Senhor tem o controle de tudo, como diz Tiago. Se Ele quiser, viveremos e faremos coisas inimagináveis, porque Ele é soberano.

Não se deixe enganar pelas situações complicadas nem pelas circunstâncias trágicas, que tentam mostrar que você é um derrotado. Você não precisa entender, nem sentir, nem visualizar a vitória: apenas reconheça que o melhor está no Senhor e se alegre no Deus de sua salvação!

TENHA FÉ

26
MAR

Sua mãe disse aos serviçais: "Façam tudo o que ele mandar". Ali perto havia seis potes de pedra, do tipo usado pelos judeus para as purificações cerimoniais; em cada pote cabiam entre oitenta e cento e vinte litros. Disse Jesus aos serviçais: "Encham os potes com água". E os encheram até a borda.
João 2.5-7

Vamos falar sobre o milagre da água transformada em vinho sob outro aspecto — não pela iniciativa de Maria, mas pela maneira como Jesus analisou a situação. Sua mãe lhe pediu que salvasse o noivo e a festa de casamento, e Ele respondeu que não era a hora. Contudo, ela não desistiu e deixou tudo preparado para quando Ele fosse realizar o milagre.

Jesus deve ter pensado: "Não é assim que uma pessoa reage diante das regras. Ela ainda está aqui do meu lado? Está orando ainda? Não se revoltou? Continua me amando? Continua crendo? Insiste em dizer que posso mudar a situação, mesmo Eu dizendo que não vou fazer isso? Uau! Onde estão as talhas?".

Jesus mudou a regra. E o que O fez mudar foi quem ficou do lado da cadeira adorando e dizendo: "Eu creio ainda". Se você quer que Jesus quebre as regras por você, se deseja uma vida diferente, aprenda a ficar em silêncio depois de um "não", mas continue perto de Jesus, adorando-O. Só assim você O fará Se levantar do trono. O assento ficará vazio, e o Redentor da vida fará a festa continuar.

LEMBRETE DO DIA

A FÉ PODE MUDAR AS REGRAS.

#DIEGOMENIN

PLANO DE LEITURA BÍBLICA

Números 33.5 — 34.15
Lucas 4.23-44
Salmos 42.1-5

PENSE E ORE

Sobrenatural

ANOTAÇÕES

27
MAR

PERMANECER NA VIDEIRA

"Permaneçam em mim, e eu permanecerei em vocês. Nenhum ramo pode dar fruto por si mesmo se não permanecer na videira. Vocês também não podem dar fruto se não permanecerem em mim. Eu sou a videira; vocês são os ramos. Se alguém permanecer em mim e eu nele, esse dará muito fruto; pois sem mim vocês não podem fazer coisa alguma".
João 15.4-5

LEMBRETE DO DIA

O SEGREDO ESTÁ NA PERMANÊNCIA.

#DIEGOMENIN

PLANO DE LEITURA BÍBLICA

Números 34.16 — 36.13
Lucas 5.1-21
Salmos 42.6-11

PENSE E ORE

Estabilidade

ANOTAÇÕES

Você precisa permanecer firme em Jesus nos momentos em que não há nada para ser celebrado, quando não há bolo nem abraços. Você precisa estar firmado Nele a fim de permanecer estável quando as lágrimas rolam, o gerente do banco liga para dar uma má notícia, a família não o compreende e os outros zombam de suas emoções.

Você tem de permanecer estável diante de todas essas situações, quando muita coisa ruim pode acontecer. Mas Cristo tem a solução: "Permaneça em mim". Você não pode se desconectar da Videira, pois do contrário estará perdido ou morto!

DOMINE SUA LÍNGUA

28 MAR

Quando são muitas as palavras, o pecado está presente, mas quem controla a língua é sensato. A língua dos justos é prata escolhida, mas o coração dos ímpios quase não tem valor.
Provérbios 10.19-20

Calar a boca é uma bênção, mas é bem difícil. Mas é uma bênção. E um dom importante. Por isso, Salomão diz que quem não consegue dominar a língua — os faladores de plantão, que emendam um assunto no outro, ficam opinando sobre tudo e não sabem ficar calados — é propenso a cometer pecado.

Há vida na sensatez do silêncio. Manter a boca fechada pode ser a garantia de sucesso profissional, de que seremos alguém na vida. Falar demais é abrir a porta para mal-entendidos, intrigas, desentendimentos, rancores. As pessoas querem ficar longe de quem fala muito.

A sabedoria da Bíblia diz que você deve dominar a língua, falar apenas o necessário e o que edifica.

LEMBRETE DO DIA

SAIBA QUANDO SE CALAR.

#DIEGOMENIN

PLANO DE LEITURA BÍBLICA

Deuteronômio 1.1 — 2.9
Lucas 5.22 — 6.4
Salmos 43.1-5

PENSE E ORE

Silêncio

ANOTAÇÕES

29
MAR

VIDA COM PROPÓSITO

Em seu coração o homem planeja o seu caminho, mas o Senhor determina os seus passos.
Provérbios 16.9

LEMBRETE DO DIA

É O PROPÓSITO QUE NOS PERMITE AVANÇAR NA VIDA.

#DIEGOMENIN

PLANO DE LEITURA BÍBLICA

Deuteronômio 2.10 — 3.29
Lucas 6.5-23
Salmos 44.1-8

PENSE E ORE

Propósito

ANOTAÇÕES

Você precisa ter um propósito, pois ele é seu olhar hoje para o caminho que irá trilhar, é sua visão de futuro. Ou seja, o propósito muda tudo em sua vida. Uma pessoa sem propósito acabará se perdendo na vida.

Pessoas sem propósitos têm hemorragias na alma e perdem a essência da vida. Sem propósito, você não tem brilho nos olhos. Sem propósito, você não consegue avançar porque está preso ao passado ou ao presente.

Você precisa ter um propósito para responder a Deus com o coração cheio de futuro e com muitas expectativas quando Ele perguntar o que você está vendo. O propósito prepara você para dar a Deus a grande resposta de sua vida. E então Ele dirigirá seus passos rumo ao que você deseja.

ALÉM DO NATURAL

30
MAR

Contudo, ele os salvou por causa do seu nome, para manifestar o seu poder. Repreendeu o mar Vermelho, e este secou; ele os conduziu pelas profundezas como por um deserto. Salvou-os das mãos daqueles que os odiavam; das mãos dos inimigos os resgatou. As águas cobriram os seus adversários; nenhum deles sobreviveu.

Salmos 106.8-11

Se você não está combinando com o estilo de vida "natural", se não está se encaixando no modo em que os outros vivem e está em busca do sobrenatural, Deus manda dizer: "Continue ligado a Mim, mesmo nas fases em que estou machucando, diminuindo e triturando você, porque até na poda Meu amor está presente, e não vou descansar enquanto não arrancar de você sua melhor versão. Não fiz você para produzir porcaria, mas para Minha glória".

Entender o convite de Deus para viver o sobrenatural fará você entender também quanto Ele o ama. Deus anseia que você descubra a vida que Ele criou para você desfrutar. Por isso, aproxime-se Dele, viva o sobrenatural e veja o milagre acontecer!

LEMBRETE DO DIA

DEUS QUER QUE VOCÊ VIVA O SOBRENATURAL.

#DIEGOMENIN

PLANO DE LEITURA BÍBLICA

Deuteronômio 4.1 – 5.5
Lucas 6.24-45
Salmos 44.9-16

PENSE E ORE

Sobrenatural

ANOTAÇÕES

31 MAR

SEM CARGAS PESADAS

Ele diz: "Tirei o peso dos seus ombros; suas mãos ficaram livres dos cestos de cargas. Na sua aflição vocês clamaram e eu os livrei, do esconderijo dos trovões lhes respondi; eu os pus à prova nas águas de Meribá".
Salmos 81.6-7

O salmo citado menciona os ombros, ou seja, está falando de uma estrutura com um peso sobre ela. Às vezes, temos um peso sobre nós que nos causa vergonha, torna-nos mais lentos na caminhada de fé ou nos enche de culpa. Então é hora de se livrar desse peso!

O salmista também fala de mãos ocupadas ou atrofiadas, o que remete a trabalho e dedicação. Às vezes, ocupamo-nos de coisas que acabam nos impedindo de fazer o que Deus deseja que fizéssemos. Então é hora de ficar com as mãos livres!

O mesmo Deus do salmo 81 está pronto para tirar esse peso dos seus ombros e deixar suas mãos livres, para que você tenha uma vida leve e ao mesmo tempo produtiva.

LEMBRETE DO DIA

ENTREGAR NOSSOS PESOS A DEUS É VIVER EM LIBERDADE!

#DIEGOMENIN

PLANO DE LEITURA BÍBLICA

Deuteronômio 5.6 — 6.25
Lucas 6.46 — 7.17
Salmos 44.17-26

PENSE E ORE

Alívio

ANOTAÇÕES

EXISTE A HORA CERTA PARA CADA PROPÓSITO.

ABRIL

01
ABR

FORÇA RENOVADA EM MEIO AO CANSAÇO

Ele fortalece ao cansado e dá grande vigor ao que está sem forças.
Isaías 40.29

LEMBRETE DO DIA

NOS MOMENTOS DE FRAQUEZA, A FORÇA DE DEUS SE FAZ PRESENTE.

#DIEGOMENIN

PLANO DE LEITURA BÍBLICA

Deuteronômio 7.1 — 9.12
Lucas 7.18-39
Salmos 45.1-5

PENSE E ORE

Fé

ANOTAÇÕES

Deus ouve todas as suas orações, portanto lance suas preocupações sobre Ele, porque seu Pai Se importa com você. Só assim você entenderá que por trás da dor existe um propósito e que por trás do propósito está Deus. Às vezes, o problema nem é tão grande, mas você está cansado, por isso os fatos ganham uma dimensão maior.

Se você descobrisse que vai morrer em breve, qual seria sua reação? Seria mais agradável? Amaria mais? Tentaria algo novo? A verdade é que você está morrendo! Ou melhor, todos nós estamos.

O tempo é curto, então se concentre em sua busca. Deus multiplica suas forças, especialmente quando você está sem vigor. As fases da vida fazem parte de seu caminho, não de seu destino. Retroceder é decisão sua. O compromisso de Deus com você tem o foco em seu futuro, não em seu passado.

Preste atenção ao seu cansaço: talvez você esteja deprimido, sem foco ou apenas tão distraído com os dias difíceis que ainda não percebeu que Deus já pôs à sua disposição toda a força de que precisa, além de iluminar seu caminho.

ALEGRIA, PAZ E FORÇA

02 ABR

[...] "Ame o Senhor, o seu Deus de todo o seu coração, de toda a sua alma e de todo o seu entendimento".
Mateus 22.37

Você não pode ser quem você é e, ao mesmo tempo, ser quem você costumava ser. Portanto, decida-se, porque seu destino está à sua espera.

Por exemplo, a energia que você usa para mascarar a dor é a mesma que poderia usar para construir seu futuro.

Por isso, trate de recuperar seu poder. Essa força nasce de sua vontade de se erguer após uma decepção ou um desastre.

No entanto, convém lembrar que não há transformação sem isolamento. O problema é que todos querem transformação, mas ninguém quer ficar sozinho. Lembre-se, porém, de que Deus é seu tudo. Ele é sua alegria no tempo da tristeza, sua paz no momento da confusão, sua força na fraqueza. Sua grandiosidade é demonstrada nesta declaração de Jesus: "Para o homem é impossível, mas para Deus todas as coisas são possíveis" (Mateus 19.26).

Assim, comece seu dia adorando ao Senhor com todo o seu coração, com toda a sua alma e com todo o seu entendimento.

LEMBRETE DO DIA

DEIXE QUE O SEU AMOR A DEUS GUIE TODAS AS SUAS DECISÕES.

#DIEGOMENIN

PLANO DE LEITURA BÍBLICA

Deuteronômio 9.13 — 11.17
Lucas 7.40 — 8.8
Salmos 45.6-12

PENSE E ORE

Amor

ANOTAÇÕES

03
ABR

CRESCIMENTO NO ESPÍRITO

Como crianças recém-nascidas, desejem de coração o leite espiritual puro, para que por meio dele cresçam para a salvação.
1Pedro 2.2

Quando a criança estaciona no crescimento físico e intelectual, sabemos que algo está errado, e essa ausência de desenvolvimento causa muita preocupação aos pais. De igual modo, Deus não quer que sejamos imaturos. Ele deseja que continuemos a nos desenvolver.

E, quando se trata de desenvolvimento espiritual, Jesus é nosso verdadeiro alimento. Ele mesmo declarou: "Eu sou o pão da vida. Aquele que vem a mim nunca terá fome; aquele que crê em mim nunca terá sede" (João 6.35).

As Escrituras são um verdadeiro manjar para quem quer se alimentar espiritualmente, e, se sua leitura for combinada com oração e intimidade com Deus, você encontrará a refeição perfeita para seu crescimento como cristão em todas as áreas de sua vida.

Nosso Pai quer que vivamos o que é bom e o que nos edifica. Então, o que você vai fazer hoje para satisfazer seu apetite espiritual e crescer no Senhor?

LEMBRETE DO DIA

NUTRA SEU ESPÍRITO NA BÍBLIA E CRESÇA EM CRISTO.

#DIEGOMENIN

PLANO DE LEITURA BÍBLICA

Deuteronômio 11.18 – 13.11
Lucas 8.9-29
Salmos 45.13-17

PENSE E ORE

Alimento espiritual

ANOTAÇÕES

A SOBERANIA DE DEUS NAS ADVERSIDADES

04 ABR

"Lembrem-se de como o Senhor, o seu Deus, os conduziu por todo o caminho no deserto, durante estes quarenta anos, para humilhá-los e pô-los à prova, a fim de conhecer suas intenções, se iriam obedecer aos seus mandamentos ou não. Assim, ele os humilhou e os deixou passar fome. Mas depois os sustentou com maná, que nem vocês nem os seus antepassados conheciam [...]".
Deuteronômio 8.2-3

Você não pode abandonar tudo quando está sofrendo. Deus não nos dá licença para curtirmos nossa dor e esquecermos as responsabilidades. Ele manda que você tire os olhos de seu sofrimento e depois faz uma simples pergunta: "O que está acontecendo?".

É óbvio que Ele sabe a resposta, mas quer que você pense a respeito. Seria esse acontecimento parecido com algo que já aconteceu? Deus está dizendo: "Eu estava com você na primeira vez que atravessou o deserto e estou com você agora".

Seus sentimentos podem levá-lo a perder o que Deus tem para você. No entanto, Ele nunca prometeu que seus sentimentos estariam alinhados com seus processos. Se as ações do Senhor não fazem sentido para você, apenas obedeça. Mesmo que tudo pareça estar de cabeça para baixo, lembre-se: o trono de Deus continua onde sempre esteve!

LEMBRETE DO DIA

EM MEIO ÀS DIFICULDADES, LEMBRE-SE DE QUE DEUS CONTINUA NO CONTROLE ABSOLUTO.

#DIEGOMENIN

PLANO DE LEITURA BÍBLICA

Deuteronômio 13.12 – 15.18
Lucas 8.30-51
Salmos 46.1-6

PENSE E ORE

Soberania

ANOTAÇÕES

05 ABR

DEIXE O PASSADO PARA TRÁS

Irmãos, não penso que eu mesmo já o tenha alcançado, mas uma coisa faço: esquecendo-me das coisas que ficaram para trás e avançando para as que estão adiante, prossigo para o alvo, a fim de ganhar o prêmio do chamado celestial de Deus em Cristo Jesus.

Filipenses 3.13-14

LEMBRETE DO DIA

LIBERE O PASSADO E AVANCE COM ESPERANÇA.

#DIEGOMENIN

PLANO DE LEITURA BÍBLICA

Deuteronômio 15.19 – 18.12
Lucas 8.52 – 9.17
Salmos 46.7-11

PENSE E ORE

Avanço

ANOTAÇÕES

Você precisa saber quando virar o disco e parar de remoer algo que se foi. Além da dor, você está torturando as pessoas ao seu redor com uma ladainha que nunca muda. Ninguém aguenta isso!

Não há como mudar certas coisas que acontecem na profissão, na família, nos relacionamentos ou em qualquer outra área. Passado é passado, mas o presente e o futuro estão disponíveis para fazermos algo diferente com eles. Portanto, aceite, que dói menos!

A dor é real, devastadora e um fardo enorme para carregar. Na verdade, se os que nos rodeiam percebessem a dor que sentimos, certamente estariam mais próximos.

O sofrimento nos faz colocar nossa dor em um pedestal, mas ela não merece esse destaque. Não podemos viver com esse fardo emocional, pois irá enterrar nossas esperanças. A dor deve ser a fraqueza deixando o corpo.

Você será capaz de se libertar da dor depois que perceber que seu passado não dita necessariamente seu futuro. Diante dessa nova realidade, deixe as coisas que passaram para trás e caminhe para o alvo!

O TEMPO É UM BEM PRECIOSO

06 ABR

Para tudo há uma ocasião certa; há um tempo certo para cada propósito debaixo do céu: tempo de nascer e tempo de morrer; [...] tempo de guerra e tempo de paz.
Eclesiastes 3.1-8

O tempo é sua melhor mercadoria, é um esvaziamento sem possibilidade de reposição, já que você nunca o terá de volta. As demais coisas você pode recuperar, mas não o tempo. Perder tempo é perder seu bem mais precioso.

- Não se preocupe com dinheiro, você pode tê-lo na próxima estação.
- Não se preocupe com casa, você pode comprá-la daqui a alguns anos.
- Não se preocupe com carro, você pode trocá-lo quantas vezes quiser.
- Preocupe-se com o tempo, porque ele é irrecuperável.

O tempo que você tem agora jamais irá voltar. Este momento é simplesmente único, e seu dever é valorizá-lo. Por isso, não permita que ninguém o roube com mesquinharia, fofoca ou embaraços. Se você se distrair, perderá algo irrecuperável.

Não deixe sua vida passar, tampouco deixe o medo, as ofensas, a ansiedade ou o abatimento roubarem algo que Deus fez exclusivamente para você desfrutar. Atente para o fato de que o tique-taque do relógio não terá misericórdia de você. Um dia, você não estará mais aqui. Saiba discernir o tempo em sua vida para tirar melhor proveito dele.

LEMBRETE DO DIA

NÃO HÁ TEMPO A PERDER.

#DIEGOMENIN

PLANO DE LEITURA BÍBLICA

Deuteronômio 18.13 — 21.9
Lucas 9.18-41
Salmos 47.1-5

PENSE E ORE

Tempo

ANOTAÇÕES

07
ABR

UM LUGAR PARA DESCANSAR

"Venham a mim, todos os que estão cansados e sobrecarregados, e eu darei descanso a vocês".
Mateus 11.28

LEMBRETE DO DIA

CRISTO É O NOSSO ABRIGO.

#DIEGOMENIN

PLANO DE LEITURA BÍBLICA

Deuteronômio 21.10 – 23.14
Lucas 9.42-62
Salmos 47.6-9

PENSE E ORE

Segurança

ANOTAÇÕES

Pode parecer estranho falar em "porto seguro" hoje em dia, mas, diferentemente do que alguns pensam, as viagens nem sempre foram tão seguras. Uma viagem entre continentes, por exemplo, que hoje pode ser feita em questão de horas, antigamente se estendia por vários meses. E podemos imaginar quantos imprevistos aconteciam durante esse tempo! Viajar era tão perigoso que muitos saíam sem saber se chegariam sãos e salvos ao seu destino.

A vida é semelhante a uma longa viagem. Desde que nascemos, já estamos em uma jornada cheia de acontecimentos inesperados, em uma estrada com altos e baixos. Mas não devemos dar lugar ao desânimo. Sempre que precisarmos de um repouso, de um *pit stop*, encontraremos um "porto seguro" em Jesus. Ele é Aquele amigo com quem sempre podemos contar, Aquela ajuda que não falha, Aquele refúgio em que nos sentimos protegidos.

Não podemos continuar esta longa viagem sem descansar. Portanto, não há nada de errado em dependermos de Deus. Errados estão os que não reconhecem essa dependência. Quando será seu próximo descanso?

AVANCE, MESMO EM MEIO A PROVAÇÕES

08 ABR

Penina, a sua rival, a provocava [...], porque o SENHOR a tinha deixado estéril. Isso acontecia ano após ano. [...] Então, Elcana, o seu marido, lhe perguntava:
— Ana, por que você está chorando? Por que não come? Por que está triste o seu coração? Será que eu não sou melhor para você do que dez filhos?
1Samuel 1.6-8

Deus nos provoca porque nos ama, porque não desiste de nos amar e por saber que somos capazes de fazer mais. Ele nos provoca para que tomemos uma atitude, pois sem as provocações podemos deixar de realizar muita coisa.

A provocação é a ferramenta que Deus usa para você continuar acreditando que é possível crescer e ser melhor. Vemos isso claramente nos versículos acima, quando Ana, repetidas vezes, era provocada por Penina. Ela sofreu muitas humilhações e chorou muito. Tudo que padecia a incomodava, machucava e inflamava seu coração. No entanto, as provocações fizeram com que Ana avançasse: mesmo humilhada, ela buscava incessantemente seu milagre.

Como você tem reagido às provocações? Tem chorado muito? Não se deixe vencer apenas pelo que seus olhos veem. Tente enxergar além, com os olhos espirituais. Insista como Ana insistiu e conquiste o que está guardado para você nos Céus. Nada pode roubar o que Deus tem para lhe entregar. Persista!

LEMBRETE DO DIA

VÁ EM BUSCA DO SEU MILAGRE, APESAR DE QUALQUER OBSTÁCULO.

#DIEGOMENIN

PLANO DE LEITURA BÍBLICA

Deuteronômio 23.15 — 26.5
Lucas 10.1-22
Salmos 48.1-8

PENSE E ORE

Provocação

ANOTAÇÕES

09 ABR

CUIDADO PARA NÃO SE ARRUINAR

Quem faz o bem aos outros, a si mesmo o faz; o homem cruel causa o seu próprio mal.
Provérbios 11.17

LEMBRETE DO DIA

LIMITE É ALGO BOM E NECESSÁRIO!

#DIEGOMENIN

PLANO DE LEITURA BÍBLICA

Deuteronômio 26.5 – 28.14
Lucas 10.23-42
Salmos 48.9-14

PENSE E ORE

Respeito próprio

ANOTAÇÕES

Como é possível alguém fazer mal a si mesmo? Por ignorância e falta de discernimento, acredito. E um dos maiores males que alguém pode causar a si mesmo é rebaixar-se ao nível ridículo da dependência humana e emocional, sujeitando-se a viver pela opinião e pela decisão dos outros.

O motivo é que você perde a chance de ser único para ser o que os outros querem. Você se machuca quando tenta se ajustar a tudo para agradar a todos. Essas pessoas tomam o lugar de Deus em sua vida, porque sua atitude neutraliza tudo que Ele pôs em você.

Ao tentar ser o que os outros desejam, você perde o respeito por si mesmo e se torna uma marionete na mão deles. Portanto, comece a pensar e agir por si mesmo! Se você não for quem nasceu para ser, irá se transformar em um morto ambulante. Será que foi para isso que Deus o fez? Então trate de respeitar a vontade Dele e de respeitar a si mesmo!

A PORTA QUE DEUS ABRE

10 ABR

[...] quando os amonitas entraram em guerra contra Israel, os chefes de Gileade foram buscar Jefté em Tobe. [...] Jefté lhes disse: — Vocês não me odiavam e não me expulsaram da casa do meu pai? Por que me procuram agora, quando estão em dificuldades? Os líderes de Gileade responderam: — Apesar disso, agora estamos apelando a você [...].
Juízes 11.4-8

Jefté era um homem que carregava consigo uma marca que não queria cicatrizar, pelo menos aos olhos do mundo ao redor: era filho de uma prostituta. Foi obrigado a viver entre marginais, pois só ali havia lugar para um rejeitado como ele, filho do pecado, do preconceito e da iniquidade.

É incrível como todo aquele que tem uma chamada de Deus sofre perseguições e é mal compreendido. Mas se você é mesmo um escolhido, sua história não acaba tão cedo. Todo leão será ferido em quatro áreas:

- Você será julgado por sua origem, não pelo seu caráter.
- Você será desprezado por ter uma desvantagem na arena da vida.
- Você será julgado prematuramente.
- Você será julgado como se Deus o tivesse esquecido.

No entanto, o leão ferido continua sendo um leão, porque as fatalidades o machucam, mas não o arrasam. O exílio não o afeta. E, quando Deus lhe abre uma porta, é sempre a melhor. Assim como as limitações da vida não o intimidam, ele perdoa seus agressores e não tem tempo para discussões fúteis.

O que você tem aprendido no exílio da vida? Como age quando as pessoas o desprezam? O leão ferido continua sendo um leão, porque não recusa a luta. Jefté bradou: "Quero ser líder! Quero ser o chefe!". E você?

LEMBRETE DO DIA

NÃO SE PERMITA SER INTIMIDADO POR SUAS LIMITAÇÕES.

#DIEGOMENIN

PLANO DE LEITURA BÍBLICA

Deuteronômio 28.15-68
Lucas 11.1-28
Salmos 49.1-6

PENSE E ORE

Ambiente

ANOTAÇÕES

11 ABR

O CRESCIMENTO NEM SEMPRE É UMA RETA ASCENDENTE

Todos os israelitas queixaram-se contra Moisés e contra Arão, e toda a comunidade lhes disse: "Quem dera tivéssemos morrido no Egito! Ou neste deserto! Por que o Senhor está nos trazendo para esta terra? Só para nos deixar cair à espada? Nossas mulheres e nossos filhos serão tomados como despojo de guerra. Não seria melhor voltar para o Egito?".
Números 14.2-3

LEMBRETE DO DIA

NÃO DEPENDA DE LUGARES OU SENSAÇÕES.

#DIEGOMENIN

PLANO DE LEITURA BÍBLICA

Deuteronômio 29.1 — 31.8
Lucas 11.29-54
Salmos 49.7-12

PENSE E ORE

Escravidão

ANOTAÇÕES

Nem sempre o crescimento parecerá uma ascensão. Às vezes, Deus apenas ordena que você fique dando voltas, aparentemente sem motivo, como o povo de Israel no deserto, longe do estado desejado – uma lacuna terrível entre quem você é e o que Deus prometeu que você seria.

No entanto, mesmo nessa aparente incerteza, Deus está usando as lacunas, a fim de que você aprenda a não depender mais de lugares ou sensações. Em certos momentos, andar em círculos pode ser uma providência necessária para alcançarmos as promessas.

Erramos ao pensar que o Reino é vivido apenas de glória em glória. Em determinadas circunstâncias, porém, o mais importante é não voltar ao tempo de escravidão ou não se apegar a bênçãos passadas. Ascender significa saber de onde você partiu e aonde você quer chegar, mesmo que para isso tenha de dar algumas voltas. Obedeça à ordem do Senhor e você chegará lá.

A COLHEITA DAS PALAVRAS

12
ABR

A língua tem poder sobre a vida e sobre a morte;
os que gostam de usá-la comerão do seu fruto.
Provérbios 18.21

Todo fruto precisa de tempo até a colheita. O lavrador efetua o plantio e não retorna no mesmo dia com o fruto. Existe um tempo entre a semeadura e o cultivo. O mesmo ocorre no mundo espiritual quando lançamos nossas palavras nele.

Se lançarmos sementes de bênção, o fruto será de bênção; se lançarmos sementes de maldição, os frutos serão de maldição – mais cedo ou mais tarde, em algum tempo todos eles serão colhidos no mundo espiritual.

Por isso, use bem suas palavras. Se as usar mal, sua colheita não será nada agradável. Palavras negativas produzem frutos amargos e secos. Palavras boas produzem frutos doces e suculentos. Salomão percebeu o poder das palavras. Prefira usá-las para produzir vida, não para espalhar o mal e a morte.

LEMBRETE DO DIA

AS PALAVRAS TÊM PODER, SE ALINHADAS À VONTADE DE DEUS.

#DIEGOMENIN

PLANO DE LEITURA BÍBLICA

Deuteronômio 31.9 – 32.35
Lucas 12.1-21
Salmos 49.13-20

PENSE E ORE

Colheita

ANOTAÇÕES

13 ABR

VOCÊ É UMA OBRA-PRIMA DE DEUS

Tu criaste o íntimo do meu ser e me teceste no ventre de minha mãe.
Salmos 139.13

LEMBRETE DO DIA

DEUS TEM UM PLANO PARA SUA VIDA.

#DIEGOMENIN

PLANO DE LEITURA BÍBLICA

Deuteronômio 32.36 – 34.12
Lucas 12.22-41
Salmos 50.1-6

PENSE E ORE

Individualidade

ANOTAÇÕES

Você não é produto de uma linha de montagem: foi deliberadamente planejado, especialmente capacitado e posto com amor neste mundo pelo próprio Criador. Deus planejou você, por isso aos olhos Dele você é perfeito. Até mesmo suas falhas são filtradas pelo olhar amoroso Dele.

O Senhor tem um propósito para sua vida, porque Ele não trouxe você ao mundo por acaso. Por isso, procure se conhecer e busque intimidade com Deus, a fim de que Ele revele a vontade Dele para sua vida.

Quer vencer suas lutas? Pare de idolatrar seus sentimentos e mantenha-se firme nas fases turbulentas, pois elas não duram para sempre. Não permita que essas situações se tornem o centro de sua vida. Ponha Deus no centro de qualquer circunstância, pois assim não se sentirá frágil.

O Senhor planejou você desde o ventre de sua mãe. Você é um ser único, que Ele ama, e colocá-Lo como centro de sua vida demonstra que você sabe quem Ele é e a importância que Ele tem em sua vida.

NECESSIDADES PLENAMENTE SUPRIDAS

14
ABR

"Se Deus veste assim a erva do campo, que hoje existe e amanhã é lançada ao fogo, não vestirá muito mais a vocês, homens de pequena fé? Portanto, não se preocupem, dizendo: 'Que vamos comer?' ou 'Que vamos beber?' ou 'Que vamos vestir?' Pois os pagãos é que correm atrás dessas coisas; mas o Pai celestial sabe que vocês precisam delas. Busquem, pois, em primeiro lugar o Reino de Deus e a sua justiça, e todas essas coisas serão acrescentadas a vocês".

Mateus 6.30-33

Você precisa mudar seus questionamentos. Em vez de perguntar: "O que não tenho?", pergunte: "O que não estou vendo?". Quando nos concentramos no que não temos, nas ausências e deficiências, alimentamos o medo e podemos matar nossa fé.

Imagine que você possa fazer uma lista de tudo que não tem, dos recursos que não adquiriu, das qualidades que não possui. Com certeza se sentirá frustrado. Mas se Deus não lhe deu essas coisas é porque você não precisa! Já pensou nisso?

Os adultos sempre perguntam às crianças: "O que você vai ser quando crescer?". E a resposta sempre está relacionada com uma profissão. É assim que pensamos a vida: crescer para ocupar uma função. Seria tão bom se a resposta da criança fosse: "Quando crescer, quero ser feliz!".

Seria bom demais "apenas" ser feliz, porém nossos olhos não estão voltados para essa direção, e sim para nossas necessidades, às vezes buscando o que não precisamos. Por isso, em vez de se entregar a buscas inúteis, confie na provisão de Deus!

LEMBRETE DO DIA

PARE DE GASTAR ENERGIA COM BUSCAS INÚTEIS.

#DIEGOMENIN

PLANO DE LEITURA BÍBLICA

Josué 1.1 — 3.17
Lucas 12.42 — 13.9
Salmos 50.7-15

PENSE E ORE

Provisão

ANOTAÇÕES

15
ABR

ECONOMIZE SUA ENERGIA

Descanse no SENHOR e aguarde por ele com paciência; não se aborreça com o sucesso dos outros nem com aqueles que maquinam o mal. Evite a ira e rejeite a fúria; não se irrite: isso só leva ao mal. Pois os maus serão eliminados, mas os que esperam no SENHOR receberão a terra por herança.
Salmos 37.7-9

LEMBRETE DO DIA

NÃO SE PERMITA DESGASTAR POR MOTIVOS FÚTEIS.

#DIEGOMENIN

PLANO DE LEITURA BÍBLICA

Josué 4.1 – 6.19
Lucas 13.10-35
Salmos 50.16-23

PENSE E ORE

Paciência

ANOTAÇÕES

Não se desgaste com reações exageradas por coisas de pequena importância. Isso fará de você uma pessoa difícil de agradar. E ninguém preza a companhia de quem perde as estribeiras por motivos fúteis – pois imagine como reagirá quando o assunto for sério!

Há uma busca por pessoas positivas, com ideias de como fazer a vida melhor. Obviamente, sempre haverá dias em que você dirá: "Não aguento mais!". No entanto, o normal e desejável é que se viva fazendo uma drenagem de energia e selecionando os melhores sentimentos e emoções para cada momento da vida.

O apressado comete erros, enquanto o paciente tem tempo de organizar seus pensamentos e ouvir a voz de Deus. A paciência é uma parte do fruto do Espírito, por isso deve ser cultivada. Não permita que sua espiritualidade seja prejudicada por futilidades!

EVANGELHO É RECOMEÇO

16
ABR

Não me envergonho do evangelho, porque é o poder de Deus para a salvação de todo aquele que crê: primeiro do judeu, depois do grego.
Romanos 1.16

Evangelho não é viver por popularidade, por louvores e aplausos humanos: é viver por uma única recompensa, que virá do Senhor. O Evangelho é a capacidade de segurar nas mãos de Deus e continuar, mesmo quando não sabemos o que nos espera no próximo passo.

Mas convém lembrar que o Evangelho é na verdade um recomeço — tema do segundo livro que tive a oportunidade de escrever, baseado na história de Neemias. Nesse livro, encorajo os leitores a deixar o lado romântico da vida e a encarar a realidade. Afinal, precisamos ser realistas: não existe recomeço sem luto, choro e dor e, principalmente, uma autópsia do fracasso.

Meu papel como pastor é ensinar o povo, por meio da Palavra de Deus, que antes de um recomeço existe um fracasso. Portanto, um verdadeiro recomeço não surge de festas, risadas e danças. Ele nasce da dolorosa constatação de que fracassamos, mas é justamente essa visão sombria que abre caminho "para a salvação de todo aquele que crê".

LEMBRETE DO DIA

O EVANGELHO É SUA CHANCE DE RECOMEÇAR.

#DIEGOMENIN

PLANO DE LEITURA BÍBLICA

Josué 6.20 — 8.23
Lucas 14.1-24
Salmos 51.1-6

PENSE E ORE

Recomeço

ANOTAÇÕES

JAMAIS DEIXE DE CONGREGAR!

17
ABR

Não deixemos de reunir-nos como igreja, segundo o costume de alguns, mas procuremos encorajar-nos uns aos outros, ainda mais quando vocês veem que se aproxima o Dia.
Hebreus 10.25

LEMBRETE DO DIA

VOCÊ PRECISA DA IGREJA.

#DIEGOMENIN

PLANO DE LEITURA BÍBLICA

Josué 8.24 — 10.19
Lucas 14.25 — 15.10
Salmos 51.7-15

PENSE E ORE

Desigrejados

ANOTAÇÕES

Vivemos uma geração com um número excessivo de desigrejados, um fenômeno nunca visto em tal proporção. Contudo, quero lembrar alguns motivos para que você se resguarde desse equívoco.

O primeiro motivo é que certas pessoas começam a frequentar uma igreja sem avaliar aquilo em que estão se envolvendo. Infelizmente, nem todos os que frequentam alguma igreja têm a mesma motivação, e isso deve ser levado em conta.

O segundo motivo é que o abandono da igreja resulta de cegueira espiritual e falta de conexão com Deus, da decisão de andar por conta própria.

O terceiro motivo é a tristeza, fruto de uma vida corrida, com muitas demandas e muita pressão. Em vez de irem à igreja para buscar uma ressignificação para esse sentimento, essas pessoas levam a tristeza para dentro do templo e assim alimentam a própria tristeza.

O quarto motivo é a decepção: a pessoa criou expectativas que não se cumpriram.

Qualquer que seja o motivo que lhe apresentem, não deixe sua congregação!

FIEL ATÉ A MORTE

Sendo encontrado em figura humana, humilhou-se e foi obediente até a morte, e morte de cruz!
Filipenses 2.8

18 ABR

PAIXÃO DE CRISTO

A morte do Cristo na cruz foi o maior ato de amor da História. Por isso, devemos sempre nos lembrar desse dia, cultivar uma gratidão enorme ao Senhor e meditar no significado da Cruz.

Muitas vezes nos consideramos como grandes sofredores, murmuramos sem parar e temos dificuldade de nos submeter à vontade de Deus. Mas Jesus, nosso exemplo mais excelente, foi fiel até o fim em cumprir os propósito do Pai e é por esse motivo que hoje temos acesso a Ele e podemos crer na Vida Eterna.

Sabemos que há inúmeras aflições a serem enfrentadas nesta Terra, mas podemos sempre encontrar esperança no Senhor, pois Ele venceu o mundo. Quando enfrentar provações, lembre-se do amor de Cristo. Quando for humilhado, rejeitado e maltratado, lembre que Ele também enfrentou tudo isso e é quem nos dá forças para superar toda e qualquer dificuldade.

Quem se entrega a Jesus é verdadeiramente livre, pois Ele pagou o preço por nossa vida com o Seu precioso sangue.

LEMBRETE DO DIA

DEVEMOS NOSSA LIBERDADE UNICAMENTE A JESUS.

#DIEGOMENIN

PLANO DE LEITURA BÍBLICA

Josué 10.20 – 12.6
Lucas 15.11-32
Salmos 51.16-19

PENSE E ORE

Paixão de Cristo

ANOTAÇÕES

19
ABR

O CUSTO DA ESPERA

Espero no SENHOR com todo o meu ser e na sua palavra ponho a minha esperança. Espero pelo SENHOR mais do que as sentinelas pela manhã; sim, mais do que as sentinelas esperam pela manhã!
Salmos 130.5-6

LEMBRETE DO DIA

A ESPERA TEM UM CUSTO, MAS VALE A PENA.

#DIEGOMENIN

PLANO DE LEITURA BÍBLICA

Josué 12.7 – 14.5
Lucas 16.1-21
Salmos 52.1-5

PENSE E ORE

Espera em Deus

ANOTAÇÕES

Esperar pelo que não chega é devastador. É o "custo da espera" e faz parte da vida de todos nós. Você tem todo o direito de estar cansado, só não tem o direito de desistir da espera em Deus.

Assim como você tem de ser persistente para suportar as aflições e sofrimentos, precisa também ser firme no espírito e na alma para sobreviver às angústias da espera. No entanto, já durante o processo, coisas boas irão acontecer.

A qualidade de sua esperança é sua única chance de enfrentar o "custo da espera" e receber o que deseja. Custa mais você aguardar por algo que demora para acontecer que esperar por nada, sem perspectiva de vida.

Muitos caem no abismo de esperar por coisa alguma, pois vivem uma vida sem objetivos claros, sem crescimento espiritual e sem o real desejo de participar do processo de espera, por isso nada recebem.

Deposite toda a sua esperança no Senhor, porque não há nada mais concreto que estar firmado Nele. Mesmo que demore um pouco, Ele nunca falha!

CRISTO, NOSSA PÁSCOA

"Como vocês sabem, estamos a dois dias da Páscoa, e o Filho do homem será entregue para ser crucificado".
Mateus 26.2

20
ABR
PÁSCOA

Na Páscoa, os judeus celebravam sua libertação da escravidão no Egito, simbolizada pelo sacrifício de um cordeiro sem defeito, cujo sangue nos umbrais das portas poupava as famílias do anjo da morte (Êxodo 12). Todo esse simbolismo aguardava a chegada do "Cordeiro de Deus, que tira o pecado do mundo" (João 1.29), que se entregaria como o sacrifício definitivo pela redenção do ser humano. A morte de Cristo e Sua ressurreição não apenas cumpriram, mas também redefiniram a Páscoa, ao oferecer uma libertação espiritual e eterna.

Além disso, obtemos no Cordeiro bênçãos que não se limitam à salvação de nossa alma. Vejamos:

- Sua ressurreição assegura aos crentes a vitória sobre a morte (1Coríntios 15.55-57).
- Ele tomou sobre Si nossas dores e enfermidades (Isaías 53.4).
- Nossas necessidades materiais e espirituais são supridas por Ele (Mateus 21.22).
- Ele nos livra de nossas ansiedades (1Pedro 5.7).

Em suma, a celebração da Páscoa cristã não é mera recordação histórica, mas uma vivência contínua da obra redentora de Cristo em nossa vida. Ao reconhecer e aceitar essa verdade, somos chamados a viver em novidade de vida, sob os efeitos contínuos do sacrifício do Cordeiro de Deus.

LEMBRETE DO DIA

CRISTO É NOSSO CORDEIRO PASCAL.

#DIEGOMENIN

PLANO DE LEITURA BÍBLICA

Josué 14.6 – 15.47
Lucas 16.22 – 17.10
Salmos 52.6-9

PENSE E ORE

Páscoa

ANOTAÇÕES

21

ABR

NÃO PARE NO MEIO DO CAMINHO

[...] prostrou-se com o rosto em terra e orou:
— Meu Pai, se for possível, afasta de mim este cálice; contudo, não seja como eu quero, mas como tu queres.
[...] Então, deixou-os novamente e orou pela terceira vez, dizendo as mesmas palavras.
Mateus 26.39-44

Você conhece alguém que seja feliz o tempo todo? Se conhecer, recomende-lhe um médico, porque certamente está sofrendo da síndrome do bobo da corte. Em contrapartida, se você desistiu de algo porque não estava feliz, lamento dizer: é um tolo também, pois é possível que nunca venha a concluir qualquer coisa que comece.

Se você não terminar o que começou, perderá o respeito por si mesmo. Peça a Deus força para ir até o fim. O próprio Jesus por três vezes pediu ao Pai: "Posso parar por aqui?". Deus não permitiu que Ele parasse, e Jesus aceitou a vontade do Pai.

Você alguma vez já perguntou a Deus se havia uma maneira de deixar para lá o que estava fazendo? Deus provavelmente lhe dará a mesma resposta que deu a Jesus, e você terá de continuar de qualquer forma, até concluir o percurso.

LEMBRETE DO DIA

ACABAR O QUE SE COMEÇOU É UMA QUESTÃO DE RESPEITO PRÓPRIO.

#DIEGOMENIN

PLANO DE LEITURA BÍBLICA

Josué 15.48 — 18.10
Lucas 17.11-37
Salmos 53.1-6

PENSE E ORE

Finalizar processos

ANOTAÇÕES

AMOR QUE TRANSFORMA

22
ABR

Amados, amemos uns aos outros, pois o amor procede de Deus. Aquele que ama é nascido de Deus e conhece a Deus. Quem não ama não conhece a Deus, porque Deus é amor.
1João 4.7-8

Quatro homens ficaram presos em uma caverna durante uma nevasca. Para suportar o frio enquanto aguardavam o resgate, resolveram acender uma pequena fogueira. Cada um tinha apenas um pedaço de madeira na mochila, e era preciso racionar o material. No entanto, alguns deles, em uma atitude egoísta, não quiseram ceder a lenha para aquecer o outro, mesmo que implicasse não aquecer a si mesmo. Nesse impasse, acabaram morrendo de frio.

A verdade é que antes de morrer pelo frio externo eles já haviam morrido pelo frio que vinha de dentro. Esse frio interno nos enrijece e nos torna apáticos, insensíveis e cheios de razão. Talvez o que esteja matando você seja o frio de dentro, que só pode ser tratado com amor.

Precisamos agir com amor, porque quando isso acontece o Inimigo fica sem defesa. Ame o pai que talvez nunca tenha lhe dado amor. Ame a mãe que nunca cuidou de você. Ame o chefe que o persegue. Ame o tempo todo, e irá perceber que amar não é se rebaixar, mas ceder a lenha que aquecerá os outros e você mesmo. Assim, você não morrerá de frio.

LEMBRETE DO DIA

SOMENTE O AMOR PODE DERROTAR O FRIO DA INDIFERENÇA.

#DIEGOMENIN

PLANO DE LEITURA BÍBLICA

Josué 18.11 — 19.39
Lucas 18.1-21
Salmos 54.1-7

PENSE E ORE

Amor

ANOTAÇÕES

23 ABR

CUIDE DA SUA MOTIVAÇÃO

O que as suas mãos tiverem que fazer, que o façam com toda a sua força, pois na sepultura, para onde você vai, não há atividade nem planejamento, não há conhecimento nem sabedoria.
Eclesiastes 9.10

LEMBRETE DO DIA

PENSE POSITIVO, AJA COM PROPÓSITO E MANTENHA SUA MOTIVAÇÃO VIVA.

#DIEGOMENIN

PLANO DE LEITURA BÍBLICA

Josué 19.40 — 21.33
Lucas 18.22-43
Salmos 55.1-8

PENSE E ORE

Motivação

ANOTAÇÕES

Muitos perdem a motivação por não saberem lidar com seus recursos, por plantarem de forma irresponsável ou em áreas que não deveriam. Além disso, todos nós temos um jeito de viver baseado na cultura em que estamos inseridos, e alguns comportamentos e hábitos nos tiram a capacidade de gerar ações positivas.

Outro fator importante quanto à motivação é o que alimenta nossa mente. Os livros que lemos, os programas a que assistimos, as pessoas com quem conversamos — enfim, tudo influencia nossa mente e reflete em nossa motivação.

Às vezes, somos os piores inimigos de nossa motivação, porque somos os primeiros a falar o que não precisamos ouvir, os primeiros a reagir a tudo aquilo que poderia resultar em uma ação de progresso. Por exemplo, quando dizemos: "Não é possível! É difícil! Não vou conseguir!". Palavras desse tipo geram sentimentos de desânimo.

Em suma: seus comportamentos mudam seus hábitos, seus hábitos mudam seus pensamentos e seus pensamentos mudam sua vida. Use-os para manter sua motivação!

A HISTÓRIA NÃO ACABA AQUI

24 ABR

Quem cometer injustiça receberá de volta injustiça, e não haverá exceção para ninguém.
Colossenses 3.25

Antes de ser governador do Egito, José estava amargando uma longa sentença de prisão sob uma falsa acusação de abuso sexual. Antes disso, fora vendido como escravo pelos próprios irmãos. Grande parte de sua vida até ali era puro sofrimento decorrente de uma série de injustiças. Qualquer um que acompanhasse sua trajetória veria apenas um homem sem sorte e provavelmente sem futuro.

No entanto, José tinha certeza de que sonhos que tivera na adolescência iriam se cumprir, que Deus o colocaria em uma posição de autoridade. Por isso, permaneceu fiel a Deus e em cada situação dava o melhor de si.

Talvez você não tenha muitas vitórias para contar. Alguém puxou seu tapete, e você perdeu uma ótima chance de subir na carreira. Dedicou sua vida a uma pessoa, e acabou traído. Fez um ótimo trabalho, mas a promoção foi dada a alguém com menos talento. Você pondera sobre essas coisas e se sente derrotado.

Mas o fato é que sua história ainda não terminou. As injustiças que você sofre são apenas parte do caminho. Você só precisa acreditar que nem tudo é o que parece ser, permanecer fiel e dar o melhor de si. Nada do que esteja acontecendo com você irá mudar o fato de que um dia poderá desfrutar da Vida Eterna com o Senhor!

LEMBRETE DO DIA

AS INJUSTIÇAS DE HOJE NÃO DEFINEM O FINAL DA SUA HISTÓRIA.

#DIEGOMENIN

PLANO DE LEITURA BÍBLICA

Josué 21.34 – 23.10
Lucas 19.1-23
Salmos 55.9-19

PENSE E ORE

Injustiça

ANOTAÇÕES

25
ABR

A PERSPECTIVA DO ALTO

Quem é espiritual discerne todas as coisas, e ele mesmo por ninguém é discernido; pois "quem conheceu a mente do Senhor para que possa instruí-lo?" Nós, porém, temos a mente de Cristo.
1Coríntios 2.15-16

LEMBRETE DO DIA

COM A MENTE DE CRISTO, AS DIFICULDADES SE TRANSFORMAM EM OPORTUNIDADES.

#DIEGOMENIN

PLANO DE LEITURA BÍBLICA

Josué 23.11 — 24.33
Lucas 19.24-48
Salmos 55.20-23

PENSE E ORE

Percepção

ANOTAÇÕES

Estamos sempre preocupados com o que Deus vai fazer por nós, mas para Deus importa muito mais o que Ele vai fazer por meio de nós e em nós. Entender que muitas vezes Deus não faz por nós, mas em nós, nos ajuda a saber um pouco mais sobre nosso relacionamento com Ele.

No entanto, às vezes a ação de Deus implica um processo doloroso, mas que produzirá frutos, e nessas horas precisamos orar: "Senhor, em vez de tentar entender ou chorar pelo que está acontecendo, quero ter uma mente madura e poder expressar quão maravilhoso és, a despeito das circunstâncias! Muda minha percepção! Quero ter a mente de Cristo".

Olhar com os olhos de Deus fará você entender o propósito Dele de maneira diferenciada: onde você enxergava obstáculos, verá solução; onde antes havia dificuldades, passará a ser lugar de comunhão.

DEUS É MAIOR QUE AS CIRCUNSTÂNCIAS

26 ABR

"Somente não sejam rebeldes contra o SENHOR. E não tenham medo do povo da terra, porque nós os devoraremos como se fossem pão. A proteção deles se foi, mas o SENHOR está conosco. Não tenham medo deles!".
Números 14.9

Deus não precisa mudar o que incomoda você nem eliminar seu "espinho na carne" para cumprir as promessas em sua vida, apesar das circunstâncias desfavoráveis. Por isso não há motivo para que a dúvida permeie seu coração, ainda que a solução pareça impossível.

Josué e Calebe silenciaram os pessimistas que queriam retornar ao Egito depois de saber que para tomar posse da terra prometida teriam de enfrentar exércitos de gigantes, "diante de quem parecíamos gafanhotos", disseram os espiões (Números 13.33). Eles "rasgaram as suas vestes e disseram a toda a comunidade dos israelitas: 'A terra que percorremos em missão de reconhecimento é excelente. Se o Senhor se agradar de nós, ele nos fará entrar nessa terra, onde há leite e mel com fartura, e a dará a nós'" (Números 14.6-8).

Não devemos superestimar o problema, se Deus está conosco. Esses dois grandes homens de Deus sabiam que confiar em Deus era o melhor a fazer, pois em todos os momentos a glória do Senhor estaria com eles.

LEMBRETE DO DIA

QUANDO DEUS ESTÁ CONOSCO, NÃO HÁ MOTIVO PARA MEDO.

#DIEGOMENIN

PLANO DE LEITURA BÍBLICA

Juízes 1.1 – 2.23
Lucas 20.1-26
Salmos 56.1-7

PENSE E ORE

Circunstâncias desfavoráveis

ANOTAÇÕES

27 ABR

A IMPORTÂNCIA DA EXPECTATIVA

Aproximaram-se as filhas de Zelofeade [...] e disseram: "Nosso pai morreu [...] e não deixou filhos. [...] Dê-nos propriedade entre os parentes de nosso pai". Moisés levou o caso perante o Senhor, e o Senhor lhe disse: "As filhas de Zelofeade têm razão. Você lhes dará propriedade como herança entre os parentes do pai delas e lhes passará a herança do pai".

Números 27.1-7

LEMBRETE DO DIA

A FALTA DE EXPECTATIVA NOS DEIXARÁ PRESOS À NOSSA FRUSTRAÇÃO.

#DIEGOMENIN

PLANO DE LEITURA BÍBLICA

Juízes 3.1 — 4.24
Lucas 20.27-47
Salmos 56.8-13

PENSE E ORE

Expectativa

ANOTAÇÕES

Deus espera que você tenha expectativa, em especial nos momentos de crise. As filhas de Zelofeade estavam em uma situação difícil porque, de acordo com a Lei, não tinham direito à herança do pai, que havia morrido no deserto, a caminho da terra prometida. Na época, só os filhos homens recebiam herança, por isso elas foram falar com Moisés, porque o pai delas seria excluído na hora da distribuição das terras por não ter tido um filho homem.

Elas fizeram algo diferenciado, que ninguém fizera antes. Diante daquela situação inusitada, Moisés foi consultar a Deus, que respondeu de maneira favorável a elas. Se elas não tivessem uma expectativa sobre a questão, uma esperança, continuariam presas à crise e à frustração de não ter uma herança por serem mulheres.

Sempre que apresentar sua causa a Deus, tenha uma expectativa com relação à crise. As filhas de Zelofeade tiveram uma resposta favorável, e você também pode ter.

ACEITE O PROCESSO

28 ABR

Estejam alertas e vigiem. O Diabo, o inimigo de vocês, anda ao redor como leão, rugindo e procurando a quem possa devorar. Resistam-lhe, permanecendo firmes na fé, sabendo que os irmãos que vocês têm em todo o mundo estão passando pelos mesmos sofrimentos.
1Pedro 5.8-9

Não vá a lugar algum sem ter a certeza de que Deus quer você lá. Não faça nada sem ter a certeza de que é isso o que Deus tem para você. Não envie a si mesmo. Não crie processos artificiais para chegar mais rápido, porque estará fora da direção de Deus.

Vá apenas quando Deus mandar. Aceite o processo. Se nesse processo, em alguma fase da vida, a ordem for para ficar estacionado, não dê a partida! Deus sabe a hora certa de você seguir em frente.

Quantos não chegam a lugar nenhum porque criaram um processo artificial, porque resolveram traçar um caminho próprio, e o Diabo os conduziu ao lugar errado! Nosso inimigo está sempre nos rodeando e tentando nos "devorar", ou seja, tirar-nos do caminho de Deus. Mas resista às suas falsas orientações, e você estará seguro.

LEMBRETE DO DIA

NÃO TENTE ENCURTAR A VIAGEM!

#DIEGOMENIN

PLANO DE LEITURA BÍBLICA

Juízes 5.1 – 6.26
Lucas 21.1-24
Salmos 57.1-6

PENSE E ORE

Caminho certo

ANOTAÇÕES

29 ABR

DEPENDA DE DEUS

Entregue o seu caminho ao SENHOR; confie nele, e ele agirá: ele deixará claro como a alvorada que você é justo, e como o sol do meio-dia que você é inocente. Descanse no SENHOR e aguarde por ele com paciência; não se aborreça com o sucesso dos outros nem com aqueles que maquinam o mal.
Salmos 37.5-7

LEMBRETE DO DIA

DESCANSE NO SENHOR E DEPENDA APENAS DELE.

#DIEGOMENIN

PLANO DE LEITURA BÍBLICA

Juízes 6.27 — 8.17
Lucas 21.25 — 22.6
Salmos 57.7-11

PENSE E ORE

Dependência

ANOTAÇÕES

Os problemas de ordem emocional, como transtornos e depressão, ou qualquer outra enxurrada deles, ocorrem na maioria dos casos porque transferimos para pessoas e lugares o que deveríamos transferir para Jesus.

Síndromes emocionais não são frescura e não são demônios, mas devem ser tratadas. Você pode ir ao médico, ao psicólogo, ao terapeuta, da mesma forma que procura um gastroenterologista quando sente dor de estômago. Todo cuidado deve ser tomado, dentro das possibilidades, mas esteja certo de que a solução plena para sua alma está em depositar o que o aflige nas mãos do Senhor.

Por isso, pegue de volta tudo que colocou na mão de alguém — com certeza tão falho e pequeno quanto você — e entregue ao Senhor. Ponha nas mãos Dele suas limitações, lembranças dolorosas, traumas, abandonos e abusos. Ele não falha e vai assumir sua causa.

CERTAS COISAS NÃO SÃO DA NOSSA ALÇADA

30
ABR

Vistam toda a armadura de Deus, para poderem ficar firmes contra as ciladas do Diabo, pois a nossa luta não é contra seres humanos, mas contra os poderes e autoridades, contra os dominadores deste mundo de trevas, contra as forças espirituais do mal nas regiões celestiais.
Efésios 6.11-12

Você pode fazer as maiores reuniões do mundo, entabular negociações importantes, mas há coisas que só Deus pode fazer. É possível conquistar algo no mundo espiritual com uma boa conversa, oração e jejum, mas o convencimento é do Espírito Santo. E certas batalhas não são mesmo da nossa alçada.

Existe acima de nós o mundo espiritual, um reino onde se desenrola uma luta constante. É uma guerra dos anjos de Deus contra os demônios. Sempre que a igreja — ou mesmo um crente — ora, trava-se uma batalha no mundo espiritual. Pode estar acontecendo neste instante uma batalha nos andares espirituais dos anjos de Deus com demônios que tentam impedir os anjos de trazerem a resposta a uma oração que você fez!

Temos de fazer nossa parte nessa batalha, porém há coisas que só Deus pode fazer, consertos que só Ele pode realizar, curas que só Ele pode operar. Nós lutamos dentro de nossas possibilidades, e Deus luta por nós as batalhas impossíveis.

LEMBRETE DO DIA

HÁ BATALHAS QUE SÓ DEUS PODE LUTAR.

#DIEGOMENIN

PLANO DE LEITURA BÍBLICA

Juízes 8.18 — 9.41
Lucas 22.7-26
Salmos 58.1-11

PENSE E ORE

Batalha espiritual

ANOTAÇÕES

DEUS SE UTILIZA DE CAMINHOS INÉDITOS E DESAFIADORES PARA NOS APERFEIÇOAR.

MAIO

01 MAIO

DIA DO TRABALHO

UM DEUS PROVEDOR

"Ninguém deve guardar nada para a manhã seguinte", ordenou-lhes Moisés. Contudo, alguns deles não deram atenção a Moisés e guardaram um pouco até a manhã seguinte, mas aquilo ficou cheio de larvas e começou a cheirar mal. Por isso, Moisés irou-se contra eles.

Êxodo 16.19-10

LEMBRETE DO DIA

CONFIE NA PROVISÃO DE DEUS.

#DIEGOMENIN

PLANO DE LEITURA BÍBLICA

Juízes 9.42 — 11.27
Lucas 22.27-53
Salmos 59.1-5

PENSE E ORE

Trabalho

ANOTAÇÕES

Em sua peregrinação pelo deserto, o povo de Israel recebeu milagrosamente pão do céu para se alimentar, e o Senhor ordenou que não reservassem aquela comida para o dia seguinte. No entanto, os israelitas não confiaram na provisão de Deus, foram desobedientes, e o alimento que guardaram apodreceu.

Quantas vezes nós também duvidamos do Senhor? Colocamos o nosso trabalho acima de tudo, ficamos preocupados, ansiosos, focados em ajuntar riquezas neste mundo e nos esquecemos de que Deus é o Pai que supre todas as nossas necessidades diariamente. O Senhor desejava ensinar ao povo de Israel sobre descanso, confiança e dependência Nele, mas eles se recusaram a ouvi-Lo. Hoje, temos a chance de aprender com o erro dos israelitas, e decidir confiar na provisão divina.

Trabalhe com dedicação, mas não se esqueça da importância do descanso. Somente o filho que reconhece o cuidado de seu Pai é capaz de crer em Suas promessas e descansar, convicto de que não sentirá falta de coisa alguma.

O PREÇO DO SEU RESGATE

02
MAIO

Ele, porém, foi traspassado por causa das nossas transgressões e esmagado por causa das nossas iniquidades; o castigo que nos trouxe a paz estava sobre ele, e pelas suas feridas fomos curados.
Isaías 53.5

O nome Getsêmani significa "prensa de azeite", em hebraico. Esse lugar ficava a leste de Jerusalém, ao pé do monte das Oliveiras. Ali as azeitonas eram prensadas e esmagadas para se produzir o azeite.

Quão dolorosos foram os momentos que Jesus passou no Getsêmani! Uma indescritível tristeza invadiu Seu coração. Havia uma expectativa com relação ao sofrimento que o aguardava, pois Ele estava ciente do castigo físico e moral a que seria submetido. O Mestre revelou aos Seus amigos o que Lhe pesava no coração: "A minha alma está profundamente triste, numa tristeza mortal. Fiquem aqui e vigiem comigo" (Mateus 26.38).

A natureza humana de Cristo estava tão angustiada que Ele Se deixou cair de joelhos, rosto em terra, em uma atitude de submissão, adoração e desolação. Ele rogou ao Pai que, se possível, afastasse Dele aquele "cálice" – o peso gigantesco dos pecados de toda a humanidade. No Getsêmani, Jesus Se sentiu prensado e esmagado, a ponto de Seu suor se transformar em sangue. Um homem comum teria sucumbido diante de uma carga tão pesada.

Esta é a prova de Seu amor por nós: Ele sofreu nossas dores, a fim de que fôssemos sarados!

LEMBRETE DO DIA

EM CRISTO, SUA VITÓRIA SOBRE A MORTE ESTÁ GARANTIDA.

#DIEGOMENIN

PLANO DE LEITURA BÍBLICA

Juízes 11.28 – 13.25
Lucas 22.54 – 23.5
Salmos 59.6-13

PENSE E ORE

Plenitude

ANOTAÇÕES

03

MAIO

FORÇA EM MEIO ÀS AFLIÇÕES

Eu disse isso para que em mim vocês tenham paz.
Neste mundo, vocês terão aflições;
contudo, tenham coragem! Eu venci o mundo.
João 16.33

O que mais amo no cristianismo é que Deus não exclui o sofrimento da conversa. Algumas igrejas têm padecido porque escondem o sofrimento de seus seguidores. Como consequência, seu discurso é enfraquecido nos momentos de dor.

O fato de os seres humanos sofrerem não deveria ser um choque para os cristãos, pois um Deus que não poupou o próprio filho para alcançar seu propósito também não irá nos poupar. Ele permite que coisas ruins aconteçam conosco para a manifestação de Sua glória. O sofrimento faz parte de nossa validação como filhos de Deus. Sua fé resiste a isso?

O sofrimento existe por uma razão. Por exemplo, sua fé pode estar sendo testada, a fim de que você exercite o que recebeu. Uma fé que não é desafiada jamais será efetiva. Entretanto, vivemos em um contexto no qual a aflição e o sofrimento são inadmissíveis para muitos cristãos.

Você é capaz de visualizar Cristo na cruz? Tenha em mente que você precisa ser testado no sofrimento para saber quão comprometido está, quão profunda é sua experiência com Deus ou quão firmada está sua fé. Caminhar com o Senhor implica muito mais que as coisas bonitas ditas por pregadores aos domingos. Haverá dias tristes, mas não se esqueça de que Jesus já venceu o mundo.

LEMBRETE DO DIA

A FÉ É FORTALECIDA NAS ADVERSIDADES.

#DIEGOMENIN

PLANO DE LEITURA BÍBLICA

Juízes 14.1 — 16.15
Lucas 23.6-25
Salmos 59.14-17

PENSE E ORE

Sofrimento

ANOTAÇÕES

ASSUMA A RESPONSABILIDADE

04
MAIO

Cada um examine os próprios atos e, então, poderá ter orgulho de si mesmo, sem se comparar com ninguém, pois cada um deverá carregar a própria carga.
Gálatas 6.4-5

Quando você se recusa a assumir responsabilidades, torna-se uma vítima. Infelizmente, é bem mais fácil culpar os outros ou o Diabo do que a nós mesmos, mas não se esqueça de que aquele a quem culpamos recebe poder sobre nossa vida. Portanto, dê um basta nisso!

Pare de culpar as pessoas pela forma como você anda, fala, reage ou se posiciona! Todos estão procurando alguém para culpar, mas você deve assumir a responsabilidade por sua vida. Essa atitude o fará crescer em maturidade. Então declare: "A culpa é minha!".

Além disso, quando você culpa os outros, está abrindo mão de seu poder de mudança. Admitir que a culpa é sua, e de mais ninguém, significa que a responsabilidade por seus pensamentos e decisões é unicamente sua.

Portanto, se a culpa é sua, consequentemente a mudança está em suas mãos. Mudar de maneira intencional significa examinar a si mesmo, o que lhe dará paz interior. Você só encontrará a graça de Deus depois que assumir responsabilidades.

LEMBRETE DO DIA

TOME UMA POSIÇÃO E ABRA CAMINHO PARA MUDANÇAS REAIS.

#DIEGOMENIN

PLANO DE LEITURA BÍBLICA

Juízes 16.16 — 18.26
Lucas 23.26-49
Salmos 60.1-5

PENSE E ORE

Responsabilidade

ANOTAÇÕES

05 MAIO

DEUS É DEUS!

"Sou eu apenas um Deus de perto", declara o SENHOR. "Não também um Deus de longe? Poderá alguém esconder-se sem que eu o veja?", declara o SENHOR. "Não sou aquele que enche os céus e a terra?", declara o SENHOR.
Jeremias 23.23-24

LEMBRETE DO DIA

MESMO NAS INTERRUPÇÕES, DEUS ESTÁ AGINDO EM SUA VIDA.

#DIEGOMENIN

PLANO DE LEITURA BÍBLICA

Juízes 18.27 – 20.18
Lucas 23.50 –24.16
Salmos 60.6-12

PENSE E ORE

Providência

ANOTAÇÕES

Se você não está suportando a pressão do momento, com certeza não está pronto para o próximo nível. O fato de você ter um problema é uma indicação de que há uma solução. Deus tem um plano para resolver cada problema de sua vida.

Quando houver alguma interrupção ou mudança repentina no caminho, que altere o curso de seus planos, pare e analise calmamente: "E se for uma grande providência de Deus para mim? E se isso fizer parte dos planos divinos?".

Às vezes, diante do que não faz sentido, esperamos o pior, mas o Inferno não tem poder para fazer a limpa em nossa vida. Há uma razão para tudo, tanto agora quanto durante o acúmulo de rugas e dores nas costas.

Existe uma razão para tudo porque acasos não existem, e você não é um erro, nem um acidente, nem uma tragédia. Deus não dorme. Ele é soberano, e a providência divina é real em todos os momentos de sua vida.

AVANTE!

06
MAIO

O homem foi contar aos judeus que fora Jesus quem o havia curado. Então, os judeus passaram a perseguir Jesus, porque ele fazia essas coisas no sábado. Jesus lhes disse:
— O meu Pai trabalha até agora, e eu também trabalho.
João 5.15-17

Você não sabe realmente quem é até estar em um lugar assustador, porém jamais provará o real poder de Deus nem saberá o que Ele é capaz de fazer até estar nesse local. Deus sabe que você está com medo e que o Inimigo está jogando sujo com sua vida, por isso insiste em que você se mantenha em movimento.

Se você continuar se movendo, o Senhor irá sufocar qualquer potencial do Inimigo, e não será necessário lutar contra isso de novo. Se você continuar se movendo, os traumas, os medos e as inseguranças serão superados.

Repreenda a paralisia de sua vida! Você precisa se manter em movimento. Jesus afirmou que Ele e o Pai trabalham ininterruptamente, ou seja, estão o tempo todo em movimento. O Espírito Santo não age apenas por alguns instantes: Ele está sempre conosco. Siga o exemplo do Pai, do Filho e do Espírito Santo!

LEMBRETE DO DIA

O MOVIMENTO CONSTANTE É A CHAVE PARA A SUPERAÇÃO.

#DIEGOMENIN

PLANO DE LEITURA BÍBLICA

Juízes 20.19 — 21.25
Lucas 24.17-35
Salmos 61.1-8

PENSE E ORE

Movimento

ANOTAÇÕES

07 MAIO

QUE O SEU CORAÇÃO SEJA PURO

Quem poderá subir o monte do Senhor? Quem poderá permanecer no seu Lugar Santo? Aquele que tem as mãos limpas e o coração puro, que não recorre aos ídolos nem jura por deuses falsos. Ele receberá bênçãos do Senhor, e Deus, o seu Salvador, lhe fará justiça.

Salmos 24.3-5

LEMBRETE DO DIA

AFASTE-SE DE TODA IMPUREZA, ESTEJA DISPONÍVEL PARA O SENHOR.

#DIEGOMENIN

PLANO DE LEITURA BÍBLICA

Rute 1.1 — 2.23
Lucas 24.36-53
Salmos 62.1-6

PENSE E ORE

Coração

ANOTAÇÕES

Quer ter uma "boa vida"? Simples: basta mudar seu coração! O que faz uma "boa vida" não é a combinação de circunstâncias ou a melhora de ambiente, e sim o modo como nosso coração interage e reage a tudo que acontece fora de nós.

A todo tempo, somos bombardeados por vozes — a voz das pessoas, a voz do Inimigo e mesmo nossa voz. Juntas, elas provocam ruídos em nossa mente e acabam gerando desesperança e afetando nosso coração.

Para mudá-lo, precisamos deixar que a voz de Deus predomine e abafe todas as outras. Jesus salientou bem isso no Sermão do Monte: "Bem-aventurados os puros de coração, pois verão a Deus" (Mateus 5.8). O coração limpo e saudável está sempre disponível para o Senhor, já que não está contaminado por vozes estranhas. Priorize as coisas do Reino de Deus, e assim você se manterá sensível à voz Dele.

LIVRE-SE DAS DISTRAÇÕES

08
MAIO

Se alguém não os receber nem ouvir as suas palavras, sacudam a poeira dos pés quando saírem daquela casa ou cidade.
Mateus 10.14

Em Mateus 10.1-18, Jesus instrui Seus discípulos a não pregar para os gentios, a não entrar nas cidades samaritanas, a não levar nada no cinto e a não se importar com as rejeições — se fossem rejeitados, deveriam sacudir a poeira e seguir em frente.

Jesus estava ensinando os discípulos a livrar-se das distrações, a fim de manter o foco na missão – no caso, pregar em Jerusalém. O Mestre também estava ensinando que, nas melhores oportunidades, a resistência será mais forte. Se quisessem cumprir sua missão, teriam de ser disciplinados e alinhar seus princípios e prioridades.

Uma agenda lotada não significa que você está comprometido com o que deve. O que o está impedindo de cumprir seu propósito? Quem está desviando você de seu compromisso?

Certifique-se de estar concentrando seus esforços nos lugares certos, de estar comprometido com o que realmente importa, em vez de lutar batalhas inúteis e erradas, que poderão comprometer sua missão.

LEMBRETE DO DIA

MISSÃO DADA DEVE SER MISSÃO CUMPRIDA.

#DIEGOMENIN

PLANO DE LEITURA BÍBLICA

Rute 3.1 — 4.22
João 1.1-28
Salmos 62.7-12

PENSE E ORE

Foco

ANOTAÇÕES

09
MAIO

ALEGRE-SE EM DEUS!

Mesmo que a figueira não floresça nem haja fruto na videira; mesmo que a safra de azeitonas decepcione e os campos não produzam alimento; mesmo que não haja ovelhas no curral nem bois nos estábulos,ainda assim eu exultarei no SENHOR e me alegrarei no Deus da minha salvação.
Habacuque 3.17-18

LEMBRETE DO DIA

AS CIRCUNSTÂNCIAS NÃO DEVEM LIMITAR A NOSSA FÉ.

#DIEGOMENIN

PLANO DE LEITURA BÍBLICA

1Samuel 1.1 — 2.26
João 1.29-51
Salmos 63.1-4

PENSE E ORE

Preparação

ANOTAÇÕES

Quando Deus diz "sim", mas não sinaliza como e quando será, você precisa agir como Habacuque: preparar-se para o pior. Isso mesmo, mas não se assuste!

O profeta está falando de um caos, de uma tragédia total, de uma situação em que tudo está perdido. É como se estivesse alertando: "Preparem-se para perder tudo!". Mas também afirma que, com fé, nenhuma tragédia será capaz de matar a alegria da salvação.

Habacuque esperava a resposta de Deus sem se entregar à ansiedade. Em vez disso, dizia aos seus maiores medos que nada o afastaria da alegria eterna. Mesmo que a tragédia parecesse iminente, em nada ele seria afetado, pois sua fé sempre sobressaía às circunstâncias.

Não prepare sua fé apenas para momentos bons, mas também para as horas difíceis. Afirme que sua alegria está no Senhor e em sua salvação. Isso lhe dará estrutura para esperar a resposta de Deus no tempo certo, sem perder sua essência e sem ser destruído pela ansiedade.

CONTANDO OS NOSSOS DIAS

10 MAIO

Ensina-nos a contar os nossos dias
para que o nosso coração alcance sabedoria.
Salmos 90.12

Meu maior medo é descobrir algo incrível tarde demais, que encontrei um bom caminho, porém quando não restava mais tempo para aproveitá-lo. Creio que muitos leitores admitirão uma experiência semelhante, de terem sido engolidos pela agitação da rotina diária ou por uma temporada difícil e conseguido se manter apenas em modo sobrevivência.

Muitas vezes, recordamos essas fases da vida com pesar, com a sensação de que foram tempos "perdidos". A angústia de perder oportunidades é perturbadora, por termos consciência da brevidade da vida. O livro de Salmos fala dessa preocupação em uma oração de Moisés, na qual ele pede a Deus que interrompa os impulsos que o deixam vagueando através dos dias.

O versículo de hoje deve ser a oração de todo cristão que deseja despertar para cada momento que esteja tendo a graça de viver. Meu desejo é que essa também seja sua oração a partir de hoje. Sintonize sua atual temporada com o Céu e não a deixe passar sem extrair algo dela.

Conte os dias, sintonize os ouvidos com o Céu e determine que essa temporada não irá escapar de você!

LEMBRETE DO DIA

O TEMPO PRESENTE É UMA DÁDIVA DE DEUS.

#DIEGOMENIN

PLANO DE LEITURA BÍBLICA

1Samuel 2.27 — 4.22
João 2.1-22
Salmos 63.6-11

PENSE E ORE

Sintonia

ANOTAÇÕES

11
MAIO
DIA DAS MÃES

UMA MÃE EXEMPLAR

O anjo, porém, lhe disse: — Não tenha medo, Maria, pois você foi agraciada por Deus! Você ficará grávida e dará à luz um filho, e lhe porá o nome de Jesus.
Lucas 1.30-31

LEMBRETE DO DIA

OBEDIÊNCIA, CORAGEM E LEALDADE SÃO CARACTERÍSTICAS DAS MÃES NOTÁVEIS.

#DIEGOMENIN

PLANO DE LEITURA BÍBLICA

1Samuel 5.1 — 8.5
João 2.23 — 3.21
Salmos 64.1-6

PENSE E ORE

Mãe

ANOTAÇÕES

Maria é um modelo de maternidade que transcende o tempo, inspirando mães de todas as gerações. Ela é apresentada no Novo Testamento como uma jovem escolhida por Deus para um papel extraordinário: ser a mãe terrena do Deus encarnado. As páginas do Novo Testamento também registram suas virtudes, entre elas a obediência, a coragem e a lealdade.

Quando o anjo Gabriel lhe apareceu para anunciar que ela seria a mãe do Salvador, Maria prontamente respondeu: "Sou serva do Senhor; que aconteça comigo conforme a tua palavra" (Lucas 1.38). Essa submissão à vontade de Deus destaca também sua fé e uma confiança inabalável no plano divino.

Além de obediente, Maria foi também um exemplo de coragem. Aparecer grávida de repente sem ainda estar casada era praticamente uma sentença de morte. Mesmo assim, superando o medo e ignorando as gravíssimas implicações sociais, ela se dispôs a aceitar o chamado de Deus.

Outra qualidade notável de Maria era sua lealdade. Ela foi não apenas uma mãe dedicada, mas também uma discípula leal de Jesus. Esteve presente nos momentos cruciais da vida do filho, desde Seu nascimento até Sua crucificação. Após a ressurreição do Senhor, ela é mencionada entre os discípulos que, reunidos em oração no cenáculo, aguardavam a vinda do Espírito Santo (cf. Atos 1.14). Sua presença contínua na comunidade cristã primitiva demonstra seu papel essencial não apenas como mãe, mas também como uma seguidora fiel de Cristo.

Maria é grande exemplo de mãe virtuosa, na qual todas as mães cristãs deveriam se inspirar.

ESPERE, DESCANSE EM DEUS

12
MAIO

Descanse no Senhor e aguarde por ele com paciência; não se aborreça quando outros obtêm sucesso em seus caminhos, quando eles maquinam o mal. Evite a ira e rejeite a fúria; não se aborreça: isso só leva ao mal. Pois os ímpios serão eliminados, mas os que esperam no Senhor herdarão a terra.
Salmos 37.7-9

Ansiedade é o desejo veemente de resolver aquilo para o qual não estamos preparados. Precisamos controlar nossas emoções e, por alguns momentos, parar de criar expectativas e apenas viver o hoje. Situações, pressões e pessoas querem vê-lo explodir ou perder a razão, pois não desejam que você se torne alguém melhor nem que continue de pé. Os sábios, porém, não explodem: aguardam respostas.

A paciência gera maturidade e ensina que, seja qual for a situação, algo brotará em você. Se tiver paciência, para tudo encontrará solução. Só existe impossível para quem não controla as próprias emoções. Aprenda a ouvir mais e controle sua fala – nem sempre algo precisa ser dito. Mantenha-se gentil e aberto a aprender. Não há vantagem alguma em se apressar na vida. Apenas faça o que deve ser feito e controle sua mente, para que nada em sua vida seja capaz de tirá-lo do sério.

Controle seu estresse. A raiva dura apenas um momento, mas sua atitude pode ter efeitos para a vida toda. Seja paciente e aguarde!

LEMBRETE DO DIA

QUEM SABE ESPERAR DEMONSTRA CONFIANÇA EM DEUS.

#DIEGOMENIN

PLANO DE LEITURA BÍBLICA

1Samuel 8.6 – 10.12
João 3.22 – 4.8
Salmos 64.7-10

PENSE E ORE

Paciência

ANOTAÇÕES

13
MAIO

A BUSCA DA SABEDORIA

Pois a sabedoria é mais preciosa do que rubis; nada do que vocês possam desejar se compara a ela. "Eu, a sabedoria, moro com a prudência e tenho o conhecimento que vem do bom senso".
Provérbios 8.11-12

LEMBRETE DO DIA

SEMPRE ESCOLHA O CAMINHO MAIS SÁBIO.

#DIEGOMENIN

PLANO DE LEITURA BÍBLICA

1Samuel 10.13 — 12.25
João 4.9-30
Salmos 65.1-8

PENSE E ORE

Sabedoria

ANOTAÇÕES

Por causa de um sonho, José foi traído, vendido, injustiçado e preso. Mas depois ele se tornou governador do Egito. Isso aconteceu porque em todas as circunstâncias – favoráveis e desfavoráveis – ele sempre se portou com sabedoria.

Depois que o pai de José morreu, os irmãos dele, que o haviam traído, ficaram com receio de que ele aproveitasse o momento para se vingar. Mas a sabedoria serve até para controlarmos nossas emoções. Assim, quando os irmãos foram procurá-lo, receosos de que José retribuísse o mal que lhe haviam feito, mais uma vez a sabedoria desse grande servo de Deus se manifestou: "Vocês planejaram o mal contra mim, mas Deus o tornou em bem, para que hoje fosse preservada a vida de muitos" (Gênesis 50.20).

Se formos sábios, Deus transformará em bem todo mal que nos fizerem.

Busque a sabedoria!

VITÓRIA POR CRISTO

14
MAIO

Eis que venho em breve! A minha recompensa está comigo, e retribuirei a cada um de acordo com o que fez. Eu sou o Alfa e o Ômega, o Primeiro e o Último, o Princípio e o Fim. — Bem-aventurados os que lavam as suas vestes; assim, têm direito à árvore da vida e podem entrar na cidade pelas portas [...].
Apocalipse 22.12-16

Quanto mais perto você chega de Jesus, mais o Diabo fica intimidado. Quanto mais você fica perto de seu destino, mais o Inferno o ataca. No entanto, Aquele que começou a boa obra em você há de completá-la até o dia da volta de Jesus Cristo, porque Ele é o Alfa e o Ômega, o Primeiro e o Último, o Princípio e o Fim, o Autor e Consumador da nossa fé.

Deus não precisa de nada que você perdeu para abençoá-lo. Ele irá sempre usar o que você tem para oferecer. Por isso, pare de chorar pelo que perdeu e comece a agradecer a Deus pelo que sobrou. É o bastante para uma vida vitoriosa.

Se você não enfrentar suas perdas, terá o mesmo destino delas. Sua vitória está fora da zona de conforto. É ótimo quando nos sentimos incapazes diante do que temos de enfrentar, porque isso nos lembra Daquele que vence as batalhas por nós.

LEMBRETE DO DIA

SUA VITÓRIA É CONQUISTADA FORA DA ZONA DE CONFORTO.

#DIEGOMENIN

PLANO DE LEITURA BÍBLICA

1Samuel 13.1 — 14.32
João 4.31-54
Salmos 65.9-13

PENSE E ORE

Jesus

ANOTAÇÕES

15 MAIO

DIA INTERNACIONAL DA FAMÍLIA

O ALICERCE DA FAMÍLIA

A sua mulher será como videira frutífera dentro da sua casa; os seus filhos serão como brotos de oliveira ao redor da sua mesa. Assim será abençoado o homem que teme o SENHOR!
Salmos 128.3-4

LEMBRETE DO DIA

O TEMOR A DEUS DEVE SER O ALICERCE DA FAMÍLIA.

#DIEGOMENIN

PLANO DE LEITURA BÍBLICA

1Samuel 14.33 — 15.35
João 5.1-20
Salmos 66.1-7

PENSE E ORE

Família

ANOTAÇÕES

Nenhum cristão ignora a importância da família para sua vida pessoal ou para a sociedade. E você, talvez por ter criado um ambiente no lar permeado pelo temor do Senhor, imagine que todas as coisas irão se ajustar automaticamente para criar uma família perfeita. Longe disso! Satanás tem um interesse especial em desestabilizar estruturas alicerçadas nos valores da Palavra de Deus, e isso impõe a você um desafio diário pela preservação da família e dos valores cristãos.

Isso vale especialmente para os dias de hoje, em que a pós-modernidade nega as verdades absolutas e os princípios milenares que regem a vida em sociedade, com impacto profundo em nossa maneira de encarar a vida. Em meio a essas transformações, a importância de ser temente a Deus é inegável, mas é crucial que se mantenha um equilíbrio entre amor e disciplina na criação de filhos e na formação de um ambiente saudável em casa.

Em Colossenses 3.21-25, por exemplo, Paulo nos instrui sobre as relações familiares ao destacar a importância de evitar provocações que possam desmotivar nossos filhos. Aproveite este dia, em que a sagrada instituição da família é lembrada, para recordar também que a obediência e a fé em Deus promovem um ambiente de amor, respeito e de crescimento mútuo no lar, essencial para o bem-estar de seus entes mais queridos.

Ao buscar viver de acordo com os valores da Palavra de Deus, sua família poderá enfrentar as adversidades com fé e resiliência, além de assegurar um futuro abençoado para as próximas gerações.

VIVENDO NO ESCURO

16 MAIO

[...] O semeador saiu a semear. Aconteceu que, enquanto ele semeava, uma parte caiu à beira do caminho [...]. Outra parte caiu em terreno pedregoso [...] e logo brotou, porque a terra não era profunda. Mas [...] a planta se queimou [...], porque não tinha raiz. Outra parte caiu entre os espinhos, de forma que ela não deu fruto. Outra [...] caiu em boa terra e deu boa colheita [...], de modo que produziu trinta, sessenta e cem vezes mais.
Marcos 4.3-8

Algumas pessoas nunca serão abençoadas nem experimentarão abundância porque não conseguem lidar com o que não podem ver. Quando a ansiedade vem ao coração, elas suspiram: "Não vejo no que isso vai dar!".

Nós colhemos o que plantamos, e às vezes enterramos a semente e fechamos o buraco sem a mínima ideia de quando surgirá um broto. Ou se esse broto vai vingar. É uma fase obscura de nossa vida, porém necessária, e precisamos entender isso pela fé.

Impacientes com essa fase nebulosa da existência, as pessoas, querendo saber logo seu destino, correm atrás de profecias, apelam para caixinhas de promessas, consultam seus gurus espirituais e às vezes até gastam seu dinheiro nessa busca. Mas as fases obscuras fazem parte do processo que Deus tem para tratar com cada pessoa.

Se você está vivendo uma fase nebulosa, continue a regar a semente, porque há um poder no processo e na semente que está plantada. Há um motivo para esse período de escuridão. Só Deus pode dar o crescimento e faz isso em secreto. Se você souber lidar com isso, a semente que você plantou brotará, vingará e produzirá uma excelente colheita, "a trinta, sessenta e até cem por um"!

LEMBRETE DO DIA

FASES OBSCURAS SÃO NECESSÁRIAS PARA O CRESCIMENTO.

#DIEGOMENIN

PLANO DE LEITURA BÍBLICA

1Samuel 16.1 — 17.33
João 5.20-40
Salmos 66.8-15

PENSE E ORE

Fase obscura

ANOTAÇÕES

17
MAIO

PROSSIGA PARA O ALVO

"Mas o meu justo viverá pela fé. Contudo, se retroceder, não me agradarei dele". Nós, porém, não somos dos que retrocedem para a destruição, mas dos que têm fé para a preservação da vida.
Hebreus 10.38-39

LEMBRETE DO DIA

NÃO CEDA À TENTAÇÃO DE DESISTIR.

#DIEGOMENIN

PLANO DE LEITURA BÍBLICA

1Samuel 17.34 — 18.30
João 5.41 — 6.21
Salmos 66.16-20

PENSE E ORE

Recuo

ANOTAÇÕES

Você estaria disposto a se tornar aprendiz de novo, de abrir mão de experiências passadas, boas ou ruins, para adquirir as novas experiências que o Senhor quer lhe dar, ou seja, trancar as portas pelas quais você já passou e jogar a chave fora?

Retroceder é sempre uma tentação muito forte, mesmo quando percebemos Deus nos orientando a prosseguir. Desistir diante das dificuldades é sempre instigante, principalmente quando nos falta a confiança de que Deus cuida de nós o tempo todo. Mas lembremos a recomendação de Paulo: "Esquecendo-me das coisas que ficaram para trás e avançando para as que estão adiante, prossigo para o alvo" (Filipenses 3.13-14).

Cristo é novo, e tudo que Ele nos oferece é novo. Por isso, decida-se por avançar. Decida viver em novidade de vida. Agradeça a Deus pelas portas que Ele fechou – uma porta fechada pode ser uma bênção disfarçada.

PORTAS FECHADAS

18
MAIO

O Senhor, contudo, disse a Samuel: — Não considere a sua aparência nem a sua altura, pois eu o rejeitei. O Senhor não vê como o homem: o homem vê a aparência, mas o Senhor vê o coração.
1Samuel 16.7

Às vezes, não obtemos a resposta que imaginávamos, e nosso coração fica aflito. Esquecemo-nos de que algumas portas fechadas são bênçãos e há más notícias que são libertadoras. Mas como nosso coração é enganoso, tendemos a pensar que Deus não nos ouviu. Então continuamos a pedir. E oramos, jejuamos e nos consagramos.

Contudo, é um erro insistir no que Deus não quer fazer, pois Ele não tem interesse em consertar algo do qual deseja livrar você. Entenda isso e lave o rosto, encerre o jejum, pare de orar por coisas que Deus não irá consertar e trate de seguir em frente!

Nos momentos difíceis, quando parece que Deus não está agindo, você precisa vigiar seu coração para não se perder em pensamentos equivocados. Se Deus não atendeu à sua solicitação, não significa que não esteja trabalhando a seu favor. Pelo contrário, significa que as coisas estão acontecendo conforme Ele quer, não do jeito que você imaginou. E Ele pode estar fazendo isso para mudar seu coração!

LEMBRETE DO DIA

PARE DE INSISTIR NO QUE DEUS NÃO QUER FAZER.

#DIEGOMENIN

PLANO DE LEITURA BÍBLICA

1Samuel 19.1 — 20.31
João 6.22-46
Salmos 67.1-7

PENSE E ORE

Coração

ANOTAÇÕES

19
MAIO

FIM NECESSÁRIO

Como o ferro afia o ferro, assim o homem afia o seu companheiro.
Provérbios 27.17

LEMBRETE DO DIA

NEM TODO RELACIONAMENTO VEM DE DEUS.

#DIEGOMENIN

PLANO DE LEITURA BÍBLICA

1Samuel 20.32 – 23.6
João 6.47-65
Salmos 68.1-6

PENSE E ORE

Término

ANOTAÇÕES

Quando Deus quer abençoar você, Ele envia pessoas para sua vida. Quando o Diabo quer destruir você, faz a mesma coisa. No inventário de seus relacionamentos, de qualquer tipo, quais deles somaram algo à sua vida e quais resultaram em perdas? Muitos dos problemas que enfrentamos resultam diretamente das pessoas que aceitamos em nossa vida. Salomão percebeu que só os iguais se afiam — o ferro só será afiado com ferro, enquanto o ferro na madeira perde o corte.

Então, quando um relacionamento deve acabar? Posso pensar em três motivos:

- *Quando você começou e Deus não (Gênesis 16).* Iniciar um relacionamento que Deus não quer sempre terminará de um jeito ruim. Você precisa ter discernimento para não deixar o Inimigo colocar em sua mente que Deus o está impedindo de ter algo, quando na verdade Deus está preparando você para um propósito maior.
- *Quando ninguém quer lidar com os reais problemas (Gênesis 16.4-6).* Nos relacionamentos imaturos, ninguém tem coragem de abordar os verdadeiros problemas. E, quando alguém se nega a tratar os problemas do relacionamento, está garantindo a morte dele.
- *Quando o relacionamento afeta sua promessa (Gênesis 21.8-14).* Às vezes, o relacionamento toma um caminho que começa a afetar o que Deus planejou para você, a pôr em risco a promessa que Ele fez a você, e precisa acabar.

VOCÊ É MAIS FORTE

20
MAIO

Portanto, se o Filho os libertar, vocês de fato serão livres.
João 8.36

Já observou um elefante de circo — um animal gigantesco preso por uma corrente a um toco de madeira que não tem condições de segurá-lo? Por que ele não foge? Porque foi adestrado desde pequeno, quando não era forte o bastante para vencer as correntes. Ao perceber que não dava para se libertar das amarras, e ainda se machucava, ele simplesmente desistiu e cresceu acreditando que jamais conseguiria se libertar dos grilhões.

Eventualmente, o mesmo acontece conosco. Quando crianças, ouvimos muitas coisas de nossos pais, parentes, amigos e professores que até hoje nos prendem ao "toco". Muitas coisas que aconteceram no passado precisam ser deixadas para trás, mas, da mesma forma que o elefante, desistimos de tentar.

Um elefante livre tem uma força descomunal, enquanto o elefante de circo está limitado a um toco de madeira! Quem é você dentro dessa metáfora? A que toco você ainda está preso? Tem medo de tentar sair e se machucar? Vai se conformar porque no passado se machucou ao tentar sair dessa situação? Livre-se do toco que assombra sua vida! Você cresceu e é maior que ele!

LEMBRETE DO DIA

AS LIMITAÇÕES DO PASSADO NÃO DEFINEM SEU FUTURO.

#DIEGOMENIN

PLANO DE LEITURA BÍBLICA

1Samuel 23.7 — 25.11
João 6.66 — 7.15
Salmos 68.7-16

PENSE E ORE

Liberdade

ANOTAÇÕES

21
MAIO

ALIMENTE SUA FÉ

Assim ocorre com a palavra que sai da minha boca: ela não voltará para mim vazia, mas fará o que desejo e atingirá o propósito para o qual a enviei. Vocês sairão em júbilo e serão conduzidos em paz; os montes e as colinas irromperão em gritos de alegria diante de vocês, e todas as árvores do campo baterão palmas.

Isaías 55.11-12

LEMBRETE DO DIA

DIAS MELHORES VIRÃO.

#DIEGOMENIN

PLANO DE LEITURA BÍBLICA

1Samuel 25.12 – 26.25
João 7.16-36
Salmos 68.17-23

PENSE E ORE

Palavra

ANOTAÇÕES

Às vezes, as dificuldades e perdas são tão grandes que algumas palavras proféticas não parecem fazer sentido, pois as circunstâncias não "sinalizam" nenhuma melhora. Olhamos para tudo que foi profetizado, e nada sinaliza a nosso favor.

Nessa hora, sentimo-nos desanimados e deprimidos e exclamamos como o salmista: "A zombaria partiu-me o coração; estou em desespero! Supliquei por socorro, nada recebi; por consoladores, e a ninguém encontrei" (Salmos 69.20).

Você está vivendo esse tempo? Dias em que parece que o mar não vai se abrir e que só é possível ver o cerco se fechando? Nessa hora, só lhe ocorre uma pergunta: "O que fazer?". A resposta é: alimentar-se da Palavra:

- "Peço-lhe que seja um pouco mais paciente comigo, e mostrarei a você que se pode dizer mais verdades em defesa de Deus" (Jó 36.2).
- "Por que você está assim tão triste, ó minha alma? Por que está assim tão perturbada dentro de mim? Ponha a sua esperança em Deus! Pois ainda o louvarei" (Salmos 42.5).
- "Humilhem-se diante do Senhor, e ele os exaltará" (Tiago 4.10).

DA ESCURIDÃO À LUZ

22
MAIO

Atravessaram o lago e foram para a região dos gerasenos. Assim que Jesus desembarcou, um homem com um espírito imundo veio dos sepulcros ao seu encontro. [...] Quando, de longe, viu Jesus, correu e prostrou-se diante dele, gritando em alta voz: — Que queres comigo, Jesus, Filho do Deus Altíssimo? Suplico-te por Deus que não me atormentes! Disse isso porque Jesus lhe havia dito: Espírito imundo, saia deste homem!
Marcos 5.1-2,6-8

Assim que Jesus colocou os pés na praia, os demônios que dominavam o geraseno rogaram-Lhe que não os atormentasse. Mas Jesus tinha um encontro com aquele homem que iria mudar a vida dele.

Assim que foi liberto, o homem quis acompanhar Jesus, mas o Senhor tinha outros planos: "Você vai ficar aqui para mostrar a todos que não é mais um lunático, um possesso. Você vai abrir a boca para anunciar a esperança e a salvação". Assim, ele deixou de ser uma ameaça ao povo e se tornou pregador do Evangelho.

A presença de Jesus muda tudo na vida do ser humano. Quando o encontro com o Senhor ocorre, há cura da alma, libertação, limpeza de território espiritual. Ele cumpre em nossa vida o que prometeu: "O ladrão vem apenas para roubar, matar e destruir; eu vim para que tenham vida e a tenham plenamente" (João 10.10).

LEMBRETE DO DIA

O ENCONTRO COM CRISTO MUDA O DESTINO DE QUALQUER VIDA.

#DIEGOMENIN

PLANO DE LEITURA BÍBLICA

1Samuel 27.1 — 29.11
João 7.37 — 8.6
Salmos 68.24-31

PENSE E ORE

Libertação

ANOTAÇÕES

23
MAIO

NÃO DESVIE DO CAMINHO

Reconheçam isto hoje e considerem seriamente no coração de vocês que o Senhor é Deus em cima nos céus e embaixo na terra. Não há nenhum outro.
Deuteronômio 4.39

LEMBRETE DO DIA

SEU PROPÓSITO VALE MAIS QUE A OPINIÃO ALHEIA.

#DIEGOMENIN

PLANO DE LEITURA BÍBLICA

1Samuel 30.1 — 31.13
João 8.6-38
Salmos 68.32-35

PENSE E ORE

Propósito

ANOTAÇÕES

As decisões que você toma são originadas de seu propósito ou nascem da pressão para você mostrar seu valor? Quando as pessoas erram, você se deixa afetar pelo erro delas? Gosta de saber em detalhes o que acontece na vida dos outros? Se você gasta seu tempo com assuntos que não são de sua alçada, certamente está cuidando pouco do que é pertinente ao seu propósito.

Pense sobre suas decisões e escolhas, sobre o que os outros estão fazendo por você e sobre o que está fazendo com você mesmo. Organize sua vida, pois é impossível chegar ao topo da montanha sem perceber que cada passo é importante. Portanto, livre-se da pressão dos outros e do trabalho de cuidar da vida dos outros!

Muitos morrem por abandonar a missão dada por Deus para viver a tortura de impressionar os outros e assim perdem a própria identidade. Não gaste suas energias tentando ser aprovado por pessoas que jamais reconhecerão seu valor. Concentre-se em você e em seu propósito, doa a quem doer!

UM PROFESSOR CHAMADO FRACASSO

24 MAIO

O orgulho vem antes da destruição;
o espírito altivo, antes da queda.
Provérbios 16.18

Se você quer melhorar, realmente precisa começar a dizer "não" a mil coisas. Tornar-se melhor não se trata apenas de começar algo novo, mas de renunciar a algo velho. É um caso de adição e subtração. Se você realmente está procurando ser melhor, a primeira pergunta que você deve fazer é: "O que devo parar de fazer?".

Quando pensamos em nos tornar alguém melhor, geralmente imaginamos um raio poderoso, um clarão que explode com uma ideia e de repente muda tudo. Mas a realidade é que para melhorar precisamos colocar os pés no chão e tirar a cabeça das nuvens, esquecer o mundo imaginário e lidar com a realidade.

Melhorar implica também lidar com o fracasso. O fracasso obriga-nos a desacelerar ou mesmo a fazer uma parada brusca. No entanto, se você quer ser melhor, faça do fracasso um aliado. Permita que ele o leve a novos campos de descobertas. Tenha a humildade de ouvir o "Professor Fracasso". Ele lhe dirá o que você precisa parar de fazer.

LEMBRETE DO DIA

DEVEMOS APRENDER COM O FRACASSO.

#DIEGOMENIN

PLANO DE LEITURA BÍBLICA

2Samuel 1.1 — 2.32
João 8.39-59
Salmos 69.1-8

PENSE E ORE

Aperfeiçoamento

ANOTAÇÕES

25 MAIO

DESAFIOS PODEM NOS TORNAR MELHORES

Já tínhamos dito a você no Egito:
"Deixe-nos em paz! Seremos escravos dos egípcios!"
Preferimos ser escravos dos egípcios a morrer no deserto!
Êxodo 14.12

O pior momento de nossa vida pode manifestar nossa melhor versão. O povo de Israel achou melhor voltar a ser escravo no Egito do que superar aquele momento difícil. O motivo é que o pânico nos faz correr atrás do sossego e fugir do combate. Quando isso acontece, negociamos tudo, até nossa fé, porque buscamos apenas alívio para o estresse.

No entanto, quando agimos assim, acabamos esquecendo que o tempo de aprendizado acontece nos momentos de dor, quando somos confrontados. Pode parecer o pior momento, e não queremos ter de enfrentá-lo, porém é nessas horas que a graça de Deus se revela.

Nem você nem ninguém quer viver momentos desafiadores — o povo hebreu cogitou até voltar para a escravidão! Mas entenda: nesses momentos, em que nos tornamos vulneráveis, é que Deus nos usa! Ele não usa pessoas capazes, prontas, tranquilas, que estão por cima. Ele usa aqueles que enfrentam momentos difíceis para potencializá-los e levá-los a um novo nível.

Seu pior momento não irá destruir você, porque o Senhor está à sua retaguarda. Ele o protegerá nessa hora, porque quer ver você mostrar sua melhor versão.

LEMBRETE DO DIA

ENFRENTE OS DESAFIOS E DEPENDA DA GRAÇA DE DEUS.

#DIEGOMENIN

PLANO DE LEITURA BÍBLICA

2Samuel 3.1 — 5.8
João 9.1-23
Salmos 69.9-15

PENSE E ORE

Proteção

ANOTAÇÕES

OPÇÃO PELO SOBRENATURAL

26 MAIO

Então todo o seu povo será justo, e possuirá a terra para sempre. Ele é o renovo que plantei, obra das minhas mãos, para revelar o meu esplendor. O pequeno se tornará mil, e o menor será uma nação poderosa. Eu sou o Senhor; na hora certa farei que isso aconteça depressa.
Isaías 60.21-22

Você jamais viverá o sobrenatural, o inexplicável, se continuar agarrado ao natural. É hora de mudar o discurso e enfrentar novos desafios. Jogue fora o planejamento atual e comece a fazer outro. Pegue o papel e a caneta para começar a escrever a nova história de sua vida, a partir de agora!

Nessa história, você deve incluir os riscos, coisas que o dinheiro não paga e vitórias que ninguém de sua família ainda teve. Comece a história dessa nova caminhada escrevendo coisas que levem os outros a exclamar: "Você é louco!".

No entanto, Isaías mostra que as coisas de Deus, aos olhos naturais, parecem mesmo loucura: "O mais pequenino se tornará mil", e assim por diante. As coisas loucas se tornam naturais para quem vive o sobrenatural.

LEMBRETE DO DIA

O SOBRENATURAL TORNA NORMAL O QUE PARECE LOUCURA.

#DIEGOMENIN

PLANO DE LEITURA BÍBLICA

2Samuel 5.9 — 7.17
João 9.24 — 10.5
Salmos 69.16-23

PENSE E ORE

Sobrenatural

ANOTAÇÕES

27
MAIO

O MOTIVO DAS TEMPESTADES

Quando Jesus pisou em terra, foi ao encontro dele um endemoniado daquela cidade. Fazia muito tempo que aquele homem não usava roupas nem vivia em casa alguma, mas nos sepulcros. Quando viu Jesus, gritou, prostrou-se aos seus pés e disse em alta voz:
— Que queres comigo, Jesus, Filho do Deus Altíssimo? Suplico-te que não me atormentes!
Lucas 8.27-28

A tempestade não acontece porque você é fraco ou azarado: é a última carta que o Diabo tem na manga para impedir que você receba algo de Deus. É uma artimanha usada com a intenção de parar você, porque ele sabe quanto você é valioso. No entanto, se o Diabo veio para roubar, matar e destruir, Jesus veio para anular as obras dele.

O fato é que se o barco de Jesus atracar, o Diabo vai ter de se ajoelhar diante dele. O vício, a prostituição, a feitiçaria — enfim, o Inferno inteiro se ajoelha assim que Cristo põe o pé na praia.

Pense também que o Diabo sabe o que você pode se tornar, mesmo que você ainda não saiba. Ele com certeza sabia o que aquele homem endemoniado poderia se tornar se Jesus o encontrasse. É por isso que ele sopra tempestades sempre que Cristo Se aproxima de você para transformá-lo em alguém melhor. Nunca se esqueça disso, porque é o motivo pelo qual Ele insiste em lutar com você!

LEMBRETE DO DIA

A TEMPESTADE PRECEDE A CONQUISTA DE ALGO NOVO.

#DIEGOMENIN

PLANO DE LEITURA BÍBLICA

2Samuel 7.18 — 10.14
João 10.6-30
Salmos 69.24-30

PENSE E ORE

Tempestade

ANOTAÇÕES

SAIBA ENCERRAR

28 MAIO

Este é o dia em que o SENHOR agiu; alegremo-nos e exultemos neste dia.
Salmos 118.24

Encerrar um ciclo é um grande desafio para todos nós. No entanto, há fases que simplesmente terminam. O problema é que às vezes pensamos que o momento atual durará para sempre. Mas não é assim. Por isso, não saber encerrar um ciclo é extremamente prejudicial, porque iremos continuar em um ambiente do qual já deveríamos ter abdicado e estaremos vivenciando algo inutilmente, em vez de desfrutar uma nova e produtiva etapa da vida.

Pessoas, empresas e escolas passam por nossa vida, mas em determinado momento não farão mais parte de nossa jornada. Se nos negarmos a virar a página, estaremos deixando de caminhar para objetivos maiores, ligados ao plano de Deus para nossa vida. Se pensarmos que tudo é definitivo, se ficarmos trazendo o passado à tona, acabaremos contaminando o presente.

Quais são os ciclos que você já deveria ter encerrado? Quais são as coisas das quais já deveria ter se desapegado e retirado de sua vida? Quem são as pessoas que você insiste em manter em seu coração? Feche esses ciclos hoje!

LEMBRETE DO DIA

PONHA UM PONTO FINAL NOS CICLOS QUE DEVERIAM TER TERMINADO.

#DIEGOMENIN

PLANO DE LEITURA BÍBLICA

2Samuel 10.15 — 12.25
João 10.31 — 11.10
Salmos 69.31-36

PENSE E ORE

Ciclos

ANOTAÇÕES

29
MAIO

DEUS, NOSSO REFÚGIO

Eles me atacaram no dia da minha calamidade, mas o Senhor foi o meu amparo.
2Samuel 22.19

LEMBRETE DO DIA

EM DEUS ESTÁ A NOSSA SEGURANÇA.

#DIEGOMENIN

PLANO DE LEITURA BÍBLICA

2Samuel 12.26 — 14.12
João 11.11-32
Salmos 70.1-5

PENSE E ORE

Segurança

ANOTAÇÕES

Não sei quanto de água já entrou em sua casa, em suas finanças ou em suas emoções. Mas não importa quanto prejuízo tenha sofrido. Tudo ficará bem se você procurar refúgio em Deus. Ele é seu porto seguro em qualquer situação.

Você pode olhar para sua história e se sentir cansado. Ou começa a se sentir perdido, como se tudo que esperasse viver fosse uma mentira. Tenta resolver tudo sozinho e não consegue. Mas quando você recorre a Deus, a situação muda. Os traumas que o perturbavam já não o incomodam mais. O perigo já não lhe causa medo. Você se sente seguro e consegue ver uma realidade além da que está inserido.

Em Deus, você encontra apoio nos momentos de dificuldade. Quando a água entra em sua vida, você sabe que não vai naufragar, porque já chegou a um porto seguro. O Senhor é seu amparo.

SABEDORIA PARA AVALIAR

30
MAIO

Não julguem, e não serão julgados.
Mateus 7.1

Quando o assunto é julgar, há sempre duas linhas de pensamento: os que acham que devemos julgar e os que acham que não devemos. No entanto, precisamos analisar com atenção o texto citado.

Diante de uma pessoa que amamos muito, como seres sentimentais, logo dizemos que devemos amá-la, não julgá-la. Mas quando não vamos com a cara da pessoa, facilmente consideramos um absurdo o que ela disse ou fez. E essa passagem se refere ao julgamento hipócrita — na sequência do texto, Jesus fala sobre quem tem uma trave nos olhos e quer tirar o cisco do olho do irmão, para dizer que quem está julgando é mais errado do que quem cometeu o erro.

Portanto, cabe a você, como cristão, ter discernimento das coisas, julgar o que está acontecendo à sua volta sem ter de aceitar tudo. Afinal, emitir opinião ou julgar não significa que você não ama a pessoa ou que a está desrespeitando, pois você é responsável por zelar pelos seus princípios, provenientes da fé que professa.

Por isso, você tem o direito de avaliar a escola de seu filho, a vida de seus pastores e o comportamento das pessoas que alimentam você espiritualmente. É preciso ter critérios para andar alinhado com a Palavra de Deus.

LEMBRETE DO DIA

BUSQUE A SABEDORIA DIVINA PARA EMITIR SEUS JULGAMENTOS.

#DIEGOMENIN

PLANO DE LEITURA BÍBLICA

2Samuel 14.13 — 15.37
João 11.33-54
Salmos 71.1-7

PENSE E ORE

Julgamento

ANOTAÇÕES

31 MAIO

RESTAURADO POR DEUS

Restaura-nos, ó Senhor, Deus dos Exércitos; faz resplandecer sobre nós o teu rosto, para que sejamos salvos.
Salmos 80.19

LEMBRETE DO DIA

DEUS OFERECE RESTAURAÇÃO TODOS OS DIAS!

#DIEGOMENIN

PLANO DE LEITURA BÍBLICA

2Samuel 16.1–17.29
João 11.55 – 12.19
Salmos 71.8-16

PENSE E ORE

Restauração

ANOTAÇÕES

Só na presença de Deus você encontrará renovo e força para sua vida. Só Ele é capaz de restaurar sua vida despedaçada. Faça um novo pacto com o Senhor e tenha sua vida de volta!

O salmista, ao pedir por restauração, tem na lembrança dele o pacto entre Deus e seu povo, a aliança que em algum momento foi perdida. A lembrança desse pacto, porém, aponta para o cuidado de Deus para com os filhos da promessa, a descendência de Jacó.

Lembre-se todos os dias da aliança que Deus fez com você por intermédio de Jesus Cristo. Esquecer-se do cuidado de Deus e de tudo que Ele tem para você o fará ser engolido pelos acontecimentos. Restaure o pacto entre vocês e mantenha viva na mente a lembrança dos planos Dele para sua vida!

DEGRAU POR DEGRAU, DEUS LEVARÁ VOCÊ A UMA NOVA DIMENSÃO.

JUNHO

01 JUN

A FORÇA DA CONFIANÇA

Sabemos que todas as coisas contribuem juntamente para o bem de todos aqueles que amam a Deus, dos que foram chamados de acordo com o seu propósito.
Romanos 8.28

LEMBRETE DO DIA

DEIXE DEUS MOLDAR SUA JORNADA.

#DIEGOMENIN

PLANO DE LEITURA BÍBLICA

2Samuel 18.1 — 19.25
João 12.20-41
Salmos 71.17-24

PENSE E ORE

Paternidade

ANOTAÇÕES

Por mais que você não entenda, Deus sempre sabe o que está fazendo. Não confie em sua percepção do processo, mas creia que Deus está moldando você.

Não perca a fé e continue a andar, pois Deus irá guiá-lo ao próximo nível. Ele em breve lhe abrirá as portas, e ao passar por elas você receberá sua melhor versão em Deus!

Tudo que lhe acontece acabará cooperando para seu bem. Confie no Pai e não olhe para trás. Todos os acontecimentos têm uma finalidade, e só através deles você será capaz de visualizar plenamente o que Deus está colocando à sua disposição para enfrentar essa fase de sua vida.

O propósito de Deus está relacionado com todas as experiências que você tem, por isso viva cada uma delas tentando captar o que o Senhor lhe está ensinando.

RESISTÊNCIA ESPIRITUAL

02
JUN

Portanto, submetam-se a Deus. Resistam ao Diabo, e ele fugirá de vocês.
Tiago 4.7

Você já passou por aqueles dias em que teve medo até de atender ao telefone, por temer não aguentar outra notícia ruim? Ou foi apanhado de surpresa por pensar que, após a conversão, não enfrentaria mais problemas?

A verdade é que faz todo sentido o cristão enfrentar problemas. Pense um pouco: por que o Inimigo criaria problemas para quem *não* está na presença de Deus? Por que lutaria contra os que já são dele? É óbvio que *você* é um alvo! E quanto mais perto você fica de seu destino, mais o Inferno intensifica seus ataques.

E a intensidade desses ataques é proporcional ao nível de seu propósito. O Inimigo não o ataca porque você é fraco, mas porque você é forte! Mas nada, em hipótese alguma, é impossível para quem resiste ao Diabo.

Que neste dia você possa resistir ao Diabo, para que ele fuja!

LEMBRETE DO DIA

QUEM RESISTE NO ESPÍRITO SUPERA QUALQUER ATAQUE.

#DIEGOMENIN

PLANO DE LEITURA BÍBLICA

2Samuel 19.26 — 21.14
João 12.42 — 13.12
Salmos 72.1-8

PENSE E ORE

Resistência

ANOTAÇÕES

03 JUN

A PRESENÇA DE DEUS NA TEMPESTADE

Ah! Soberano Senhor, tu fizeste os céus e a terra pelo teu grande poder e pelo teu braço estendido. Nada é difícil demais para ti.
Jeremias 32.17

LEMBRETE DO DIA

MESMO NA TEMPESTADE, A PRESENÇA DE DEUS É CONSTANTE E INABALÁVEL.

#DIEGOMENIN

PLANO DE LEITURA BÍBLICA

2Samuel 21.15 — 22.51
João 13.12-30
Salmos 72.9-14

PENSE E ORE

Onipotência

ANOTAÇÕES

Quando ocorre uma tempestade física, alguém pode nos emprestar um guarda-chuva ou uma capa ou mesmo oferecer abrigo, porque nossa necessidade é perceptível. Contudo, quando enfrentamos uma tempestade interior, não existe conforto. Por mais que alguém tente demonstrar amor por nós, ninguém sabe de fato o que estamos passando.

No entanto, mesmo que você não sinta, não veja, não perceba ou não ouça, nenhuma tempestade é suficiente para atestar a ausência de Deus.

Às vezes, Ele permite que você passe por tempestades para lembrá-lo de que é Nele que você deve se apoiar em tempos de angústia. Se você está magoado por algum relacionamento rompido, por feridas provenientes de abusos ou pela perda de um ente querido, deixe o coração de Deus ser o seu lugar de refúgio.

Não há nada nesta Terra que possa trazer o conforto e a cura que só Deus é capaz de proporcionar. Sua graça é suficiente e perfeita em nossos momentos de fraqueza. Não há necessidade de procurar o amor em outro lugar.

A VIRTUDE DA GRATIDÃO

04 JUN

A paz de Cristo deve ser o juiz no coração de vocês, visto que foram chamados para viver em paz, como membros de um só corpo — e sejam agradecidos. Que a palavra de Cristo habite plenamente em vocês. Ensinem e aconselhem uns aos outros com toda a sabedoria; cantem salmos, hinos e cânticos espirituais a Deus com gratidão no coração.
Colossenses 3.15-16

Só porque está em uma tempestade, você não precisa fugir nem voltar para o mundo. Não precisa cometer suicídio nem entrar em depressão. Não precisa perder a calma nem se desesperar. Você não precisa discar 190 nem procurar um astrólogo. Apenas se aquiete. Saiba que Deus continua sendo Deus tanto na tempestade quanto na calmaria. Mais cedo ou mais tarde, Ele irá aparecer.

Então agradeça ao Senhor pelas portas que Ele abriu e pelas que fechou. Agradeça pelas pessoas que ficaram ao seu lado e pelas que o deixaram. Agradeça pelo emprego que você conseguiu e pelo que não conseguiu. Agradeça pelo par romântico que ficou e pelo que foi embora. Agradeça pela posição que hoje você ocupa. Agradeça pelos milagres, por estar vivo e por estar lendo este texto que Ele me mandou escrever a você!

LEMBRETE DO DIA

AGRADEÇA A DEUS POR CADA ASPECTO DA SUA VIDA, POIS ELE ESTÁ SEMPRE PRESENTE.

#DIEGOMENIN

PLANO DE LEITURA BÍBLICA

2Samuel 23.1 — 24.25
João 13.31 — 14.10
Salmos 72.15-20

PENSE E ORE

Agradecimento

ANOTAÇÕES

05
JUN

A VERDADEIRA VIDA EM CRISTO

O ladrão vem apenas para roubar, matar e destruir; eu vim para que tenham vida e a tenham plenamente.
João 10.10

LEMBRETE DO DIA

ENCONTRE PLENITUDE DE VIDA EM JESUS, NÃO NAS PERGUNTAS.

#DIEGOMENIN

PLANO DE LEITURA BÍBLICA

1Reis 1.1-53
João 14.11-31
Salmos 73.1-10

PENSE E ORE

Solução

ANOTAÇÕES

Quando a tragédia se abate sobre nós, nosso primeiro impulso é questionar: "Por que isso aconteceu? Quem é o responsável?". O fato é que o Inimigo quer frustrar nossa esperança e nossa alegria! Não é o que acontece conosco que importa para ele, e sim como reagimos ao que aconteceu. Você já deve ter se perguntado:

- Por que sempre tentamos responsabilizar alguém por nossas tragédias, em vez de nos concentrarmos em consertá-las?
- Por que vivemos achando que as soluções são menos importantes do que encontrar um culpado?

Toda ação sem propósito deve ser interrompida imediatamente. Pare com essas bobagens agora mesmo! Abandone as discussões menores. Deixe de ser uma pessoa-problema e torne-se uma pessoa-solução. Perdoe seus inimigos – o perdão não faz de você um trouxa: ele o torna uma pessoa livre!

Tudo que o Inimigo lhe apresenta é apenas um recurso que ele já utilizou muitas vezes. Não perca sua bênção por uma reação raivosa. Acredite, sua colheita virá de onde você experimentou sua maior dor. As aflições de hoje serão responsáveis pelos momentos mais intensos de alegria no futuro.

A PESSOA CERTA A QUEM RECORRER

06 JUN

Ao encontrar o homem de Deus no monte, agarrou os pés dele. Geazi veio para afastá-la, mas o homem de Deus lhe disse: — Deixe-a em paz! Ela está muito angustiada, mas o Senhor escondeu de mim a razão de sua angústia e nada me revelou.
2Reis 4.27

Não conte suas maiores dores a ninguém. Não mostre sua ferida para quem não tem o remédio para curá-la. Não mostre sua fraqueza a quem não tem forças para erguê-lo. Não chore diante de quem não sabe decifrar suas lágrimas de sofrimento. Existe um lugar próprio para isso: o altar, entre você e Deus.

Por que há momentos em que só precisamos de Deus e de ninguém mais?

- Porque reclamar para os iguais não é uma opção.
- Porque não precisamos mostrar para todo mundo que estamos mal.
- Porque estamos procurando uma saída.
- Porque cremos em milagres.

No texto de hoje, vemos uma mãe que sabia, em seu coração, que só uma pessoa poderia ajudá-la. Por isso, decidiu não compartilhar sua dor com mais ninguém. E ela foi ao lugar certo! Eliseu foi até o menino, e Deus ressuscitou o sonho daquela mulher. Seja um com Deus, e seus sonhos serão ressuscitados!

LEMBRETE DO DIA

CERTAS DORES NÃO DEVEM SER COMPARTILHADAS.

#DIEGOMENIN

PLANO DE LEITURA BÍBLICA

1Reis 2.1 — 3.9
João 15.1-20
Salmos 73.11-14

PENSE E ORE

Você e Deus

ANOTAÇÕES

07
JUN

O MAIOR AMOR QUE EXISTE

Porque Deus tanto amou o mundo que deu o seu Filho Unigênito, para que todo o que nele crer não pereça, mas tenha a vida eterna.
João 3.16

LEMBRETE DO DIA

AQUELE QUE CRÊ EM CRISTO VIVERÁ, POIS ELE SE ENTREGOU POR AMOR A NÓS.

#DIEGOMENIN

PLANO DE LEITURA BÍBLICA

1Reis 3.10 — 4.34
João 15.21 — 16.16
Salmos 73.15-25

PENSE E ORE

Amor de Deus

ANOTAÇÕES

Nascemos sozinhos e morremos sozinhos. Ironicamente, adaptamo-nos a viver a maior parte do tempo evitando nossa companhia. Alguns preferem estar acompanhados de quem não quer sua presença a estar sozinhos, por isso vemos tanta gente destruída pela amargura, fruto do medo inconsciente da solidão. É uma grande tolice procurar nas pessoas o que só encontramos em Deus — o amor.

O amor começa em Deus, e só sabendo disso iremos garantir que nunca estaremos sozinhos. Não sei o que há em seu coração agora, pode ser alegria, paz, sonhos e esperanças, como também uma tristeza imensa ou a solidão. Talvez você esteja decepcionado com a vida, com as pessoas ou com você mesmo. No entanto, Deus o ama muito e Se importa com você!

Foi por amor que Ele enviou Jesus ao mundo, para morrer pelos seus pecados. Você foi escolhido pelo Pai para ser um vencedor, para ter uma vida abundante e morar com Ele na Eternidade!

A história que conta sobre você mesmo pode ser o veneno que está matando seus sonhos. Sinta-se amado por Deus e você será capaz de amar tudo generosamente, mas se insistir em falar o que sente, em vez de olhar para Ele, viverá apenas sentindo o que tem falado. Tire os olhos de você e olhe para Deus!

DEUS EM PRIMEIRO LUGAR

08
JUN

Portanto, não se preocupem, dizendo: "O que comeremos?", "O que beberemos?" ou "O que vestiremos?". Pois os gentios é que correm atrás dessas coisas, mas o Pai celestial de vocês sabe que precisam delas. Busquem, pois, em primeiro lugar o reino de Deus e a sua justiça, e todas essas coisas serão acrescentadas a vocês.
Mateus 6.31-33

Jesus diz que não precisamos nos preocupar com nada, mas que devemos buscar o Reino de Deus em primeiro lugar, ou seja, estar sempre em oração. Então escolha: orar ou entrar em pânico; adorar ou ficar se preocupando com algo. Mas a segunda opção não é o que Deus espera de você.

A preocupação é irracional, não faz sentido, é ilógica. Ainda que relacionada com pequenas coisas, como aparência, modo de falar ou pontualidade, tudo é temporário e não merece toda a sua atenção.

Em tudo que você fizer, ponha Deus em primeiro lugar. Nem sempre Ele é nossa prioridade, mas Deus está conosco em todos os momentos. Você poderia dizer sem hesitar que hoje Deus ocupa o primeiro lugar em sua vida? Não ouça as mentiras do Diabo, quando ele sussurra que Deus não Se importa com você. Ele cuida de nós o tempo todo, para que nada nos falte. Deus é por você, não contra você.

A oração pode quebrar os grilhões da miséria, mas precisa ser praticada. Todos os gigantes parecem maiores do que realmente são enquanto você não ora. Por isso, ore! Qualquer que seja esse gigante, esse problema, ele nunca será maior que Deus. Lembre-se destas cinco palavras: "A batalha é do Senhor". Doa a quem doer, ponha Deus em primeiro lugar e ame-O acima de tudo.

LEMBRETE DO DIA

QUALQUER GIGANTE É MINÚSCULO PERTO DO NOSSO DEUS.

#DIEGOMENIN

PLANO DE LEITURA BÍBLICA

1Reis 5.1 — 6.38
João 16.17 — 17.5
Salmos 73.25-28

PENSE E ORE

Despreocupação

ANOTAÇÕES

09 JUN

SAIBA SE ADAPTAR

Para com os fracos, tornei-me fraco, a fim de ganhar os fracos. Tornei-me tudo para com todos, a fim de, por algum meio, salvar alguns. Faço tudo isso por causa do evangelho, para ser coparticipante dele. Vocês não sabem que, de todos os que correm em uma competição, apenas um ganha o prêmio? Corram de tal modo que alcancem o prêmio.
1Coríntios 9.22-24

LEMBRETE DO DIA

ÀS VEZES OS NOSSOS PLANOS PRECISAM MUDAR.

#DIEGOMENIN

PLANO DE LEITURA BÍBLICA

1Reis 7.1 — 8.5
João 17.6-26
Salmos 74.1-8

PENSE E ORE

Flexibilidade

ANOTAÇÕES

Pessoas inflexíveis costumam ter um fim trágico. Elas não se dão conta de que o tempo não perdoa a inflexibilidade. Por isso, esteja sempre aberto às mudanças necessárias e não deixe o orgulho destruí-lo. Permita que a humildade seja a vencedora em sua vida.

A barba vai ficando grisalha, as rugas aparecem na face, dores pelo corpo se manifestam: tudo isso mostra uma realidade que não podemos ignorar, ou seja, o tempo está passando. E quanto mais o tempo passa, mais inflexíveis se tornam as pessoas com relação às mudanças. O orgulho as mantém presas em uma estação que não durará para sempre.

No entanto, mudanças nem sempre sinalizam um declínio. Às vezes, são mensagens carregando o aviso de que todos ficaremos vulneráveis fisicamente. Esse é um sinal de que nossa dependência de Deus deve ser reforçada, pois a força Dele em nós precisa estar ativa.

Deixe o Senhor mostrar que para cada estação existe uma beleza reservada. Você não precisa segurar nada, apenas seja flexível a cada momento e exercite a gratidão.

POSTOS À PROVA

10 JUN

Pois tu, ó Deus, nos submeteste à prova e nos refinaste como a prata. Fizeste-nos cair em uma armadilha e sobre as nossas costas puseste fardos. Deixaste que homens cavalgassem sobre a nossa cabeça; passamos pelo fogo e pela água, mas nos trouxeste para um lugar de fartura.
Salmos 66.10-12

Por que Deus nos põe à prova? Por que nos faz cair em armadilhas e nos expõe a situações impossíveis de resolver?

- Para que reconheçamos nossas limitações.
- Para nos humilhar.
- Para que cresçamos com a pressão.
- Para que admitamos que Deus é todo--poderoso.

Está sob pressão? É o poder que está chegando. Não deixe que os inimigos cavalguem sua cabeça. Sem dúvida, você será derrotado algumas vezes, mas não viva de derrota em derrota. Por que Deus permite que experimentemos o fracasso?

- Para que façamos um autoexame.
- Para aprendermos.
- Para aprendermos a lidar com a derrota.
- Para nosso crescimento.

O lugar da vitória não é na moleza! O Senhor nos refina como a prata. Depois de ser levada ao fogo para ser purificada, ela é exposta a chamas ainda mais quentes! Nessa etapa, o Refinador fica de olho para a prata não ser destruída e sabe que ela está pronta quando consegue ver Sua imagem refletida na peça. Deus está com você no fogo, e ninguém irá destruí-lo, porque Ele está de olho!

LEMBRETE DO DIA

METAIS PRECIOSOS PRECISAM SER REFINADOS.

#DIEGOMENIN

PLANO DE LEITURA BÍBLICA

1Reis 8.6-66
João 18.1-21
Salmos 74.9-17

PENSE E ORE

Refinamento

ANOTAÇÕES

11 JUN

MATURIDADE E NOBREZA

Mas eu digo: não resistam ao perverso. Se alguém o ferir na face direita, ofereça-lhe também a outra. E, se alguém quiser processar você e tirar a sua túnica, deixe que leve também a capa. Se alguém o forçar a caminhar com ele uma milha, vá com ele duas. Dê a quem lhe pede e não volte as costas àquele que deseja pedir algo emprestado [...].
Mateus 5.39-45

Dar a outra face não é fazer papel de trouxa, muito menos apanhar calado. É uma estrutura mental, a forma como seus pensamentos reagem às agressões e insultos. Fala do tempo de cura e de sua capacidade de "perder" para seguir em frente.

Dar a outra face é maturidade, equilíbrio emocional. É ter propósito na vida. Consiste em decidir não se ofender com quem nos decepciona, em não se importar em perder uma discussão fútil – enquanto o oponente se acha o máximo por ter dado a última palavra, você apenas segue em frente, sacode a poeira e permanece firme em seu propósito.

Dar a outra face é ter nobreza para perdoar o agressor e não difamar o caluniador. É viver sem algemas, ser bem resolvido, ter a elegância de tratar bem quem nos faz mal.

Como cristão, você deve estar pronto para dar a outra face. Porque estrutura mental, maturidade, equilíbrio emocional e nobreza só serão alcançados se você viver seus processos sem reclamar, respeitando as fases de sua vida.

LEMBRETE DO DIA

OFERECER A OUTRA FACE NÃO É SINAL DE FRAQUEZA.

#DIEGOMENIN

PLANO DE LEITURA BÍBLICA

1Reis 9.1 — 10.29
João 18.22 — 19.3
Salmos 74.18-23

PENSE E ORE

Força

ANOTAÇÕES

NÃO ESPERE SENTADO

12
JUN
DIA DOS NAMORADOS

Para tudo há uma ocasião certa;
há um tempo certo para cada propósito
debaixo do céu.
Eclesiastes 3.1

Muitas pessoas têm o desejo de conhecer alguém, casar-se e formar uma família, mas não se preparam intencionalmente para isso durante a fase da solteirice. Pense na seguinte situação: você está prestes a realizar uma grande viagem para o exterior. Então você se organiza, monta um itinerário, pesquisa sobre pontos turísticos, preços de hotéis, arruma a sua mala com as roupas adequadas e separa toda a documentação necessária para o momento do embarque. Seria sábio esperar sentado até que o dia da viagem chegue? Você seria capaz de embarcar no avião e aproveitar totalmente o passeio sem preparo algum? É óbvio que não!

Do mesmo modo, precisamos estar preparados para entrarmos em um relacionamento. Foque no seu desenvolvimento pessoal, cuide da sua saúde física e mental, tenha uma vida financeira estável e, acima de tudo, aprofunde a sua intimidade com o Senhor. Assim, você estará preparado para escolher um bom parceiro e terá uma relação saudável que agradará o coração de Deus.

A Bíblia afirma que para tudo há uma ocasião certa, então não desperdice o seu tempo. A estação em que você se encontra agora é valiosa, use-a com sabedoria e se prepare para o que está por vir!

LEMBRETE DO DIA

PREPARE-SE!

#DIEGOMENIN

PLANO DE LEITURA BÍBLICA

1Reis 11.1 — 12.11
João 19.4-27
Salmos 75.1-6

PENSE E ORE

Solteirismo

ANOTAÇÕES

13
JUN

LUTE CONTRA A PREGUIÇA

Até quando você vai ficar deitado, ó preguiçoso? Quando se levantará do seu sono? "Vou dormir um pouco", você diz. "Vou cochilar um momento; vou cruzar os braços para descansar um pouco mais", e a sua pobreza sobrevirá como um assaltante, e a sua necessidade como um homem armado.
Provérbios 6.9-11

Salomão condenou a preguiça e repreendeu o preguiçoso. A preguiça não é apenas uma atitude, mas também falta de ação. Ela nos leva a negligenciar questões importantes. Às vezes, o resultado da preguiça não é evidente, mas com o passar do tempo a inércia resultará em perda e derrota.

É com a mente que servimos ao Senhor, no entanto ela é também um campo de batalha, o lugar onde os grandes conflitos acontecem. O Inimigo de nossa alma está ciente disso e quer que a preguiça se instale em nossa mente para desistirmos de nossos sonhos, para fugirmos das responsabilidades que a vida nos impõe e para nos impedir de sermos e de conquistarmos aquilo que Deus planejou para nós.

Não permita que a preguiça vença a batalha em sua mente. Lute contra tudo que possa levá-lo para longe do que Deus reservou para você!

LEMBRETE DO DIA

A PREGUIÇA GERA DERROTA.

#DIEGOMENIN

PLANO DE LEITURA BÍBLICA

1Reis 12.12 – 13.34
João 19.28 – 20.10
Salmos 75.7-10

PENSE E ORE

Preguiça

ANOTAÇÕES

FAÇA O QUE DEVE SER FEITO

14 JUN

Rute, porém, respondeu: "Não insistas comigo para que te abandone e que não mais te acompanhe. Aonde fores, irei; onde repousares, ali repousarei! O teu povo será o meu povo, e o teu Deus será o meu Deus! Onde morreres, morrerei e ali serei sepultada. Que o Senhor me castigue com todo o rigor se outra coisa que não a morte me separar de ti!".
Rute 1.16-17

A presença de Deus é escolha sua, assim como a ausência Dele. Quando você tem uma decisão a tomar, não é momento de esperar afagos, palavras de piedade, abraços, beijos ou um ombro amigo. É hora de engolir o choro e avançar com determinação na busca da realização do projeto de Deus para sua vida.

O fato de Deus estar em silêncio não significa que Ele está ausente! Nas tempestades, aprendemos a dar valor ao esconderijo que Deus nos oferece, mas nem todos o encontram, pois é um lugar espiritual.

O que leva você a esse esconderijo é a confiança em Deus. Não permita que ninguém defina você pela situação que está enfrentando, porque não está nela sozinho. Você tem um Pastor que cuida de cada detalhe de seu cotidiano. Mas não fuja de sua responsabilidade.

Rute honrou sua sogra. Ela estava assumindo sua responsabilidade. Não tenha medo de assumir o que lhe cabe fazer, porque há um esconderijo para você. Portanto, pegue tudo que você está vivendo e arraste para esse esconderijo, pois o Senhor irá abrir as portas para você.

LEMBRETE DO DIA

AS SITUAÇÕES QUE ENFRENTAMOS NÃO DEFINEM QUEM SOMOS.

#DIEGOMENIN

PLANO DE LEITURA BÍBLICA

1Reis 14.1 — 15.24
João 20.11-31
Salmos 76.1-6

PENSE E ORE

Responsabilidade

ANOTAÇÕES

15
JUN

ULTRAPASSE AS FRONTEIRAS

"Acaso vocês não me temem?", declara o Senhor. "Não tremem diante da minha presença? Porque fui eu que fiz da areia um limite para o mar, um decreto eterno que ele não pode ultrapassar. As ondas podem quebrar, mas não podem prevalecer, podem bramir, mas não podem ultrapassá-lo".
Jeremias 5.22

LEMBRETE DO DIA

NÃO FUJA DAS SITUAÇÕES DIFÍCEIS.

#DIEGOMENIN

PLANO DE LEITURA BÍBLICA

1Reis 15.25 — 17.6
João 21.1-25
Salmos 76.7-12

PENSE E ORE

Limitação

ANOTAÇÕES

Deus conhece seus limites, por isso não diga que irá morrer por algo que Deus já disse que você aguenta. As dificuldades não são tão ruins quanto pensamos, porque elas nos obrigam a buscar formas de contorná-las e de crescer além dos limites que às vezes nos impomos.

Você só produz algo relevante nas dificuldades. As facilidades nos privam de querer conhecer algo novo, fora das fronteiras nas quais estamos acostumados a viver. Temos a tendência de nos acomodarmos a limites confortáveis e assim deixamos de desejar algo novo.

Nada que valha a pena é obtido de maneira fácil. Você precisa apenas ser consistente e respeitar o processo. Deve também, é claro, respeitar suas limitações, mas sem deixar que elas frustrem seus sonhos e impeçam suas realizações.

NÃO ESTAMOS SÓS

16
JUN

Deus é o nosso refúgio e a nossa fortaleza, auxílio sempre presente nas adversidades.
Salmos 46.1

Um garotinho resolveu mudar o guarda-roupa de lugar. No entanto, por mais força que fizesse, não conseguiu nem mover o pesado móvel. Quando o pai soube do esforço inútil do filho, perguntou-lhe por que não usara toda a sua força. O menino não entendeu, e o homem explicou que ele poderia ter pedido sua ajuda. A força do pai era parte da força do filho.

Às vezes, temos dificuldade em aceitar que somos humanos, limitados, e que simplesmente não somos capazes de fazer certas coisas. E, quando deparamos com uma tarefa impossível para nós, convencemo-nos de que somos incompetentes e fracos.

Não fomos feitos para conseguir todas as coisas. Não há em nós um projeto de poder soberano, justamente para que possamos aprender a lidar com nossas limitações. O que Deus espera de nós é que olhemos para nosso "guarda-roupa" e, em vez de gastar energia desnecessariamente, nos lembremos de que Ele é "nossa fortaleza".

Não há problema em reconhecer que não conseguimos fazer tudo sozinhos. O problema é nos sentirmos frustrados por não saber lidar com as adversidades. Lembre-se: você é humano, e Deus o conhece, está ciente de seus limites. Ele está à porta do quarto esperando ser chamado para ajudá-lo a mudar as coisas.

LEMBRETE DO DIA

NÃO HÁ PROBLEMA EM RECONHECER QUE PRECISAMOS DE AJUDA.

#DIEGOMENIN

PLANO DE LEITURA BÍBLICA

1Reis 17.7 — 18.35
Atos 1.1-26
Salmos 77.1-10

PENSE E ORE

Adversidade

ANOTAÇÕES

17 JUN

DO MEDO À CONFIANÇA EM DEUS

O que eu temia veio sobre mim; o que eu receava me aconteceu.
Jó 3.25

A religião visa religar o homem a Deus. A fé, portanto, é um grande desafio a qualquer religião. Contudo, existe a fé nas coisas boas, que nos faz acreditar, sonhar e esperar o milagre até que ele chegue, e a fé invertida, mostrada no versículo acima. Nesse contexto, o medo é também um tipo de fé, algo que Jó temia tanto que acabou acontecendo. O medo é uma confiança ao contrário.

Um bom exemplo é o empregado que ouve um boato sobre cortes no quadro de funcionários da empresa e começa a se preocupar de forma tão intensa que deixa de produzir, de exercer sua função a contento, e por conta disso acaba mesmo demitido. Por isso, cuidado com o que você teme!

A fé invertida é uma das situações mais angustiantes que alguém pode vivenciar, pois gera preocupação e nos induz a olhar apenas para o presente, com péssimas expectativas. É o oposto da fé em Cristo, que é positiva e nos faz olhar para o futuro com ótimas expectativas.

Organize seus pensamentos, palavras e ações e transforme seus medos, ou seja, sua fé invertida, na fé em Cristo. Perca esse medo de que algo terrível irá acontecer, porque todas as coisas cooperam para o bem daqueles que amam a Deus!

LEMBRETE DO DIA

TODAS AS COISAS COOPERAM PARA O BEM, MESMO QUANDO AS CIRCUNSTÂNCIAS TENTAM DIZER O CONTRÁRIO.

#DIEGOMENIN

PLANO DE LEITURA BÍBLICA

1Reis 18.36 — 20.25
Atos 2.1-21
Salmos 77.11-15

PENSE E ORE

Medo

ANOTAÇÕES

SEU POSICIONAMENTO É O QUE IMPORTA

18 JUN

Eu sou a videira verdadeira, e meu Pai é o agricultor. Ele corta todo ramo que, estando em mim, não der fruto. E poda todo aquele que der fruto, para que dê mais fruto ainda.
João 15.1-2

Nossa produtividade não depende da condição em que nos encontramos, mas do posicionamento que mantemos. A condição diz respeito à nossa realidade, mas nem sempre a realidade é uma verdade. Seu posicionamento não depende de sua condição.

O posicionamento é sobre o que Deus diz, e Ele afirma que todos os que têm um posicionamento Nele, seja qual for a realidade, sempre darão fruto. Acredito que muitos cristãos estejam frustrados e cansados porque dão mais valor à sua condição que ao seu posicionamento em Deus. Gastaram todas as energias para manter sua condição e abriram mão do posicionamento.

Mantenha seu posicionamento em Deus e fique descansado: Ele cuidará de tudo. Até seus projetos e sonhos Ele sustentará. Se estiver ligado à Videira, nunca lhe faltará o sustento e você nunca deixará de produzir frutos.

LEMBRETE DO DIA

QUEM SE POSICIONA EM DEUS NUNCA FICA SEM FRUTOS.

#DIEGOMENIN

PLANO DE LEITURA BÍBLICA

1Reis 20.26 – 22.5
Atos 2.22-47
Salmos 77.16-20

PENSE E ORE

Videira verdadeira

ANOTAÇÕES

19 JUN

LIBERTE-SE DAS ILUSÕES DO INIMIGO

Então, o grande dragão foi lançado fora. Ele é a antiga serpente chamada Diabo ou Satanás, que engana o mundo todo. Ele e os seus anjos foram lançados na terra. Então, ouvi uma alta voz dos céus, que dizia: "Agora veio a salvação, o poder, o reino do nosso Deus e a autoridade do seu Cristo, pois foi lançado fora o acusador dos nossos irmãos, que os acusa diante do nosso Deus de dia e de noite [...]".
Apocalipse 12.9-11

LEMBRETE DO DIA

NÃO HÁ LIBERDADE NO EGITO, APENAS UMA ILUSÃO DE SERVIÇO A DEUS.

#DIEGOMENIN

PLANO DE LEITURA BÍBLICA

1Reis 22.6-53
Atos 3.1-26
Salmos 78.1-4

PENSE E ORE

Superficialidade

ANOTAÇÕES

Se você quer consagrar sua vida, sua família, não aceite servir a Deus no Egito. O Diabo quer iludi-lo com essa proposta, e você não pode se sentar à mesa para negociar: "Está bem, aceito servir a Deus mantendo resquícios do passado. Continuam as agressões na família, bebidas, drogas, imoralidades, mas a gente está indo na igreja".

Essa negociação é desnecessária e ainda prejudicial. Deus tem para você uma libertação plena, e o Diabo sabe disso. Assim, quando ele lhe disser: "Sirva a Deus, mas com os pés no Egito", imediatamente diga: "Não! Eu e minha casa não seremos supervisionados por você. Vamos sair do Egito e nos mudar para o lugar que Deus preparou para nós!".

Não aceite ter uma vida superficial com Deus porque o Diabo sabe que, se você aceitar, estará interrompendo um grande projeto de Deus para sua vida. Não caia na conversa da "antiga serpente"!

O PREÇO DO ALTAR

20
JUN

Para evitar que eu me exaltasse por causa da grandeza dessas revelações, foi-me dado um espinho na carne, um mensageiro de Satanás, para me atormentar. Três vezes pedi ao Senhor que o tirasse de mim. Ele, porém, me disse: "A minha graça é suficiente para você, pois o meu poder se aperfeiçoa na fraqueza" [...].
2Coríntios 12.7-10

Se você quer erguer um altar ao Senhor, saiba que a razão de o altar existir é o sacrifício. Um altar onde não há sacrifício é vazio e sem objetivo. Portanto, quando você diz: "Senhor, quero entregar minha vida a ti!", você está pedindo que Ele queime sua vida, como em um holocausto.

A vida cristã é uma vida de sacrifício. Implica matar nossa vontade para viver a vontade de Deus. Assim como duas pessoas não dirigem um carro, duas vontades não conseguem conduzir nossa vida, ou seja, uma delas deverá predominar. No caso do cristão, deve predominar a vontade de Deus.

Paulo diz que o que importa é que o nome do Senhor seja engrandecido. Como Paulo, você também tem o direito de pedir a Deus que tire o "espinho" que o incomoda, mas o que importa é o fato de a graça de Deus se manifestar em sua vida.

LEMBRETE DO DIA

O ALTAR EXISTE PARA O SACRIFÍCIO, NÃO PARA A COMODIDADE.

#DIEGOMENIN

PLANO DE LEITURA BÍBLICA

2Reis 1.1 — 3.13
Atos 4.1-22
Salmos 78.5-8

PENSE E ORE

Sacrifício

ANOTAÇÕES

21 JUN

QUE TIPOS DE AMIGOS VOCÊ TEM?

Quando três amigos de Jó — Elifaz, de Temã; Bildade, de Suá; Zofar, de Naamate — souberam de todo o mal que o haviam atingido, saíram, cada um da sua região, e combinaram ir juntos para expressar condolências e consolar Jó.
Jó 2.11

LEMBRETE DO DIA

CERTOS "CONSOLOS" EQUIVALEM A COLOCAR VINAGRE NA FERIDA.

#DIEGOMENIN

PLANO DE LEITURA BÍBLICA

2Reis 3.14 — 4.44
Atos 4.23 — 5.6
Salmos 78.9-16

PENSE E ORE

Amizades

ANOTAÇÕES

Jó precisava desabafar e estava disposto a buscar a Deus, porém seus amigos abriram a boca e o bombardearam com discursos sem compaixão, ou seja, colocaram vinagre na ferida. Nem sempre devemos nos pronunciar diante da dor alheia, muito menos julgar o sofredor. Jó, porém, não teve essa sorte, e talvez você tenha amigos assim.

Existem amigos como Elifaz, que se apoiam na própria sabedoria, que se acham superiores. Se você tem um amigo que se considera muito sábio, com ar de superioridade, não é alguém que você queira ouvir na hora da dor.

Existem amigos como Bildade, que se expressam com palavras bonitas, porém não têm empatia. Pensam apenas em si mesmos. Para eles, vale mais o próprio eu e as vaidades pessoais do que compartilhar vivências. Se você perceber vaidade, orgulho ou arrogância em alguém, essa amizade não é verdadeira.

Existem amigos como Zofar, que acusou Jó de ser injusto e de estar em pecado, esquecendo-se de que também era pecador. O tom de suas palavras mostra que a religiosidade era a resposta para tudo.

Que tipos de amigos você tem?

O VALOR DA VULNERABILIDADE

22
JUN

Moisés respondeu ao povo: — Não tenham medo. Fiquem firmes e vejam o livramento que o SENHOR trará hoje, porque vocês nunca mais verão os egípcios que hoje veem. O SENHOR lutará por vocês; fiquem calmos. O SENHOR, então, disse a Moisés: — Por que você está clamando a mim? Diga aos israelitas que sigam avante [...].
Êxodo 14.13-18

Deus ergue os que se humilham. Infelizmente, pela nossa natureza e pelo pecado, o pior lugar, que nos torna vulneráveis, é o melhor lugar para estarmos. O povo de Israel estava no pior lugar possível: diante deles, o mar; atrás deles, o exército do faraó, disposto a levá-los de volta para o Egito. O que eles não atentaram foi para quem os estava guardando.

Quando Deus nos dá uma ordem, devemos apenas obedecer e seguir em frente, pois Ele cuidará do resto. Não importa o que enfrentemos – processo, doença, traição –, será nesse momento de vulnerabilidade que você irá despertar seu potencial.

Infelizmente, nossa mente limitada é incapaz de reconhecer a soberania e o poder de Deus, mas isso não impede que Ele seja quem é e aja da maneira que melhor lhe convier. Mesmo que você esteja em uma situação tão vulnerável quanto a do povo de Israel, seus pés irão pisar em terra seca e você não será engolido pelas adversidades.

LEMBRETE DO DIA

DEUS AGE EM NOSSA VULNERABILIDADE.

#DIEGOMENIN

PLANO DE LEITURA BÍBLICA

2Reis 5.1 — 6.31
Atos 5.7-24
Salmos 78.17-20

PENSE E ORE

Vulnerabilidade

ANOTAÇÕES

23
JUN

PARE DE DAR JUSTIFICATIVAS

Então, o SENHOR ordenou a Moisés: — Vá dizer ao faraó, rei do Egito, que deixe os israelitas saírem do país dele. Moisés, porém, disse na presença do SENHOR: — Se os israelitas não me dão ouvidos, como me ouvirá o faraó? Ainda mais que não tenho facilidade para falar!
Êxodo 6.10-12

LEMBRETE DO DIA

NÃO OLHE PARA SI MESMO, OLHE PARA O ALTO.

#DIEGOMENIN

PLANO DE LEITURA BÍBLICA

2Reis 6.32 – 8.29
Atos 5.25 – 6.4
Salmos 78.21-31

PENSE E ORE

Desculpas

ANOTAÇÕES

Moisés estava preocupado porque não sabia falar direito, por isso não se achava capacitado para transmitir a mensagem de Deus ao povo. No entanto, Deus lhe dera boca e voz suficientes para cumprir seu propósito. Moisés não precisava se transformar em um grande orador para cumprir sua missão. Quando se trata de fazer a obra de Deus, o que Ele nos dá é suficiente.

Se você tem esse tamanho, não precisa ficar menor ou maior. Você é exatamente como Deus quer que você seja! Se Ele lhe deu o rosto e os braços que você tem, é porque não precisa de um rosto diferente nem de braços mais fortes para que o propósito de Deus se cumpra em sua vida.

Você tem tudo de que precisa para ser o libertador de alguém. Afinal, todos nós temos um hebreu aprisionado no Egito esperando ser resgatado. Você só precisa deixar de lado as desculpas e libertar primeiramente o que está cativo dentro de você, algo que talvez há muitos anos você venha ignorando. É por isso que você sente sua vida amarrada, quando deveria estar fluindo e resgatando pessoas do cativeiro.

As desculpas estão atrasando você, e esse tempo não pode ser recuperado. Ore para que suas cadeias caiam por terra até ouvir Jesus dizer: "Acabou! Vou derrubar todas as suas desculpas, porque é você que pretendo usar!".

EXERCENDO O DOMÍNIO

24
JUN

[...] "Sejam férteis e multipliquem-se! Encham e subjuguem a terra! Dominem sobre os peixes do mar, sobre as aves do céu e sobre todos os animais que se movem pela terra". Disse Deus: "Eis que dou a vocês todas as plantas que nascem em toda a terra e produzem sementes, e todas as árvores que dão frutos com sementes. Elas servirão de alimento para vocês".
Gênesis 1.26-29

Você consegue perceber a incoerência que vivemos? Porque Deus disse a Adão e Eva: "Dominem sobre tudo que existe na terra!". Mas se você passar diante de um boteco, certamente verá alguém escravizado pela cachaça. Deus também disse: "Dominem sobre todas as plantas que brotam da terra!". Mas se você passar por qualquer esquina, encontrará outro ser humano escravizado pela erva.

Como pode alguém que recebeu uma bênção tão extraordinária viver como escravo? Séculos mais tarde, Moisés lembrou Israel dessa promessa divina: "O Senhor fará de vocês a cabeça das nações e não a cauda. Se obedecerem aos mandamentos do Senhor, o seu Deus, que hoje dou a vocês e os seguirem cuidadosamente, vocês estarão sempre por cima, nunca por baixo" (Deuteronômio 28.13).

Deus nos fez para dominar. Então não se deixe escravizar por nada!

LEMBRETE DO DIA

NÃO FOI PARA A ESCRAVIDÃO QUE VOCÊ FOI CRIADO.

#DIEGOMENIN

PLANO DE LEITURA BÍBLICA

2Reis 9.1 — 10.17
Atos 6.5 — 7.10
Salmos 78.32-37

PENSE E ORE

Domínio

ANOTAÇÕES

25 JUN

VOCÊ RECEBEU AUTORIDADE

Dei a vocês autoridade para pisarem sobre cobras e escorpiões e sobre todo o poder do inimigo; nada lhes causará dano.
Lucas 10.19

LEMBRETE DO DIA

AS FUTILIDADES NOS LEVAM A ESQUECER AS BATALHAS IMPORTANTES.

#DIEGOMENIN

PLANO DE LEITURA BÍBLICA

2Reis 10.18 – 12.16
Atos 7.11-29
Salmos 78.38-55

PENSE E ORE

Autoridade espiritual

ANOTAÇÕES

Satanás usa a estratégia de manter nossa cabeça ocupada com coisas sem importância para nos distrair das batalhas importantes. A mente embaçada com futilidades não consegue mais pensar no que realmente importa.

Quando você desperdiça a vida correndo atrás de coisas que não valem nada, está perdendo a oportunidade de construir uma vida em Cristo, com uma família decente, uma carreira profissional diferenciada. Você recebeu autoridade e poder para vencer batalhas grandiosas, mas prefere gastar o tempo com bobagens.

Você precisa resgatar sua autoridade para enfrentar as lutas que valem a pena: restaurar a família, pôr a vida ministerial em ordem, crescer profissionalmente. Enquanto você se desgasta em lutas desnecessárias, as conquistas mais importantes são deixadas de lado. Que batalhas você tem lutado?

A SENSAÇÃO DE NÃO SER RECONHECIDO

26 JUN

Entretanto, quando você cuidar dos necessitados, que a sua mão esquerda não saiba o que está fazendo a mão direita, de forma que você preste ajuda em secreto. E o seu Pai, que vê o que é feito em secreto, o recompensará.
Mateus 6.3-4

Não há sensação pior que se sentir invisível, ignorado. Parece que sua vida não conta, não vale nada, que tanto faz como tanto fez. Isso pode acontecer na igreja, na família, no trabalho. Você está fazendo seu melhor, dando tudo de você, suando a camisa, mas não é reconhecido, muito menos aplaudido. Frustrante, não é?

Mas é nessas horas que você precisa lembrar as palavras de Jesus, a fim de aprender o que realmente importa. Além disso, pode acontecer que nessa necessidade frenética de ser visto, observado, notado, citado, mencionado, abraçado e reconhecido pelas pessoas você perca de vista o propósito de Deus para sua vida. Então ouça Jesus dizendo: "Quando você fizer algo em segredo, fique tranquilo, porque vejo você e vou recompensá-lo".

Somos cidadãos do Reino, e nele tudo funciona ao contrário. Celebramos o que não se pode ver e mantemos o coração e a mente aguardando o que não vemos. Portanto, não se desvalorize, não se entregue à autopiedade por se sentir invisível ou desprezado, porque você tem um Pai que valoriza quem você é e sabe o que você faz!

LEMBRETE DO DIA

SUA RECOMPENSA ESTÁ GARANTIDA.

#DIEGOMENIN

PLANO DE LEITURA BÍBLICA

2Reis 12.17 — 14.29
Atos 7.30-53
Salmos 78.56-64

PENSE E ORE

Valorização

ANOTAÇÕES

27 JUN

ELE CONTINUA CHAMANDO VOCÊ

Até os cabelos da cabeça de vocês estão todos contados.
Mateus 10.30

LEMBRETE DO DIA

AINDA QUE SUA CONDIÇÃO NÃO SEJA FAVORÁVEL, DEUS CONTINUA CHAMANDO VOCÊ.

#DIEGOMENIN

PLANO DE LEITURA BÍBLICA

2Reis 15.1 — 16.20
Atos 7.54 — 8.17
Salmos 78.65-72

PENSE E ORE

Condição

ANOTAÇÕES

Você já parou para pensar no que fazer quando Deus permite que você viva algo inesperado? Pedro viveu isso de maneira bem agressiva, pois foi contundente ao afirmar que não negaria Jesus, mesmo depois de o Mestre lhe dizer que antes que o galo cantasse ele O negaria três vezes. E Pedro só se deu conta da bobagem que havia dito quando negou Jesus pela terceira vez e o galo cantou.

Imagine você largar tudo por algo e de repente, por algum motivo, negar sua fé. Nesse dia, Deus lhe dirá: "Não me importa quem você se tornou, onde está morando ou o que você fez com seu corpo depois do que aconteceu". Muita gente se importa, mas Deus diz: "Eu não me importo! Se depois de ter andado sobre as águas você pegou uma vara e foi pescar, como se nada tivesse acontecido, eu não me importo!".

Conheço muita gente que muda de ideia, que um dia beija e no outro apunhala, porque as pessoas simplesmente mudam de ideia e de opinião muito rapidamente. Deus, porém, nunca muda de ideia nem de opinião. Por isso, se um dia Ele chamou você, então continua chamando. Ele Se importa com você!

RESPEITE-SE!

28
JUN

Atente bem para a sua própria vida e para o ensino. Persevere neles, pois, agindo assim, você salvará tanto a você mesmo quanto aos que o ouvem.
1Timóteo 4.16

Cada ser humano é único, criado "de modo especial e admirável" por Deus. Por isso, devemos a Deus um respeito por nós mesmos e levar isso em conta em tudo que fazemos.

Por exemplo, ao receber uma proposta, você a analisa com cuidado, para ver se está de acordo com seus valores e interesses? Esse tipo de questionamento fala de respeito por você mesmo, algo necessário e saudável.

Você deve respeitar-se, cuidar de você mesmo, como obra de Deus. Estabeleça rituais diários que aumentem seu bem-estar. Seja você a prioridade de seu dia. Faça algo que você goste muito todos os dias — afinal, o tempo é seu e a vida é sua. Ao chegar do trabalho, vá cuidar de você e da sua família. Não se sinta mal em se respeitar em primeiro lugar.

Tenha uma vida de paz, compartilhe conhecimentos, divida experiências, mas sem destruir a si mesmo!

LEMBRETE DO DIA

O AUTORRESPEITO DEFINE COMO VOCÊ SERÁ TRATADO PELOS OUTROS.

#DIEGOMENIN

PLANO DE LEITURA BÍBLICA

2Reis 17.1 — 18.16
Atos 8.18-40
Salmos 79.1-4

PENSE E ORE

Respeito por si mesmo

ANOTAÇÕES

29 JUN

VOCÊ ESTÁ PRONTO?

Ele, porém, respondeu: — Senhor, estou pronto para ir contigo tanto para a prisão como para a morte. Jesus respondeu: — Eu lhe digo, Pedro, que ainda hoje, antes que o galo cante, três vezes você negará que me conhece.
Lucas 22.33-34

LEMBRETE DO DIA

NÃO SE PRECIPITE. AGUARDE O MOMENTO CERTO.

#DIEGOMENIN

PLANO DE LEITURA BÍBLICA

2Reis 18.17 — 19.37
Atos 9.1-22
Salmos 79.5-10

PENSE E ORE

Potencial

ANOTAÇÕES

Pedro disse a Jesus que estava pronto para servi-Lo e morrer por Ele. E nós não somos diferentes de Pedro: com facilidade afirmamos que estamos prontos para várias coisas — preencher uma vaga de emprego, assumir uma função, casar-se. Você já disse a Jesus que estava pronto para servi-Lo e até para morrer por Ele?

Pois bem, e com base em que você concluiu que estava apto para assumir essas responsabilidades? Não se está pronto só por ter força de vontade ou porque acordou cheio de inspiração. Pedro achou que estava pronto, mas negou Jesus antes do amanhecer. Por mais que você se considere pronto para algo, pode não estar.

Pedro tinha potencial para servir a Jesus e até mesmo para morrer por Ele, mas ao se apresentar, ainda não estava pronto. Quando você aceita Jesus, Ele derrama um potencial sobre todas as áreas de sua vida, para que você possa crer, suportar as batalhas e seguir em frente, mas nem sempre estamos preparados quando esse potencial é liberado. Você pode, mas aguarde o momento certo.

CHEIO DE AMARGURA

30 JUN

Em alta voz clamo ao SENHOR; elevo a minha voz ao SENHOR, suplicando misericórdia. Derramo diante dele o meu lamento; a ele apresento a minha angústia. Quando o meu espírito desanima,és tu quem conhece o meu caminho. Na vereda por onde ando, esconderam uma armadilha contra mim. Olha para a minha direita e vê; ninguém se preocupa comigo. Não tenho abrigo seguro; ninguém se importa com a minha vida.
Salmos 142.1-4

O salmista está passando por um momento bem difícil. Ele se lamenta e está angustiado, desanimado e com uma visão bastante negativa do mundo. É o cenário da amargura.

Nosso cérebro não sabe diferenciar o bom do ruim, e um exemplo disso é o viciado em cocaína. Ele vive uma luta terrível, porque para o cérebro dele a cocaína é algo bom, mas ele sabe que não é! Essa confusão pode gerar uma vida de amargura e revolta. E, como é uma questão de alma, só Deus pode ajudar nesse processo.

Observe que Davi está amargurado, porém ele inicia o salmo dizendo: "Em alta voz clamo ao Senhor; elevo a minha voz ao Senhor, suplicando misericórdia. Derramo diante dele o meu lamento; a ele apresento a minha angústia" (vs. 1-2). Se você quer deixar a amargura de lado, faça como Davi: clame ao Senhor, suplique Sua misericórdia e confie Nele!

LEMBRETE DO DIA

CLAME AO SENHOR E LIVRE-SE DA AMARGURA!

#DIEGOMENIN

PLANO DE LEITURA BÍBLICA

2Reis 20.1 – 22.7
Atos 9.23-43
Salmos 79.11-13

PENSE E ORE

Amargura

ANOTAÇÕES

QUEM PLANTA COM PACIÊNCIA COLHE FRUTOS NO TEMPO OPORTUNO.

JULHO

FÉ QUE MOVE MONTANHAS

01
JUL

Ele respondeu: "Porque a fé que vocês têm é pequena. Eu asseguro que, se vocês tiverem fé do tamanho de um grão de mostarda, poderão dizer a este monte: 'Vá daqui para lá', e ele irá. Nada será impossível para vocês".
Mateus 17.20

LEMBRETE DO DIA

A GRANDEZA DA FÉ SUPERA OBSTÁCULOS.

#DIEGOMENIN

PLANO DE LEITURA BÍBLICA

2Reis 22.8 – 23.37
Atos 10.1-23
Salmos 80.1-6

PENSE E ORE

Confiança em Deus

ANOTAÇÕES

Se sua fé for do tamanho de um grão de mostarda, você poderá mover as montanhas da sua vida. O que está sendo difícil hoje, amanhã será superado. O que neste momento é motivo de choro, no futuro poderá ser causa de alegria, felicidade e dupla honra.

Para que isso aconteça, mantenha o controle e não se entregue diante da angústia da alma. Tome a decisão de lutar, mesmo que as forças sejam escassas, pois quem luta vence. Diante das adversidades e desafios da vida, é essencial não se abater. Dê uma ordem à sua alma para que ela entenda quem é seu Senhor!

Se escolhermos viver os planos de Deus, apesar das adversidades, jamais ficaremos prostrados. Se alimentarmos nossa fé, nossos medos e angústias morrerão de fome.

A fé é a moeda do céu. Quando exercemos nossa fé em Deus, estamos garantindo a liberação de Suas bênçãos. Peça ao Pai que aumente sua fé.

CORAGEM EM MEIO ÀS PRESSÕES

02 JUL

Lancem sobre ele toda a sua ansiedade, porque ele tem cuidado de vocês.
1Pedro 5.7

As pessoas não perdem tempo falando dos medíocres. Elas preferem falar dos vencedores, dos bem-sucedidos. Mas o sucesso demanda muita luta, muito esforço. E, paradoxalmente, desperta ciúmes, inveja, ódio e outros sentimentos negativos.

Se você não quer ter conflitos, seja normal, ajuste-se a tudo, agrade a todos, viva para todos, seja como todos esperam... e nunca será bem-sucedido. Isso define o medíocre.

Para alcançar lugares altos, é preciso coragem. Você sofrerá pressões de todo tipo e enfrentará o julgamento das pessoas. Mas entenda: o importante é fazer o que Deus espera de você, não o que os outros acreditam que seja a coisa certa. Não perca tempo tentando mudar a mente das pessoas para que o aceitem, o amem e o entendam. Tal comportamento é uma imensa bobagem, um esforço desnecessário.

Assim, se você pretende ser bem-sucedido, lance sobre Jesus todos os seus medos, inseguranças e incertezas, e juntos vocês certamente trilharão um caminho mais assertivo. Deus se preocupa com você. Então se aproxime Dele, para que possam caminhar de mãos dadas todos os dias, desfrutando a presença do Espírito Santo.

LEMBRETE DO DIA

ENCARE DESAFIOS COM CORAGEM E DEPENDA DO SENHOR PARA SUPERAR.

#DIEGOMENIN

PLANO DE LEITURA BÍBLICA

2Reis 24.1 – 25.30
Atos 10.23-43
Salmos 80.7-18

PENSE E ORE

Mediocridade

ANOTAÇÕES

03 JUL

CONFIANÇA EM MEIO ÀS CRISES

Maria [...] achou-se grávida pelo Espírito Santo. Por ser José, seu marido, um homem justo, e não querendo expô-la à desonra pública, pretendia anular o casamento secretamente. Mas, depois de ter pensado nisso, apareceu-lhe um anjo do Senhor em sonho e disse: "José, filho de Davi, não tema receber Maria como sua esposa, pois o que nela foi gerado procede do Espírito Santo" [...].
Mateus 1.18-21

LEMBRETE DO DIA

CONFIE EM DEUS PARA TRANSFORMAR SEUS PROBLEMAS EM BÊNÇÃOS.

#DIEGOMENIN

PLANO DE LEITURA BÍBLICA

1Crônicas 1.1-54
Atos 10.44 — 11.18
Salmos 80.19

PENSE E ORE

Problemas

ANOTAÇÕES

Imagine que você está apaixonado, fica noivo, e, às vésperas do casamento, sua noiva diz que está grávida. Você fica em choque, porque nunca fez sexo com ela. Para piorar, ela diz que ainda é virgem e que a gravidez veio de um espírito! Que situação! Como você reagiria?

- Qual foi a notícia mais estranha que você já recebeu?
- Qual a razão de sua angústia e desespero ao receber essa notícia?

A mensagem do Senhor para você hoje é a mesma comunicada a José em meio à incerteza e aos sonhos destruídos: não tenha medo, apenas confie e continue a avançar nos planos Dele.

José tomou uma atitude: casou-se com Maria, tornou-se pai de Jesus e entrou para a história. Seu problema não são os "problemas" que chegam, mas quem você ouve depois que os "problemas" acontecem.

Lamentavelmente, algumas pessoas não conseguem sair da crise e ainda alimentam seus problemas, para garantir que nunca acabem. Não se desapegam porque não sabem ser felizes, não sabem viver em paz. Você não pode ser assim. Deixe de ser azedo! Deus sempre tem um plano, e tudo vai dar certo!

TRANSFORMANDO SOLIDÃO EM SOLITUDE

04
JUL

Ainda que me abandonem pai e mãe, o Senhor me acolherá.
Salmos 27.10

A solidão assusta profundamente o ser humano e é dolorosa. Talvez por isso as pessoas se envolvam cada vez mais em atividades, para não se sentirem sós. Em épocas de isolamento social, vemos nossos limites explorados ao máximo.

No entanto, no dia em que aceitamos a Cristo como nosso Senhor e Salvador fomos alcançados por Sua graça e misericórdia, e o próprio Senhor veio habitar em nós. Ele preencheu nosso vazio, iluminou nosso ser, acalmou o mar agitado e tomou o controle da situação quando não tínhamos onde nos apoiar e um mar de ansiedade, medo, vazio e frustração nos afogava.

Por causa de nossa decisão, a solidão transformou-se em perene comunhão com o Pai. Ao contrário do que muitos pensam, solitude não é estar sozinho ou desamparado. Pelo contrário, é experimentar a paz de Cristo em nós — Jesus nos chamou da solidão para a solitude.

O silêncio está intimamente relacionado com a confiança. Jesus tinha necessidade de ficar sozinho de vez em quando, em lugares desertos, para orar. Um ponto importante da solitude é o silêncio. Você já tentou se apresentar ao Senhor sem dizer uma palavra? Quando permitimos que Deus assuma o controle da comunhão, estamos confiando que Ele conduzirá a oração e suprirá nossas necessidades.

Em Eclesiastes 5.2, lemos: "Não seja precipitado de lábios, nem apressado de coração para fazer promessas diante de Deus". A esfera da solitude nos dá a liberdade de ficar em silêncio com Deus, mas é preciso estar sempre atento à Sua voz.

LEMBRETE DO DIA

USE A SOLITUDE PARA FORTALECER SUA COMUNHÃO COM DEUS, EXPERIMENTANDO SUA PAZ.

#DIEGOMENIN

PLANO DE LEITURA BÍBLICA

1Crônicas 2.1-55
Atos 11.19 — 12.9
Salmos 81.1-5

PENSE E ORE

Solitude

ANOTAÇÕES

05
JUL

LUTA ESPIRITUAL E VITÓRIA

Fortaleçam-se no Senhor e no seu forte poder. Vistam toda a armadura de Deus, para poderem ficar firmes contra as ciladas do Diabo, pois a nossa luta não é contra seres humanos, mas contra os poderes e autoridades, contra os dominadores deste mundo de trevas, contra as forças espirituais do mal nas regiões celestiais.
Efésios 6.10-12

LEMBRETE DO DIA

A VERDADEIRA FORÇA VEM AO SUPERAR A PRESSÃO ESPIRITUAL.

#DIEGOMENIN

PLANO DE LEITURA BÍBLICA

1Crônicas 3.1 — 4.33
Atos 12.10 — 13.3
Salmos 81.6-10

PENSE E ORE

Pressão

ANOTAÇÕES

Cuidado para não gastar toda a sua energia lutando batalhas que não são suas. Você ficará surpreso com o que acontecerá com sua ansiedade se parar de enfrentar conflitos desnecessários.

Às vezes, você só precisa fechar a porta para o supérfluo e se concentrar no que Deus está dizendo. Afinal, seja lá o que for que você tenha medo de perder, é tolice. Lembre-se de que há uma fonte em Deus que nunca se acaba. Assim como sua bondade é provada pela sua capacidade de dizer, a bondade e o amor de Deus também são demonstrados nas portas fechadas por Ele.

Desse modo, o Senhor o tornará mais tolerante à dor. Você está pronto para suportar a pressão do próximo nível? Não olhe para trás, não se entregue! As portas foram fechadas por alguma razão. E, quando a pressão acaba, o óleo começa a fluir.

DEUS ESTÁ COM VOCÊ

06 JUL

O Senhor, o seu Deus, os tem abençoado em tudo o que vocês têm feito. Ele cuidou de vocês em sua jornada por este grande deserto. Nestes quarenta anos o Senhor, o seu Deus, tem estado com vocês, e não tem faltado coisa alguma a vocês.
Deuteronômio 2.7

O deserto é um lugar sem água, onde nenhuma árvore cresce e, portanto, não se colhem frutos. É um lugar de isolamento, de pouca comunicação. Seu deserto pode ser financeiro, emocional, conjugal, espiritual ou familiar.

Você pode pensar: "Se eu estivesse na presença de Deus, não teria estes problemas, não estaria neste deserto". Mas a verdade é que Ele cuida de nós em nossa jornada. Ele está conosco no deserto.

Pessoas irão abandoná-lo ao longo do caminho. Mentirão para você e ferirão seus sentimentos. No entanto, se você estiver com Deus, Ele cuidará de você nos quebrantamentos da vida, nas decepções, no caos familiar, nas dificuldades financeiras e nas situações de abandono.

Se você crer nisso, o Diabo, pensando que iria destruir você, acabará sendo usado por Deus para o abençoar. Ele cuida dos Seus filhos, mesmo quando eles estão no meio do deserto!

LEMBRETE DO DIA

QUANDO PASSAR PELO DESERTO, LEMBRE-SE DE QUE O SENHOR NÃO O ABANDONA.

#DIEGOMENIN

PLANO DE LEITURA BÍBLICA

1Crônicas 4.34 — 6.15
Atos 13.4-22
Salmos 81.11-16

PENSE E ORE

Deserto

ANOTAÇÕES

07
JUL

O QUE REALMENTE IMPORTA?

Ora, o Senhor é o Espírito e onde está o Espírito do Senhor ali há liberdade.
2Coríntios 3.17

LEMBRETE DO DIA

CONCENTRE-SE NO QUE DEUS ESTÁ OPERANDO.

#DIEGOMENIN

PLANO DE LEITURA BÍBLICA

1Crônicas 6.16-81
Atos 13.23-43
Salmos 82.1-8

PENSE E ORE

Liberdade

ANOTAÇÕES

Se você se sente preso, muito provavelmente está concentrado em coisas ruins, como decepções, frustrações, problemas financeiros, familiares ou emocionais, entre outras coisas. Mas se você se concentrar na fé, nada poderá mantê-lo fora do que Deus tem para você.

A fé lhe diz: "Eu sei o que aconteceu no seu passado. Foi doloroso, mas acredite: Deus é maior que sua dor"; ou: "Você tem experimentado várias decepções, mas Deus sabe o que é melhor para você e está supervisionando sua situação".

Preste atenção ao que você está prestando atenção e veja se realmente vale a pena. Defina o que importa de acordo com sua fé e permita que o Espírito de Deus trabalhe em sua vida. A liberdade que vem da fé é sua: concentre-se nela!

VIDA OU MORTE?

08
JUL

Do fruto da boca enche-se o estômago do homem; o produto dos lábios o satisfaz. A língua tem poder sobre a vida e sobre a morte; os que gostam de usá-la comerão do seu fruto.
Provérbios 18.20-21

As palavras têm poder para construir e destruir. Que palavras você está permitindo que sejam ditas a seu respeito neste momento? Que vozes estão moldando seu pensamento e seu mundo? Que palavras você está dizendo aos seus filhos ou a outras pessoas ao seu redor? Que palavras negativas você está cuspindo em sua alma? Suas palavras são um poço de vida ou um esgoto de derrota? Os versículos seguintes são de Provérbios 10 e mostram os tipos de palavras que devemos nos esforçar para falar:

- "A boca do justo é fonte de vida" (v. 11).
- "A sabedoria está nos lábios dos que têm discernimento" (v. 13).
- "Quando são muitas as palavras, o pecado está presente, mas quem controla a língua é sensato" (v. 19).
- "A língua dos justos é prata escolhida" (v. 20).
- "As palavras dos justos dão sustento a muitos" (v. 21).
- "A boca do justo produz sabedoria" (v. 31).
- "Os lábios do justo sabem o que é próprio" (v. 32).

Se esses versículos fossem um teste e você estivesse avaliando sua fala, qual seria a pontuação? Quero incentivá-lo a tomar cuidado ao falar das promessas que são suas em Jesus Cristo. A paz, a graça e a salvação são suas! Limite-se a falar aos seus amigos e familiares do que Deus reservou para você. Preencha a atmosfera com o som de seu louvor.

LEMBRETE DO DIA

USE AS PALAVRAS COM SABEDORIA.

#DIEGOMENIN

PLANO DE LEITURA BÍBLICA

1Crônicas 7.1 — 8.12
Atos 13.44 — 14.13
Salmos 83.1-8

PENSE E ORE

Palavras

ANOTAÇÕES

09
JUL

O VALOR DO PERDÃO

Depois vieram seus irmãos, prostraram-se diante dele e disseram: "Aqui estamos. Somos teus escravos!" José, porém, lhes disse: "Não tenham medo. Estaria eu no lugar de Deus? Vocês planejaram o mal contra mim, mas Deus o tornou em bem, para que hoje fosse preservada a vida de muitos. Por isso, não tenham medo".
Gênesis 50.18-21

Muitas de nossas prisões são fruto de nossa decisão de ficarmos presos. Aprendemos a derrotar gigantes e demônios, mas nos rendemos às raposinhas que destroem nossa existência, e assim nos tornamos lentos, pragmáticos, doentes emocionais, mentais e espirituais. A única forma de sermos libertos é por meio do perdão.

O perdão é algo com que todos teremos de lidar ao longo da vida. Afinal, sempre iremos deparar com vários níveis de injustiça. Algumas podem ser facilmente superadas, porém outras são extremamente complexas. Contudo, o processo do perdão não pode ser ignorado, pois só existe uma coisa que nos custa mais que perdoar: não perdoar. Você não se tornará parte do que Deus planejou para você sem perdoar.

Quando perdoamos, não perdemos a memória, mas abrimos mão das feridas para que cicatrizem. Perdoar é abrir as portas do cárcere emocional, sem ressentimentos, e deixar o ofensor livre de supervisões posteriores. Foi o que José fez na passagem citada.

LEMBRETE DO DIA

QUEM PERDOA LIBERTA-SE DE FERIDAS.

#DIEGOMENIN

PLANO DE LEITURA BÍBLICA

1Crônicas 8.13 — 9.34
Atos 14.14 — 15.5
Salmos 83.9-12

PENSE E ORE

Perdão

ANOTAÇÕES

MENOS DESCULPAS, MAIS CONTROLE

10 JUL

Observe a formiga, preguiçoso, reflita nos caminhos dela e seja sábio! Ela não tem nem chefe, nem supervisor, nem governante, e ainda assim armazena as suas provisões no verão e na época da colheita ajunta o seu alimento.
Provérbios 6.6-8

Você já disse alguma vez: "Tenho muita coisa para fazer"? Costuma dizer isso com frequência? Já parou para pensar que a "muita coisa" a que você se refere pode ser *bem menos* do que imagina?

Quando dizemos: "Tenho muita coisa para fazer", esperamos que alguém sinta pena de nós pela quantidade de tarefas que temos pendentes. Por favor, pare de dar desculpas! Fazemos isso porque pode ser doloroso admitir que cometemos um erro. Em vez de tomar essa atitude, comece a trabalhar para melhorar a si mesmo.

Você pode mudar sua vida para melhor. Precisa apenas estar disposto a parar de inventar desculpas e retomar o controle. Liste suas pendências e comece a fazer o que precisa ser feito. Você tem total autonomia sobre si mesmo.

Desse modo, além de agora ter uma forma confiável de saber o que precisa ser feito, você irá liberar sua mente para resolver situações, em vez de ficar guardando informações inapropriadas e catastróficas.

Ponha mais ação em sua vida! Deixe a preguiça de lado e comece a arrumar as gavetas!

LEMBRETE DO DIA

DEIXE A PREGUIÇA DE LADO E MÃOS À OBRA!

#DIEGOMENIN

PLANO DE LEITURA BÍBLICA

1Crônicas 9.35 — 11.25
Atos 15.6-29
Salmos 83.13-18

PENSE E ORE

Produtividade

ANOTAÇÕES

11
JUL

PARE DE ACUMULAR OFENSAS

[...] uma coisa faço: esquecendo-me das coisas que ficaram para trás e avançando para as que estão adiante, prossigo para o alvo, a fim de ganhar o prêmio do chamado celestial de Deus em Cristo Jesus.
Filipenses 3.13-14

Ingerimos alimentos e os eliminamos nas fezes e na urina. Um carro consome combustível e elimina os resíduos pelo escapamento como fumaça. Inspiramos o ar, mas logo o devolvemos, expirando. Ou seja, existe um processo natural de absorção e eliminação. Então por que você recebe ofensas e as acumula?

Se você recebe afrontas ou é alvo de ingratidão e as mantém dentro de si, sem eliminá-las, é um milagre que ainda esteja vivo. Ficar remoendo essas coisas é acumular angústias, tristezas e mágoas em seu interior, que podem levar à morte física e espiritual. Você precisa esquecer as coisas que devem ficar para trás.

Portanto, deixe-as ir! Não insista em ficar segurando essas coisas. Mire no alvo, que é Jesus, e concentre-se nas coisas que estão adiante. Limpe o coração de todas as ofensas que você sofreu até hoje, jogue fora suas mágoas e seja livre!

LEMBRETE DO DIA

HÁ COISAS QUE DEVEM FICAR PARA TRÁS.

#DIEGOMENIN

PLANO DE LEITURA BÍBLICA

1Crônicas 11.26 – 12.40
Atos 15.30 – 16.10
Salmos 84.1-4

PENSE E ORE

Atitude

ANOTAÇÕES

A SUBTRAÇÃO TAMBÉM É IMPORTANTE

12 JUL

Será que você não sabe? Nunca ouviu falar? O Senhor é o Deus eterno, o Criador de toda a terra. Ele não se cansa nem fica exausto; sua sabedoria é insondável. Ele fortalece o cansado e dá grande vigor ao que está sem forças.
Isaías 40.28-29

Deus está trabalhando em sua vida neste momento. Você pode não o ver e talvez não o sinta, mas Deus está sempre em ação. E, nesse trabalho a seu favor, Ele pode estar acrescentando algo à sua vida agora, mas também pode estar subtraindo. Por exemplo, pode estar acrescentando sentimentos felizes e de gratidão e subtraindo sua dependência de pessoas, lugares e coisas.

Temos facilidade para acreditar que Deus pode acrescentar coisas boas à nossa vida, mas a subtração, que nem sempre entendemos, também é importante para a equação da fé. Além disso, quando Deus subtrai alguma coisa de nós, é porque está abrindo espaço para coisas maiores que estão por vir.

Portanto, não se deixe abater quando algo for subtraído de sua vida. Entenda que o Deus incansável, em Sua infinita sabedoria, está sempre trabalhando a nosso favor. Ele está sempre pronto a nos fortalecer, mesmo que isso signifique tirar algo de nós. Ele está sempre disposto a renovar nossas forças, e para isso às vezes Ele nos livra de cargas inúteis. É perder para ganhar.

LEMBRETE DO DIA

ADIÇÃO E SUBTRAÇÃO FAZEM PARTE DA OBRA DE DEUS EM NÓS.

#DIEGOMENIN

PLANO DE LEITURA BÍBLICA

1Crônicas 13.1 – 15.24
Atos 16.11-28
Salmos 84.5-12

PENSE E ORE

Perdas e ganhos

ANOTAÇÕES

13
JUL

A BÊNÇÃO DE SER HUMILDE

Sejam todos humildes uns para com os outros, porque "Deus se opõe aos orgulhosos, mas concede graça aos humildes". Portanto, humilhem-se debaixo da poderosa mão de Deus, para que ele os exalte no tempo devido.
1Pedro 5.5-6

LEMBRETE DO DIA

CUIDADO COM O ORGULHO.

#DIEGOMENIN

PLANO DE LEITURA BÍBLICA

1Crônicas 15.25 — 17.6
Atos 16.29 — 17.9
Salmos 85.1-7

PENSE E ORE

Humildade

ANOTAÇÕES

Não gostamos de ser corrigidos nem de parecer inferiores ou menos capazes que alguém. Queremos sempre ocupar um lugar de honra na mente das pessoas, e isso nos leva a exibir nossa força e nossa capacidade, a fim de mostrar nossa superioridade e suficiência. Mas isso é orgulho, e o orgulho às vezes nos impede de sermos abençoados.

Por conta do orgulho, Satanás preferiu reinar no inferno a servir no céu. Se deixarmos Deus agir em nossa vida e reconhecermos que somos menores que a adversidade, Ele usará Seus recursos para, no devido tempo, nos exaltar e honrar.

O apóstolo adverte: "Sejam todos humildes". Não estrague sua vida esforçando-se para impressionar os outros. Deixe o orgulho de lado, porte-se com humildade, e será louvado por isso!

CONFIANÇA TOTAL

14 JUL

[Jesus] levou consigo Pedro, Tiago e João, e começou a ficar aflito e angustiado. E lhes disse: "A minha alma está profundamente triste, numa tristeza mortal. Fiquem aqui e vigiem". Indo um pouco mais adiante, prostrou-se e orava para que, se possível, fosse afastada dele aquela hora. E dizia: "*Aba*, Pai, tudo te é possível. Afasta de mim este cálice; contudo, não seja o que eu quero, mas sim o que tu queres".
Marcos 14.33-36

Na passagem acima, Jesus está dizendo: "Pai, não gosto desse plano. É muito doloroso. Mas se é o *teu* plano, vou me manter firme, porque sei que é o melhor. Não é minha vontade ser torturado e crucificado, mas se é o que queres, então que assim seja, porque até na dor tua vontade é a melhor".

O que verdadeiramente importa é fazer a vontade do Pai. Afinal, só Ele sabe o que é melhor para nós. Curvar-se à vontade soberana do Senhor é uma demonstração de maturidade espiritual e sabedoria.

Submeter-se a Deus e confiar nos propósitos Dele é sua decisão pessoal, e nada mais importa. A preocupação do cristão não deve ser outra senão fazer a vontade soberana do Pai.

LEMBRETE DO DIA

PONHA OS DESEJOS DE DEUS ACIMA DOS SEUS.

#DIEGOMENIN

PLANO DE LEITURA BÍBLICA

1Crônicas 17.7 — 19.19
Atos 17.10-34
Salmos 85.8-13

PENSE E ORE

Vontade soberana

ANOTAÇÕES

15
JUL

NÃO SE RENDA AO DESESPERO

Eu sou o caminho, a verdade e a vida. Ninguém vem ao Pai, a não ser por mim. Se vocês realmente me conhecessem, conheceriam também o meu Pai. Já agora vocês o conhecem e o têm visto.
João 14.6-7

LEMBRETE DO DIA

APRENDA A ESPERAR COM CONFIANÇA.

#DIEGOMENIN

PLANO DE LEITURA BÍBLICA

1Crônicas 20.1 — 22.19
Atos 18.1-22
Salmos 86.1-7

PENSE E ORE

Espera

ANOTAÇÕES

Quem busca respostas rápidas está abrindo mão de esperar para desesperadamente "fechar ciclos". Isso tem infundido no meio cristão uma carga ritualística, um jugo sobre o povo que tem transformado igrejas em sistemas opressores. Espera-se respostas para absolutamente tudo – e rápido.

Contudo, nossa atitude deve ser de fidelidade constante, como a criança que descansa nos braços do pai. Então descanse, pois não há razão para antecipar a conclusão da história estando nos capítulos iniciais. O caminho se faz caminhando, e a resposta que você procura virá no tempo certo.

A vida de fé é uma espera constante, que produz paixão, ânimo e propósito. Por isso, Deus nem sempre lhe dará uma resposta rápida: haverá um *caminho*, que lhe apresentará a *verdade* para finalmente você encontrar a *vida*. Isso é mais que suficiente! Saiba esperar no Senhor, confiando sempre!

NASCEMOS PARA VOAR

16
JUL

[...] como a águia que desperta a sua ninhada, paira sobre os seus filhotes, e depois estende as asas para apanhá-los, levando-os sobre elas.
Deuteronômio 32.11

Quando chega a hora de a mãe águia ter seus filhotes, ela inicia o longo processo de preparar o ninho com galhos e gravetos, colhidos em lugares diferentes. Então, com muito cuidado, ela se põe a trançar os galhos, cada um representando os locais que visitou. Os galhos virados para a área externa estão direcionados aos predadores, que terão de vencer as pontas para se aproximar dos ovos. Assim, os filhotes nascem e se desenvolvem em um ambiente protegido.

O mesmo acontece conosco, pois nosso "ninho" é o ambiente familiar, no qual, protegidos, nascemos e nos desenvolvemos. À medida que crescemos, porém, precisamos deixar o conforto e a proteção do ninho e nos lançarmos a céu aberto para aprender a voar.

Se você não sair do ninho, jamais irá viver em um novo ambiente ou avançar para um novo nível. Consequentemente, nunca vai usar todo o seu potencial. Aceite o desafio e saia do ninho. É alto e assustador lançar-se a um voo solo, mas você foi feito para voar!

LEMBRETE DO DIA

O CRESCIMENTO COMEÇA QUANDO DEIXAMOS A ZONA DE CONFORTO.

#DIEGOMENIN

PLANO DE LEITURA BÍBLICA

1Crônicas 23.1 — 24.31
Atos 18.23 — 19.16
Salmos 86.8-10

PENSE E ORE

Voo solo

ANOTAÇÕES

17 JUL

A DIFERENÇA ENTRE SONHAR E REALIZAR

Qualquer de vocês que não renunciar a tudo o que possui não pode ser meu discípulo. O sal é bom, mas se ele perder o sabor, como restaurá-lo? Não serve nem para o solo nem para adubo; é jogado fora. Aquele que tem ouvidos para ouvir, ouça.
Lucas 14.33-35

LEMBRETE DO DIA

ONDE HÁ COMPROMISSO, O IMPOSSÍVEL SE TORNA UMA REALIDADE.

#DIEGOMENIN

PLANO DE LEITURA BÍBLICA

1Crônicas 25.1 – 26.22
Atos 19.17-41
Salmos 86.11-17

PENSE E ORE

Comprometimento

ANOTAÇÕES

Você tem uma paixão, um sonho, um ideal, um projeto? Até que ponto se comprometeria para que esse anseio se tornasse realidade? Gosto de exemplificar a diferença entre envolvimento e comprometimento com o café da amanhã dos americanos, o tradicional ovos com bacon. A participação da galinha corresponde ao envolvimento, porque é superficial – ela apenas põe o ovo e segue com sua vida. Do porco, porém, é exigido um comprometimento, porque ele precisa morrer, renunciar a si mesmo, para contribuir com o bacon.

O envolvimento exige apenas um esforço temporário, mas não altera sua vida ou, à vezes, nem mesmo sua rotina. Já o comprometimento exige renúncia ao que você é ou possui. Então responda: com relação aos seus sonhos e projetos, você apenas se envolve ou se compromete?

Deus é a prova de que onde há comprometimento não há como um projeto dar errado. Jesus suportou a traição, a dor e o abandono porque estava comprometido com Sua missão. Se você se comprometer com algo, isso irá se concretizar, o sonho será realizado. Portanto, repense seus projetos, deixe de apenas se envolver e se comprometa, renuncie a si mesmo e viva o melhor que Deus tem a oferecer!

FÉ QUE NÃO DEPENDE DE CONDIÇÕES

18
JUL

Então Jacó fez um voto, dizendo: "Se Deus estiver comigo, cuidar de mim nesta viagem que estou fazendo, prover-me de comida e roupa, e levar-me de volta em segurança à casa de meu pai, então o Senhor será o meu Deus. E esta pedra que hoje coloquei como coluna servirá de santuário de Deus; e de tudo o que me deres certamente te darei o dízimo".
Gênesis 28.20-21

A fé é um tema tão comum no meio cristão, tão "básico" que muitos não lhe dão a devida importância. Por isso, vamos iniciar o mês de agosto perguntando: que tipo de fé você tem?

A Bíblia assim define a fé: "Ora, a fé é a certeza daquilo que esperamos e a prova das coisas que não vemos" (Hebreus 11.1). Parece uma definição simples, mas não é. Deve-se entender a fé como uma espera, porém não se trata de simplesmente esperar. O que define sua fé é *como* você espera, e essa espera produz dois tipos de fé: a fé "se" e a fé "ainda que".

O primeiro tipo de fé, que analisaremos hoje, é o mais comum, e encontramos um bom exemplo em Jacó. Ele condiciona a fé ao afirmar que iria servir a Deus *se* fizesse uma viagem segura e fosse assistido em suas necessidades nesse período.

Esse tipo de fé é muito perigoso, porque situa o ser humano no topo da cadeia alimentar, ou seja, no lugar de Deus. Muitos dizem: "Senhor, eu te amarei *se* fizeres tal coisa"; ou: "Senhor, vou ser dizimista *se* me abrires a porta de um emprego". Há também quem faça a mesma proposta para conseguir um marido ou uma esposa ou para ser curado de alguma enfermidade.

Trata-se de uma fé extremamente fraca e vulnerável, que não sustentará você nos dias difíceis. Melhor é a fé "ainda que", nosso assunto de amanhã.

LEMBRETE DO DIA

MESMO NAS ADVERSIDADES, A CERTEZA EM DEUS SE MANTÉM FIRME.

#DIEGOMENIN

PLANO DE LEITURA BÍBLICA

1Crônicas 26.23 — 28.10
Atos 20.1-24
Salmos 87.1-7

PENSE E ORE

Fé "se"

ANOTAÇÕES

19

JUL

MÁS COMPANHIAS

Não se deixem enganar: "As más companhias corrompem os bons costumes".
1Coríntios 15.33

LEMBRETE DO DIA

ESCOLHER SUAS COMPANHIAS É ESCOLHER SEU FUTURO.

#DIEGOMENIN

PLANO DE LEITURA BÍBLICA

1Crônicas 28.11 – 29.30
Atos 20.25 – 21.9
Salmos 88.1-9a

PENSE E ORE

Parcerias

ANOTAÇÕES

Posso afirmar que a maioria dos problemas que enfrentamos decorrem de associações ou parcerias que fizemos com pessoas erradas. É sobre isso que Paulo nos adverte no texto de 1Coríntios 15. Ele está dizendo: "Não seja inocente! Certas pessoas que você permite entrar em sua vida poderão alterar a visão correta que você tem de Deus, da família, da espiritualidade e de seu propósito".

Você pode até se sentir bem com essas pessoas no início, como uma bebida refrescante, porém "batizada", que irá levá-lo a nocaute. Você pode estar correndo com um peso extra, que o está deixando lento, diminuindo seu rendimento, e você precisa se livrar disso.

Deus está dizendo: "Quero você correndo livre, aproveitando o máximo de seu potencial! Não permita que nada o impeça de alcançar seu objetivo!".

NOVA HISTÓRIA

20 JUL

Se alguém está em Cristo, é nova criação. As coisas antigas já passaram; eis que surgiram coisas novas!
2Coríntios 5.17

Jesus está lhe perguntando: "Quer vida nova? Quer poder? Quer unção? Quer ser curado? Renovado? Restituído?". Não importa o que esteja acontecendo, apenas responda: "Sim, Senhor! Quero ser feliz! Quero minha família de volta! Quero minha vida no altar! Quero ser curado, renovado e restituído!".

Mesmo que você esteja passando por dificuldades, humilhação ou mágoas, sempre diga "sim" ao Senhor. Não se prenda às coisas negativas, às dores de hoje ou do passado. Pare de repetir como um papagaio que você é infeliz. Para ser feliz, você precisa livrar-se do que lhe prende ao passado e dizer "sim" a Jesus, porque só Ele pode fazer *tudo novo*.

Só Jesus pode ajudá-lo a escrever uma nova história, que irá apagar as lembranças malditas. Entregue todas as suas memórias ruins a Cristo, para que Ele as transforme em uma coisa nova!

LEMBRETE DO DIA

TUDO PODE SER NOVO QUANDO DIZEMOS SIM A JESUS.

#DIEGOMENIN

PLANO DE LEITURA BÍBLICA

2Crônicas 1.1 — 3.17
Atos 21.10-36
Salmos 88.9-12

PENSE E ORE

Tudo novo

ANOTAÇÕES

21
JUL

RESSIGNIFICANDO UMA FERIDA (PARTE 1/2)

Quem fere por amor mostra lealdade,
mas o inimigo multiplica beijos.
Provérbios 27.6

LEMBRETE DO DIA

DEUS PODE TRANSFORMAR E RESSIGNIFICAR SUAS FERIDAS.

#DIEGOMENIN

PLANO DE LEITURA BÍBLICA

2Crônicas 4.1 – 6.16
Atos 21.37 – 22.16
Salmos 88.13-18

PENSE E ORE

Ressignificação

ANOTAÇÕES

Quando pensamos em feridas, costumamos imaginar algo ruim, que nos faz mal, que pode gerar um incômodo ou uma infecção e até matar. Salomão, porém, lembra-nos de que existe a ferida causada por amor, ou seja, existe a "boa ferida".

Um bom exemplo de boa ferida é Jacó. Seu nome significa "trapaceiro", e ele de fato teve sua trajetória marcada pela trapaça (Gênesis 25 e 26). Contudo, um dia ele teve um encontro surpreendente com Deus no vau de Jaboque, e, ao travarem uma luta, Jacó foi tocado "na articulação da coxa, de forma que a deslocou" (Gênesis 32.25). Jacó voltou para casa mancando. Até aquele momento, ele nunca havia lutado por nada, mas enfrentou uma batalha com o próprio Deus em busca de uma bênção.

Parecia que Deus o estava punindo, mas aquela ferida teve em Jacó um efeito bom. Aquele homem que passara a vida trapaceando, buscando caminhos fáceis, a partir daquele momento começou a despontar como líder, como homem de Deus. A ferida trouxe uma ressignificação para sua vida. Mais tarde, até seu nome foi mudado.

RESSIGNIFICANDO UMA FERIDA (PARTE 2/2)

22
JUL

Deus lhe apareceu de novo e o abençoou, dizendo: "Seu nome é Jacó, mas você não será mais chamado Jacó; seu nome será Israel". Assim lhe deu o nome de Israel. E Deus ainda lhe disse: "Eu sou o Deus todo-poderoso; seja prolífero e multiplique-se. De você procederão uma nação e uma comunidade de nações, e reis estarão entre os seus descendentes" [...].
Gênesis 35.9-12

Deus disse a Jacó que esse não seria mais o nome dele, que ele havia lutado bravamente, como um príncipe, por isso passaria a se chamar Israel. Além disso, recebeu outras promessas do Senhor, como vemos nos versículos citados.

A boa ferida de Jacó doía como uma ferida convencional, mas também lhe trazia uma boa lembrança, de uma mudança de trapaceiro a homem abençoado com promessas vindas diretamente de Deus.

Já parou para pensar que você pode estar reclamando de uma ferida que talvez esteja produzindo algo bom em ua vida, uma mudança para melhor, uma ressignificação do passado, como aconteceu com Jacó? Deus pode nos ferir para mostrar Sua lealdade, como aquele beliscão que as mães usam para alertar as crianças que estão fazendo o que não devem.

Portanto, não reclame das boas feridas, porque Deus não tem compromisso de nos dar apenas aquilo que desejamos. A preocupação Dele é nos dar o que precisamos, e talvez o que você mais precise hoje seja de uma boa ferida, que produza algo bom em você, a ponto de dar um novo significado à sua vida.

LEMBRETE DO DIA

NÃO RECLAME DAS FERIDAS; ELAS PODEM PRODUZIR ALGO BOM EM VOCÊ.

#DIEGOMENIN

PLANO DE LEITURA BÍBLICA

2Crônicas 6.17 – 8.6
Atos 22.17 – 23.6
Salmos 89.1-4

PENSE E ORE

Ressignificação

ANOTAÇÕES

23
JUL

COMO BARTIMEU

Quando Jesus e seus discípulos, juntamente com uma grande multidão, estavam saindo da cidade [de Jericó], o filho de Timeu, Bartimeu, que era cego, estava sentado à beira do caminho pedindo esmolas. Quando ouviu que era Jesus de Nazaré, começou a gritar: "Jesus, Filho de Davi, tem misericórdia de mim!" [...].
Marcos 10.46-52

LEMBRETE DO DIA

CLAME AO SENHOR E ELE RESPONDERÁ.

#DIEGOMENIN

PLANO DE LEITURA BÍBLICA

2Crônicas 8.7 — 10.11
Atos 23.7-30
Salmos 89.5-18a

PENSE E ORE

Misericórdia divina

ANOTAÇÕES

Infelizmente, vivemos em um tempo de cegueira, que nos deixa vulneráveis e na miséria espiritual. A solução é romper com os padrões deste mundo e apelar para a misericórdia divina. O cego Bartimeu fez isso e foi atendido.

Devemos romper com o sistema de miséria deste mundo, que nos faz viver mecanicamente, um dia após o outro, para viver o padrão do céu.

Você deve gritar por Jesus se estiver em meio à tribulação, se não houver paz em seu lar, se não tiver o que comer, se a doença invadiu sua mente ou seu corpo. Não importa a situação, grite: "Filho de Davi, tem misericórdia de mim!".

CUIDADO COM OS PENSAMENTOS

24
JUL

Finalmente, irmãos, pensem em tudo o que for verdadeiro, tudo o que for digno de respeito, tudo o que for justo, tudo o que for puro, tudo o que for amável, tudo o que for de boa fama, em tudo o que houver alguma virtude ou algo de louvor.
Filipenses 4.8

Muitas vezes, você é seu maior inimigo. Prova disso é que nossas reações externas refletem o que está acontecendo dentro de nós, ou seja, o reflexo de nossos pensamentos. O que pensamos define como reagimos nos momentos mais terríveis de nossa vida e interfere na forma como nos relacionamos com Deus.

No texto citado, Paulo fala da importância do pensamento. Ele está dizendo que pensamentos bons, sobre coisas relacionadas com a Palavra de Deus, irão produzir frutos em você. Mas lembre-se: o contrário também é verdadeiro. Se bons pensamentos dão bons frutos, maus pensamentos farão aflorar sentimentos ruins, que tendem a destruir sua comunhão com Deus.

Nos próximos dias, falaremos de cada um deles, e você será confrontado não só com seus pensamentos, mas também com os hábitos que a falta de controle sobre o que você pensa pode gerar.

LEMBRETE DO DIA

BONS PENSAMENTOS PRODUZIRÃO BONS FRUTOS.

#DIEGOMENIN

PLANO DE LEITURA BÍBLICA

2Crônicas 10.12 – 13.7
Atos 23.31 – 24.15
Salmos 89.5-18b

PENSE E ORE

Pensamentos

ANOTAÇÕES

25 JUL

PROCRASTINAÇÃO

"Desperta, ó tu que dormes, levanta-te dentre os mortos e Cristo resplandecerá sobre ti". Tenham cuidado com a maneira como vocês vivem; que não seja como insensatos, mas como sábios, aproveitando ao máximo cada oportunidade, porque os dias são maus. Portanto, não sejam insensatos, mas procurem compreender qual é a vontade do Senhor.
Efésios 5.14-17

LEMBRETE DO DIA

COMECE HOJE!

#DIEGOMENIN

PLANO DE LEITURA BÍBLICA

2Crônicas 13.8 — 16.6
Atos 24.16 — 25.12
Salmos 89.19-37a

PENSE E ORE

Procrastinação

ANOTAÇÕES

Da lista dos cinco piores pensamentos destrutivos, o primeiro é o de que se pode deixar as coisas para depois — a tal da procrastinação. É um pensamento destrutivo porque ele pode afastar você de Deus. Por exemplo: "Amanhã começo a leitura bíblica"; "Amanhã começo a orar".

Percebeu? É assustador pensar que algo que irá nos aproximar de Deus esteja programado para amanhã, depois de outras coisas que não deveriam ser prioridades. Além disso, pode acontecer de chegar o amanhã e haver novo adiamento. Nesse processo de procrastinação, rapidamente se passa uma semana, quinze dias ou um mês sem leitura bíblica e sem oração.

No entanto, a solução é muito simples: comece a orar e a ler a Bíblia hoje. Ore, nem que sejam uns poucos minutos diários, até se habituar. Leia a Palavra de Deus, nem que sejam uns pequenos trechos. Assim você vencerá o pensamento procrastinador.

LETARGIA

26 JUL

Vocês se esqueceram da palavra de ânimo que ele dirige a vocês como a filhos: "Meu filho, não despreze a disciplina do Senhor nem se magoe com a sua repreensão, pois o Senhor disciplina a quem ama, e castiga todo aquele a quem aceita como filho". Suportem as dificuldades, recebendo-as como disciplina; Deus os trata como filhos [...].
Hebreus 12.5-8

O segundo tipo de pensamento destrutivo é o que o induz à letargia. A falta de disciplina leva você a concluir que lhe falta tempo para se dedicar a Deus. Quando você age dessa forma, afirmando que não tem tempo para servir a Deus, está anulando a obra Dele. Você se tornará um inútil no Reino, se pensar assim: "Estou sem tempo! Hoje não dá! É impossível fazer isso toda semana!".

Quando você alimenta esse tipo de pensamento, acaba colocando seu chamado em risco. Por não ter se programado, em decorrência da falta de disciplina, não conseguirá cumprir a tarefa para a qual Deus o designou.

A solução é você se organizar, decidir ser disciplinado para fazer a obra de Deus. A sensação de vencer esse pensamento é revigorante porque mudará sua percepção sobre si mesmo. Você se sentirá importante, capaz e vitorioso, porque o pensamento predominante será a seu favor e a favor do Reino.

LEMBRETE DO DIA

NÃO SE ENTREGUE À LETARGIA.

#DIEGOMENIN

PLANO DE LEITURA BÍBLICA

2Crônicas 16.7 – 18.29
Atos 25.13 – 26.8
Salmos 89.19-37b

PENSE E ORE

Letargia

ANOTAÇÕES

27 JUL

INFERIORIDADE

O Espírito diz claramente que nos últimos tempos alguns abandonarão a fé e seguirão espíritos enganadores e doutrinas de demônios. Tais ensinamentos vêm de homens hipócritas e mentirosos, que têm a consciência cauterizada e proíbem o casamento e o consumo de alimentos que Deus criou para serem recebidos com ação de graças pelos que creem e conhecem a verdade.
1Timóteo 4.1-3

Existe um pensamento destrutivo que o faz pensar que você não tem capacidade para nada ou não possui nenhum dom espiritual. Isso é uma grande mentira. Todos nós, que pertencemos ao Corpo de Cristo, temos dons específicos. Você não pode olhar para si mesmo e concluir: "Não tenho o que fazer! Não sou útil! Não possuo dons!".

Além de ser uma mentira, esse tipo de pensamento alimenta seu senso de inferioridade e sua baixa autoestima. Você acaba se sentindo incapaz, extremamente deslocado e improdutivo, deixando de contribuir para o Reino de Deus.

A solução para vencer esse tipo de pensamento é descobrir o que você gosta de fazer, aquilo em que é bom, seus dons naturais. Comece a oferecer o que você tem, nem que seja um pouquinho, para Deus e para as pessoas. Dessa forma, estará contribuindo para a expansão do Reino.

LEMBRETE DO DIA

VOCÊ TEM UM DOM.

#DIEGOMENIN

PLANO DE LEITURA BÍBLICA

2Crônicas 18.30 — 20.37
Atos 26.9-29
Salmos 89.19-37c

PENSE E ORE

Inferioridade

ANOTAÇÕES

INSEGURANÇA

28 JUL

Os que confiam no Senhor são como o monte Sião, que não se pode abalar, mas permanece para sempre.
Salmos 125.1

O quarto pensamento destrutivo é o que leva você a se sentir inseguro, geralmente por receio do julgamento alheio. Muitos se negam a viver uma vida plena com Deus por medo do que os outros vão pensar. Essa insegurança, causada por esse tipo de pensamento, poderá impedi-lo de viver o que Deus tem para você.

O receio do que os outros vão pensar tem se tornado uma desculpa recorrente no meio cristão, e o resultado é um bando de crentes sentados no banco da igreja, que não usam o que sabem para nada. Mas você já parou para pensar que talvez esses supostos críticos nem mesmo saibam quem você é, o que está fazendo ou deixando de fazer? Sim, geralmente essa insegurança é apenas coisa de sua cabeça!

A solução é entender que você não precisa se preocupar com a opinião dos outros, mas com o que Deus pensa de você. É a Ele que você deve agradar. Se você estiver ciente disso, mesmo quando alguém julgar você essa opinião não mudará sua vida, pois seu destino está nas mãos de Deus.

LEMBRETE DO DIA

IMPORTA O QUE DEUS PENSA DE VOCÊ, NÃO O QUE OS OUTROS PENSAM.

#DIEGOMENIN

PLANO DE LEITURA BÍBLICA

2Crônicas 21.1 — 23.21
Atos 26.30 — 27.20
Salmos 89.38-51a

PENSE E ORE

Insegurança

ANOTAÇÕES

29 JUL

DIREITO DE PECAR

"Procurei entre eles um homem que erguesse o muro e se pusesse na brecha diante de mim e em favor desta terra, para que eu não a destruísse, mas não encontrei nenhum".
Ezequiel 22.30

LEMBRETE DO DIA

O ERRO DOS OUTROS NÃO LHE DÁ O DIREITO DE ERRAR.

#DIEGOMENIN

PLANO DE LEITURA BÍBLICA

2Crônicas 24.1 — 25.28
Atos 27.21-41
Salmos 89.38-51b

PENSE E ORE

Legalidade para pecar

ANOTAÇÕES

O quinto pensamento destrutivo é aquele que tenta justificar seus pecados com base no pecado dos outros. Mas é um grande erro pensar que o fato de as outras pessoas errarem lhe dá o direito de errar também.

Por causa disso, muitos estão acomodados ao pecado, e o pecado é uma coisa que Deus não tolera. Infelizmente, muitos perderam a coragem de buscar uma vida de santidade por se acostumarem a olhar para o lado e dizer: "Aquele erra mais do que eu. Por que vou me preocupar com meus pecados?". Desse modo, alimentam a ilusão de que o comportamento alheio lhes dá certa legalidade, um direito "extra" para não confrontar a própria vida e não mudar de comportamento.

A solução para esse tipo de pensamento é entender que o pecado é abominável para Deus, e ninguém tem justificativa para manter uma vida de pecado, que afasta a pessoa da presença de Deus. As Escrituras mandam você se arrepender e confessar seus pecados, não se medir pelo pecado dos outros.

SUAS HABILDADES TÊM VALOR NO REINO

30 JUL

Andando à beira do mar da Galileia, Jesus viu dois irmãos: Simão, chamado Pedro, e seu irmão André. Eles estavam lançando redes ao mar, pois eram pescadores. E disse Jesus: "Sigam-me, e eu os farei pescadores de homens". No mesmo instante eles deixaram as suas redes e o seguiram.
Mateus 4.18-20

Jesus passou por dois homens, reconheceu que eram pescadores e os convidou para continuarem a cumprir suas funções, só que, em vez de pescar peixes, o convite foi para que pescassem homens. Ou seja, eles continuariam sendo pescadores depois do encontro com Jesus. Só mudaria o ambiente onde iriam exercer a função.

Por essa perspectiva, Jesus não invalidou quem eles eram. Pelo contrário, teve o cuidado especial de preservar o talento que possuíam, contudo para uso em um nível mais elevado. Jesus valoriza as habilidades de Seus seguidores.

Você está pronto para seguir Jesus e usar seus talentos e habilidades para o Reino de Deus?

LEMBRETE DO DIA

SEUS DONS E TALENTOS SÃO ÚTEIS PARA O REINO DE DEUS.

#DIEGOMENIN

PLANO DE LEITURA BÍBLICA

2Crônicas 26.1 – 28.27
Atos 27.42 – 28.16
Salmos 90.1-11

PENSE E ORE

Talentos

ANOTAÇÕES

31
JUL

SEM VITIMISMO

Mesmo sendo eu inocente, minha boca me condenaria; se eu fosse íntegro, ela me declararia culpado.
Jó 9.20

LEMBRETE DO DIA

VITIMISMO É DERROTA.

#DIEGOMENIN

PLANO DE LEITURA BÍBLICA

2Crônicas 29.1 – 30.27
Atos 28.17-31
Salmos 90.12-17

PENSE E ORE

Vitimismo

ANOTAÇÕES

Já percebeu quando chega alguém carente na igreja? A família dele é complicada, o trabalho não é bom, ele está doente. Nitidamente, é alguém em busca de atenção e de carinho. Não há problema nenhum em acolher essas pessoas da melhor maneira possível. O perigo do vitimismo está no fato de a comunidade dispensar ajuda financeira, emocional e espiritual o tempo todo a alguém que vive se vitimizando.

Ele é do tipo que gosta de receber atenção na igreja e fora dela, então temos de investir em vaquinhas para reestruturar sua vida financeira ou fazer outras campanhas a favor dele, mas nunca será suficiente. Se pararem de ajudá-lo, ele deixará de ir ao culto, de falar com os irmãos. Amar nunca será errado, mas quem recebe ajuda precisa se levantar, se posicionar e abandonar a condição de vítima. Falaremos mais disso amanhã.

NÃO TEMA, APENAS CREIA!

AGOSTO

01
AGO

ATITUDES RESPONSÁVEIS

Cada um examine os próprios atos, e então poderá orgulhar-se de si mesmo, sem se comparar com ninguém, pois cada um deverá levar a própria carga.
Gálatas 6.4-5

LEMBRETE DO DIA

SEUS PASSOS MOLDAM SEU FUTURO.

#DIEGOMENIN

PLANO DE LEITURA BÍBLICA

2Crônicas 31.1 — 32.33
Romanos 1.1-23
Salmos 91.1-13

PENSE E ORE

Responsabilidade

ANOTAÇÕES

Não procure culpados, assuma a responsabilidade! Quando você culpa outros, abre mão de sua capacidade de mudar. É muito comum culparmos outras pessoas ou mesmo o Diabo pelo que nos acontece. No entanto, ao fazer isso você está dando poder a quem está culpando.

Há três áreas em nossa vida pelas quais devemos assumir a responsabilidade:

- *Nossa paixão por Deus.* Essa responsabilidade não é de seu pastor, de seu líder, nem do próprio Deus. Jesus já fez tudo que tinha de fazer, e somos responsáveis por amá-Lo.
- *Nossas escolhas.* Não há mistério no evangelho: você escolhe a vida ou a morte, assim como escolhe a bênção ou a maldição. Sem choro nem vela. Não importa o que alguém fez ou esteja fazendo conosco, mas a atitude que tomamos diante da situação.
- *Nossos pensamentos.* Os pensamentos de Deus são mais elevados que os nossos, portanto são diferentes. Ele tem outra forma de enxergar a vida, as coisas, as reações. Assim, temos a responsabilidade de elevar nossa mente, a fim de que a Palavra possa renová-la, de modo a pensarmos no mesmo nível dos pensamentos de Deus.

SOCORRO QUE VEM DO ALTO

02 AGO

Levanto os meus olhos para os montes e pergunto: De onde me vem o socorro? O meu socorro vem do Senhor, que fez os céus e a terra.
Salmos 121.1-2

Quando passar por dias ou fases em que a derrota pareça inevitável, lembre-se de que você não está sozinho! O Deus de sua montanha é também o Deus de seu vale. Ele não teme situações incertas nem é perturbado por elas. Ele sorri na cara do impossível, mesmo diante do que se apresenta "sem forma e vazio". Com uma simples palavra, Ele põe ordem nas coisas.

Em Salmos 121.3-8, lemos: "Ele não permitirá que você tropece; o seu protetor se manterá alerta, sim, o protetor de Israel não dormirá; ele está sempre alerta! O Senhor é o seu protetor; como sombra que o protege, ele está à sua direita. De dia o sol não o ferirá; nem a lua, de noite. O Senhor o protegerá de todo o mal, protegerá a sua vida. O Senhor protegerá a sua saída e a sua chegada, desde agora e para sempre".

Por isso, não permita que o desespero leve você a esquecer a presença do Senhor. Você precisa assumir o controle de sua mente e pôr em cativeiro os pensamentos destrutivos. Além disso, há um propósito em sua dor: ajudar outras pessoas a saírem da situação da qual você escapou.

Desafio você a deixar de olhar para si mesmo e levantar os olhos para as montanhas, pois seu socorro vem do Senhor!

LEMBRETE DO DIA

NOS VALES OU NAS MONTANHAS, DEUS É SEU SOCORRO.

#DIEGOMENIN

PLANO DE LEITURA BÍBLICA

2Crônicas 33.1 — 34.33
Romanos 1.24 — 2.13
Salmos 91.14-16

PENSE E ORE

Confiabilidade

ANOTAÇÕES

03
AGO

FOCO NO REINO DE DEUS

Busquem [...] em primeiro lugar o Reino de Deus e a sua justiça, e todas essas coisas serão acrescentadas a vocês.
Mateus 6.33

LEMBRETE DO DIA

DEIXE DE LADO AS DISTRAÇÕES.

#DIEGOMENIN

PLANO DE LEITURA BÍBLICA

2Crônicas 35.1 — 36.23
Romanos 2.14 — 3.8
Salmos 92.1-9

PENSE E ORE

Foco

ANOTAÇÕES

Você fica incomodado ao saber que um amigo seu desperdiçou uma grande oportunidade? Conhece em detalhes a vida das pessoas que convivem com você, a ponto de saber listar as marcas de carro, roupas e sapatos que preferem?

Lamento informar, o tempo que você gasta observando o que as pessoas fazem, em vez de ser um dos que fazem, é puro desperdício. Aprendi que pessoas que falam sobre pessoas só têm tempo para isso. Assim, não conseguem viver a vida com entusiasmo. Não vencem desafios, não escalam obstáculos, não crescem nem se preparam para a próxima luta. Quem vive preocupado com a vida dos outros não tem tempo para cuidar da própria vida.

É preciso ter foco para avançar, e isso inclui eliminar as distrações. Elimine hoje de sua vida qualquer coisa que esteja roubando seu foco do alvo, que é Cristo. Se necessário, anote tudo em uma folha de papel e planeje a melhor forma de resolver cada situação. Priorize as atitudes que privilegiam o desejo do Pai!

EDUCAÇÃO E MATURIDADE: O PAPEL DOS PAIS

04 AGO

Instrua a criança segundo os objetivos que você tem para ela, e mesmo com o passar dos anos não se desviará deles.
Provérbios 22.6

Mimar é um ato infalível na produção de um ser humano incapaz e improdutivo. Quem mima os filhos transmite a mensagem equivocada de que eles, quando adultos, irão encontrar alguém como seu pai ou sua mãe em todas as relações na vida. A verdade, porém, é que irão deparar com um chefe, um síndico, um bancário, um advogado, um professor, um pastor, uma sogra, um vizinho — nenhum deles com essa atitude. Na hora de encarar o mundo, serão como pintinhos incapazes de romper a casca do ovo. Eles não estarão preparados para lidar com relações sem ver as pessoas como pai e mãe. Serão adultos frustrados, pois sua maturidade estará relacionada a sempre ouvir um "sim".

Cabe aos pais proteger, amar, alimentar, educar e livrar os filhos dos "predadores", mas também devem deixá-los cair. Devem permitir que a criança encare as notas vermelhas, já que brincou quando deveria estudar, em vez de ir à escola brigar com o professor por causa da irresponsabilidade do filho.

Também é tarefa dos pais deixar os filhos arcarem com as consequências de seus atos, enquanto se mantêm por perto para instruí-los. Isso impedirá a fabricação da "incompetência adulta". A proteção extrema sufoca, compromete todo o desenvolvimento natural e necessário. Amar não é carregar: é gerar oportunidades de aprendizado e crescimento. Como estão seus filhos?

LEMBRETE DO DIA

ENSINE SEUS FILHOS A ENFRENTAR DESAFIOS E CRESCER COM RESPONSABILIDADE.

#DIEGOMENIN

PLANO DE LEITURA BÍBLICA

Esdras 1.1 — 2.70
Romanos 3.9-26
Salmos 92.10-15

PENSE E ORE

Amadurecimento

ANOTAÇÕES

05 AGO

ESPERANÇA EM MEIO À TRIBULAÇÃO

Também nos gloriamos nas tribulações, porque sabemos que a tribulação produz perseverança; a perseverança, um caráter aprovado; e o caráter aprovado, esperança. E a esperança não nos decepciona, porque Deus derramou seu amor em nossos corações, por meio do Espírito Santo que ele nos concedeu.
Romanos 5.3-5

A noite escura desafia-nos a correr riscos, a encarar o perigo, a sermos audaciosos, mas só após o contato com o medo é possível ter a sensação de que Deus está conosco e que tudo ficará bem.

Você irá crescer depois que enxergar nas perdas, nas fraquezas e nas dificuldades não um motivo de derrota, mas uma oportunidade para aprender, ter sua fé fortalecida e se aproximar de Deus, confiando Nele.

A fase do medo expõe nossa vulnerabilidade, mas também aponta para o fato de que não estamos sozinhos. Cristo está em nossa noite escura. Apesar dos desafios, continue construindo um futuro brilhante em sua mente.

Planejar dias melhores não é só inteligente: é encorajador. A esperança é uma âncora para a alma. Às vezes, o melhor "olá" que você pode dar a uma nova oportunidade é o assertivo "adeus" dito a uma situação morta.

Você está enfrentando uma noite escura? A oportunidade pode chegar com ela. Deus está fazendo uma simples pergunta: "Você confia em mim?".

LEMBRETE DO DIA

TENHA FÉ EM DEUS E MANTENHA A ESPERANÇA VIVA.

#DIEGOMENIN

PLANO DE LEITURA BÍBLICA

Esdras 3.1 — 5.17
Romanos 3.27 — 4.18
Salmos 93.1-5

PENSE E ORE

Esperança

ANOTAÇÕES

A ALEGRIA VIRÁ

06 AGO

Cantem louvores ao Senhor, vocês, os seus fiéis; louvem o seu santo nome. Pois a sua ira só dura um instante, mas o seu favor dura a vida toda; o choro pode persistir uma noite, mas de manhã irrompe a alegria. Quando me senti seguro, disse: Jamais serei abalado!
Salmos 30.4-6

Permita-se dizer a Deus como você se sente. Talvez você tenha perdido a esperança por não ter se submetido a uma noite de choro. Existe uma bênção no choro, bênção em dobrar o joelho e chorar.

- Sofreu? Foi aprendizado.
- Chorou? Foi limpeza da alma.
- Ficou com raiva? Foi para você se lembrar de Deus.

Recomeçar é dar uma nova chance a si mesmo, é renovar as esperanças na vida, é acreditar que Deus não errou quando fez você. O choro não durará para sempre. Logo, logo a alegria estará de volta.

O próprio Jesus afirma: "Bem-aventurados os que choram, pois serão consolados" (Mateus 5.4). Jesus é seu Intercessor. Diante Dele, você pode chorar à vontade, pois Ele transformará suas lágrimas em palavras. Antes de o sol nascer, existe a noite – a esperança vem depois das lágrimas.

No céu, não haverá pranto, mas enquanto estiver neste mundo tenha a certeza de que seu choro receberá o consolo do Senhor e que um novo amanhã chegará, cheio de alegria.

LEMBRETE DO DIA

QUEM CHORA DIANTE DO SENHOR SERÁ CONSOLADO.

#DIEGOMENIN

PLANO DE LEITURA BÍBLICA

Esdras 6.1 – 7.28
Romanos 4.19 – 5.21
Salmos 94.1-7

PENSE E ORE

Entrega a Jesus

ANOTAÇÕES

07
AGO

DEIXE AS COISAS VELHAS PARA TRÁS

Tu és bondoso e perdoador, Senhor, rico em graça para com todos os que te invocam.
Salmos 86.5

LEMBRETE DO DIA

NÃO GUARDE NENHUM LIXO!

#DIEGOMENIN

PLANO DE LEITURA BÍBLICA

Esdras 8.1 – 9.15
Romanos 6.1-23
Salmos 94.8-15

PENSE E ORE

Desapego

ANOTAÇÕES

Você conhece o ditado: "Lugar de lixo é no lixo". Lixo é "tudo aquilo que já não tem utilidade e é jogado fora, ou seja, qualquer material sólido originado de trabalhos domésticos e industriais, e que é eliminado; conjunto de dados ou informações desatualizadas ou erradas, e que não são mais necessárias".

Há pessoas que não conseguem se desapegar e guardam tudo que é lixo, pensando: "Uma hora posso precisar!". E esses objetos ficam apenas ocupando espaço anos a fio. Muitos levam na mochila da vida pesos desnecessários, um fardo que não precisam carregar, um peso morto que só traz canseira e enfado. Precisamos separar o que é importante do que é lixo.

Quando se trata de lixo espiritual ou emocional, a situação é muito mais grave, porque esse tipo de lixo nos esfria na fé, nos afasta de Deus, nos induz ao pecado, estimula maus hábitos, muda comportamentos, mancha nossa moral, afasta os bons amigos, separa irmãos e destrói famílias. Encerre esse ciclo destrutivo de guardar lixo!

UMA VISÃO CLARA

08
AGO

Ora, a fé é a certeza daquilo que esperamos e a prova das coisas que não vemos.
Hebreus 11.1

A capacidade de ver com os olhos fechados será determinante para sua conquista. O que você enxerga em seu futuro se tornará realidade. O que você vê quando fecha os olhos? E por que não trazer o que vê para a realidade?

Assim como a fé não cria, mas traz à existência o que já existe, ver com os olhos fechados tem o poder de construir o futuro que já temos como certo por uma visão que possuímos.

Uma visão clara elimina a tentação de querer atirar para todos os lados, na esperança de acertar o alvo. Uma visão forte deixa claro para que existimos. Desse modo, a própria visão tem o poder de eliminar o que não se deve fazer, em quais áreas não se deve entrar, que ferramentas são necessárias e que processos devem ser adotados.

Quando nada em sua vista fizer sentido, feche os olhos e enxergue a visão que vem de Deus. Foi para isso que Jesus nos chamou. Iremos chegar até onde nossa visão nos levar.

LEMBRETE DO DIA

VIVA POR FÉ E NÃO POR VISTA.

#DIEGOMENIN

PLANO DE LEITURA BÍBLICA

Esdras 10.1-44
Romanos 7.1-25
Salmos 94.16-23

PENSE E ORE

Visão

ANOTAÇÕES

COMUNHÃO COM O SENHOR

09
AGO

Fiel é Deus, o qual os chamou à comunhão com seu Filho Jesus Cristo, nosso Senhor.
1Coríntios 1.9

LEMBRETE DO DIA

NÃO CONFIE EM SUAS EMOÇÕES, MAS NA VOZ DO SENHOR.

#DIEGOMENIN

PLANO DE LEITURA BÍBLICA

Neemias 1.1 — 3.27
Romanos 8.1-25
Salmos 95.1-5

PENSE E ORE

Comunhão

ANOTAÇÕES

Assim como a âncora só consegue cumprir seu propósito tocando o fundo do oceano, se a Palavra de Deus não tocar o fundo de sua alma você nunca suportará as fases difíceis sem desejar retroceder ou voltar a ser quem foi. Há uma batalha constante para mantê-lo na superfície, e tudo que acontecer ao seu redor afetará sua comunhão com Deus.

Por isso, permita que a Palavra toque as profundezas de seu coração, a fim de não ser mais guiado pela voz do Inimigo, das pessoas ou mesmo da sua, mas pela voz do Mestre.

Estar em comunhão é ter coisas em comum, realizar algo juntos, em união. Você precisa ter comunhão com as pessoas para viver socialmente bem. Da mesma forma, precisa estar em comunhão com Deus para ter uma vida espiritual saudável e ativa. Não confie em suas emoções, porque elas irão apenas alimentar seus desejos, porque elas têm compromisso apenas com o que você deseja, não com o que precisa, e o deixarão ancorado em todas as áreas da vida.

Portanto, direcione suas energias para a comunhão com Deus, e então poderá navegar por águas profundas!

DEUS, NOSSO PAI

10 AGO

DIA DOS PAIS

Qual de vocês, se seu filho pedir pão, lhe dará uma pedra? Ou, se pedir peixe, lhe dará uma cobra? Se vocês, apesar de serem maus, sabem dar boas coisas aos seus filhos, quanto mais o Pai de vocês, que está nos céus, dará coisas boas aos que lhe pedirem!
Mateus 7.9-11

No Sermão do Monte, Jesus faz menção da bondade e da generosidade de Deus relacionando-as com a figura do pai terreno. Quando pequenos, costumamos pedir ao nosso pai aquilo que não temos condições de obter sozinhos. Pode ser algo de que necessitamos, como uma roupa ou um livro escolar, ou um simples desejo, como um brinquedo ou um passeio. Fazemos isso porque naturalmente vemos nosso pai terreno como provedor.

Jesus destaca não só a provisão de Deus, mas também o amor incondicional Dele por Seus filhos, o que também é (ou deveria ser) uma característica do pai terreno. Deus conhece nossas necessidades e desejos e está sempre disposto a nos conceder o que é melhor para nós. A diferença entre Deus e os pais terrenos é que estes têm limitações, enquanto o Pai é perfeito e Seu amor é infalível.

O grande privilégio de ter Deus como Pai é que os pais terrenos, por mais bondosos e bem-intencionados, nem sempre podem nos dar o que precisamos, mas Deus nunca falha em nos dar as "coisas boas".

LEMBRETE DO DIA

DEUS É O PAI PERFEITO.

#DIEGOMENIN

PLANO DE LEITURA BÍBLICA

Neemias 3.28 – 6.9
Romanos 8.26 – 9.9
Salmos 95.6-11

PENSE E ORE

Deus Pai

ANOTAÇÕES

11
AGO

RECEBEMOS O QUE PRECISAMOS

Não retribuam mal com mal, nem insulto com insulto; ao contrário, bendigam; pois para isso vocês foram chamados, para receberem bênção por herança.
1Pedro 3.9

LEMBRETE DO DIA

EXPERIMENTE UMA NOVA PERSPECTIVA.

#DIEGOMENIN

PLANO DE LEITURA BÍBLICA

Neemias 6.10 — 7.60
Romanos 9.10-33
Salmos 96.1-6

PENSE E ORE

Bênção

ANOTAÇÕES

Nem sempre quando Deus lhe mostra o que tem reservado para sua vida significa que você está pronto para recebê-lo. Por isso, não queira nada que não seja no tempo certo. Também esperar por algo que Deus não prometeu não é saudável. Afinal, se Ele não prometeu, certamente não é uma bênção.

Nosso Pai ama nos abençoar. E melhor que receber o que queremos é receber o que precisamos. Talvez você já esteja sendo abençoado simplesmente por não ter o que deseja.

Observe esta citação: "Chorei quando não tinha sapatos, mas parei de chorar quando vi um homem que não tinha pernas". A vida está cheia de bênçãos, contudo, em alguns momentos, nos esquecemos de agradecer por elas.

Talvez você não precise de uma nova situação, mas de uma nova perspectiva. Eis algo que a religião não lhe diz: nem sempre você receberá as bênçãos que deseja. Esteja preparado para essa realidade espiritual.

LIVRE-SE DAS AMARRAS

12
AGO

Se alguém está em Cristo, é nova criação. As coisas antigas já passaram; eis que surgiram coisas novas! Tudo isso provém de Deus, que nos reconciliou consigo mesmo por meio de Cristo e nos deu o ministério da reconciliação, ou seja, que Deus em Cristo estava reconciliando consigo o mundo, não levando em conta os pecados dos homens, e nos confiou a mensagem da reconciliação.
2Coríntios 5.17-20

Se você construir seus pensamentos em torno das perdas, será inútil receber ajuda. Mesmo que alguém lhe apresente alternativas, você irá ouvir, até concordar, mas ficará como está. Talvez queira mudar, mas sem conseguir. E fica se perguntando: "Por que não consigo me livrar disso?". Mas essa é a pergunta errada, porque expressa autovitimização e sentimento de fracasso e de derrota. A pergunta correta deve ser: "Eu quero me livrar disso?".

A maioria dos desabafos são hipócritas, já que a pessoa reclama com os lábios, mas no coração deseja que essa condição permaneça. É óbvio que sua vida não mudará com esses desabafos. A mudança só ocorrerá depois que você rejeitar esse espírito de fracasso e de derrota.

Deus nos reconciliou com Ele por intermédio de Jesus, por isso não faz sentido ficarmos presos ao que nos afasta do sacrifício de Cristo na cruz do Calvário. Ele já nos libertou de todas as amarras, e estamos livres. Valorize a mensagem da reconciliação!

LEMBRETE DO DIA

CRISTO JÁ NOS LIBERTOU!

#DIEGOMENIN

PLANO DE LEITURA BÍBLICA

Neemias 7.61 — 9.6
Romanos 10.1-21
Salmos 96.7-13

PENSE E ORE

Reconciliação

ANOTAÇÕES

13

AGO

DEUS ESTÁ A SEU FAVOR

[...] O fogo do Senhor caiu e queimou completamente o holocausto, a lenha, as pedras e o chão, e também secou totalmente a água na valeta. Quando o povo viu isso, todos caíram prostrados e gritaram: "O Senhor é Deus! O Senhor é Deus!".

1Reis 18.36-39

LEMBRETE DO DIA

AS RESPOSTAS VIRÃO.

#DIEGOMENIN

PLANO DE LEITURA BÍBLICA

Neemias 9.7 — 10.27
Romanos 11.1-24
Salmos 97.1-6

PENSE E ORE

Resposta de oração

ANOTAÇÕES

Há momentos em que, não bastasse estarmos em uma situação difícil, ainda existe uma multidão desafiando nossa fé e tentando minar nossa confiança no Senhor. Foi o caso de Elias, o único profeta do Senhor na época. Ele estava sozinho contra uma multidão, mas contava com Deus. E, quando clamou ao Senhor com o objetivo de revelar ao povo incrédulo a fidelidade do Deus de Israel, a resposta foi imediata.

A resposta de sua oração tem o momento certo. Deus conhece sua situação, e sua prova tem um objetivo: fazer conhecida a fidelidade do Senhor por meio de sua vida. Deus não o chamou para a vergonha, mas para ser vitorioso. Inspire-se na história de Elias. Ele obteve a resposta que queria do Senhor, e você também terá suas respostas quando clamar a Ele. Você não está só!

JESUS CHOROU

14 AGO

Alguns dos fariseus que estavam no meio da multidão disseram a Jesus: "Mestre, repreende os teus discípulos!" "Eu digo a vocês", respondeu ele; "se eles se calarem, as pedras clamarão." Quando se aproximou e viu a cidade, Jesus chorou sobre ela [...].
Lucas 19.39-44

Costumamos encarar o choro como algo ruim, que demonstra fraqueza ou nos faz mal. No entanto, há momentos em que precisamos chorar para entender quanto algo é importante para nós e trazer de volta a esperança de um futuro melhor.

Jesus também chorou. Ele chorou por se importar e por querer mudanças. Nós também devemos ser assim. Não podemos ser fortes em todos os momentos. Na verdade, devemos chorar pelas coisas que almejamos que sejam diferentes em nossa vida.

Portanto, chore na presença de Deus e mostre o que é de fato importante para você, e assim Ele irá gerar esperança e mudar sua situação. Clamar aos pés de Jesus é estar certo da vitória, pois só Ele vê seu coração e sente sua dor.

LEMBRETE DO DIA

LEVE SUAS ANGÚSTIAS A DEUS E SEJA ABRAÇADO PELA PRESENÇA DO PAI.

#DIEGOMENIN

PLANO DE LEITURA BÍBLICA

Neemias 10.28 — 12.22
Romanos 11.25 — 12.10
Salmos 97.7-12

PENSE E ORE

Choro

ANOTAÇÕES

15 AGO

A BUSCA POR ACEITAÇÃO

Que todos nos considerem servos de Cristo e encarregados dos mistérios de Deus. O que se requer desses encarregados é que sejam fiéis. Pouco me importa ser julgado por vocês ou por qualquer tribunal humano; de fato, nem eu julgo a mim mesmo. Embora em nada minha consciência me acuse, nem por isso justifico a mim mesmo; o Senhor é quem me julga.
1Coríntios 4.1-4

Um dos maiores entrevistadores do Brasil certa vez revelou que é frequente as pessoas, mesmo as celebridades e grandes empresários, perguntarem ao término da entrevista: "E aí? Fui bem? Você gostou?". Não importa o nível de sucesso que você obtenha — status, fama, popularidade —, sempre estará lutando por autoafirmação. Isso acontece porque todos nós temos grande preocupação com a maneira pela qual as pessoas nos enxergam, independentemente de padrão social, econômico ou intelectual.

Não há nada de errado em querer saber se as pessoas têm uma leitura positiva ou negativa de nós. Contudo, precisamos lidar com isso de forma saudável, sem viver em função da opinião alheia, porque a constante necessidade de ser visto pelos outros e receber um "ok" das pessoas pode frear nossa vida.

O que verdadeiramente importa é o que Deus pensa a nosso respeito. Só Ele pode fazer a avaliação que nos interessa, porque conhece todos os nossos caminhos. Não se deixe levar pela opinião de ninguém, seja quem for. O Senhor é quem nos julga.

LEMBRETE DO DIA

A OPINIÃO DOS HOMENS É PASSAGEIRA, A DE DEUS É ETERNA.

#DIEGOMENIN

PLANO DE LEITURA BÍBLICA

Neemias 12.23 — 13.31
Romanos 12.11 — 13.14
Salmos 98.1-9

PENSE E ORE

Aceitação

ANOTAÇÕES

A FÉ QUE VAI ALÉM DA LÓGICA

16 AGO

"Vocês são minhas testemunhas", declara o Senhor, "e meu servo, a quem escolhi, para que vocês saibam e creiam em mim e entendam que eu sou Deus. Antes de mim nenhum deus se formou, nem haverá algum depois de mim".
Isaías 43.10

Uma das maiores petulâncias do ser humano é tentar entender Deus sem crer. Somos motivados pela ciência a acreditar nos processos dos métodos científicos, que precisam testar uma ideia ou teoria várias vezes antes de ser validada.

A fé é um contraponto por ser diferente da ciência, por exigir sempre o entendimento posterior ao crer. É tudo que temos de aprender para lidar com Deus, por isso é muito difícil falar do amor do Pai a algumas pessoas — porque elas querem entender Deus antes de acreditar. Acham que crer Nele é como um experimento científico ou como o divã de um consultório, onde podem se deitar e descobrir tudo a respeito Dele em poucos minutos, para só depois acreditar que Ele é Deus.

Tentar entender Deus antes de crer é como o náufrago no meio do oceano. O mar o está puxando, e ele, mesmo exausto e quase tragado pela fúria do mar, quando o socorro chega pede a quem o está resgatando que se identifique e diga de onde está vindo antes de aceitar ser puxado para o barco.

A magnitude de Deus não cabe em nosso entendimento, por isso não devemos vê-Lo como algo palpável, que possa ser estudado, testado e validado. Então pare de buscar explicações, mergulhe na fé e creia Nele de todo o coração!

LEMBRETE DO DIA

SEM FÉ É IMPOSSÍVEL ENTENDER DEUS.

#DIEGOMENIN

PLANO DE LEITURA BÍBLICA

Ester 1.1 — 3.9
Romanos 14.1-23
Salmos 99.1-9

PENSE E ORE

Magnitude de Deus

ANOTAÇÕES

17 AGO

AINDA QUE

Mesmo não florescendo a figueira e não havendo uvas nas videiras, mesmo falhando a safra de azeitonas e não havendo produção de alimento nas lavouras, nem ovelhas no curral, nem bois nos estábulos, ainda assim eu exultarei no Senhor e me alegrarei no Deus da minha salvação. O Senhor, o Soberano, é a minha força; ele faz os meus pés como os do cervo; faz-me andar em lugares altos.
Habacuque 3.17-19

A fé "ainda que" é a que vale a pena ser vivida. Você a encontrará no livro de Habacuque, nos versículos acima. O profeta está se referindo a uma tragédia, a um tempo de fome, em que o gado morre e a terra não produz nada. Essa fé se manifesta quando ele toma uma resolução: ainda que tudo dê errado, ainda que os projetos humanos dele fracassem, ainda que faltem animais do campo, ele exaltará ao Senhor.

A fé "ainda que" também foi adotada por Moisés quando ele pecou e foi proibido de entrar na terra prometida: ainda que não pudesse entrar na terra da promessa, ele continuaria amando e servindo a Deus até o fim de seus dias.

A mesma fé foi abraçada pelo apóstolo Paulo, quando Deus se recusou a lhe tirar o "espinho na carne", que tanto o incomodava: ainda que o espinho permanecesse, ele continuaria exercendo seu apostolado.

Jó, da mesma forma, decidiu-se por esse tipo de fé depois de perder dez filhos, todo o seu patrimônio e a saúde. No auge da crise, exclamou: "Embora [*ainda que*] ele me mate, ainda assim esperarei nele" (Jó 13.15). Ele permaneceu fiel a Deus, superou a crise e foi recompensado.

Esse tipo de fé nos faz "andar em lugares altos", ou seja, mantém-nos acima de qualquer crise, seja pessoal, seja generalizada. Trata-se de uma fé diferenciada, porque não entroniza o homem e reconhece o lugar de Deus. Ao contrário da fé "se", que só certifica Deus como verdadeiro se tudo estiver bem, a vida 100% em ordem, sem problemas, a fé "ainda que" visualiza o fim da caminhada com Cristo, apesar das dificuldades.

LEMBRETE DO DIA

A RESILIÊNCIA NASCE QUANDO A CONFIANÇA NÃO DEPENDE DOS RESULTADOS.

#DIEGOMENIN

PLANO DE LEITURA BÍBLICA

Ester 3.10 — 6.14
Romanos 15.1-21
Salmos 100.1-5

PENSE E ORE

Fé "ainda que"

ANOTAÇÕES

FORJADO PELA ADVERSIDADE

18
AGO

Jefté, o gileadita, era um guerreiro valente. Sua mãe era uma prostituta; seu pai chamava-se Gileade. A mulher de Gileade também lhe deu filhos, que, quando já estavam grandes, expulsaram Jefté, dizendo: "Você não vai receber nenhuma herança de nossa família, pois é filho de outra mulher". Então Jefté fugiu dos seus irmãos e se estabeleceu em Tobe. Ali um bando de vadios uniu-se a ele e o seguia.
Juízes 11.1-3

Você deve conhecer alguém que teve uma infância muito difícil, uma vítima de abusos. Talvez você mesmo tenha sofrido bastante ao longo da vida. Esse era o caso de Jefté, que foi expulso da família e vivia à margem da sociedade. No entanto, quando Israel se viu ameaçado pelos amonitas, os israelitas foram lhe pedir que os liderasse.

Talvez você tenha sofrido com a rejeição ou com a vergonha e seja mantido à margem da família ou da igreja, tendo de fazer um esforço supremo para sobreviver. Não é uma vida agradável, mas pense que somos forjados pelas adversidades. Aqueles que abusam de você e o menosprezam não estão sendo temperados no fogo da tribulação, por isso é bem provável que um dia recorram a você para pedir ajuda, por não terem a capacidade que você adquiriu enfrentando as intempéries da vida.

Os israelitas foram atrás daquele a quem desprezavam e disseram: "Você será o chefe de todos os que vivem em Gileade" (v. 6). Sabe por quê? Porque sabiam que Jefté havia sido forjado na adversidade — e se tornara o mais capaz de todos.

LEMBRETE DO DIA

NAS PROVAÇÕES, SOMOS MOLDADOS PARA A VITÓRIA.

#DIEGOMENIN

PLANO DE LEITURA BÍBLICA

Ester 7.1 — 10.3
Romanos 15.22 — 16.9
Salmos 101.1-8

PENSE E ORE

Capacidade

ANOTAÇÕES

19 AGO

CONFIE NO SENHOR E FAÇA O BEM

Não se aborreça por causa dos homens maus e não tenha inveja dos perversos; pois como o capim logo secarão, como a relva verde logo murcharão. Confie no Senhor e faça o bem; assim você habitará na terra e desfrutará segurança. Deleite-se no Senhor, e ele atenderá aos desejos do seu coração.
Salmos 37.1-4

Perdi a conta de pessoas que me procuram questionando o lugar em que se encontram na caminhada com Jesus, como se estivessem ficando para trás. E todas, sem exceção, têm essa preocupação porque ficam se comparando com os outros — amigos, parentes, irmãos na fé ou mesmo desconhecidos!

Pode parecer loucura, mas não é! O parâmetro de comparação utilizado ultimamente tem tomado proporções gigantescas, principalmente quando se utiliza o recurso das redes sociais. Mas não podemos basear nossa realidade pelo que vemos na Internet. Afinal, muitas vezes o que vemos é pura ficção. Então costumo dar estes avisos:

- Você fica para trás quando deixa o caminho de Deus.
- Você fica para trás quando Cristo não é sua Fonte.
- Você fica para trás quando você não é guiado pela Palavra.

Pare de viver de *status* no Instagram! Isso não é vida real. Cada pessoa tem seu tempo, limitações e peculiaridades, e você não é diferente. Portanto, alegre-se em sua jornada, confie no Senhor e siga seu caminho!

LEMBRETE DO DIA

QUEM SEGUIR A PALAVRA NUNCA FICARÁ PARA TRÁS.

#DIEGOMENIN

PLANO DE LEITURA BÍBLICA

Jó 1.1 — 3.26
Romanos 16.10-27
Salmos 102.1-11

PENSE E ORE

Caminho do Senhor

ANOTAÇÕES

REALIZE UMA FAXINA

20 AGO

Não acumulem para vocês tesouros na terra, onde a traça e a ferrugem destroem e onde os ladrões arrombam e furtam.
Mateus 6.19

Muitas pessoas, quando estão irritadas com alguém, dizem: "Você é um lixo!"; ou: "Isso está um lixo!". Mas você já parou para pensar sobre o lixo? Porque na verdade ele é uma bênção, uma das coisas mais úteis e importantes que o ser humano já inventou.

O lixo é um mecanismo criado para que você possa se desfazer das coisas que não precisa mais, que não lhe servem, não funcionam ou estão obsoletas. O lixo é um amigo, um grande parceiro, porque o contraponto do lixo é o acúmulo.

Estou certo de que você tem algo em casa que já não tem mais nenhuma utilidade. Quanta coisa poderia ser descartada e desocupar espaço — no guarda-roupa, por exemplo: quantas roupas você não usa mais? O lixo ajuda nossa casa a respirar.

Podemos também acumular lixo dentro de nós. Às vezes, entramos em um processo de adaptação ao acúmulo e ficamos tranquilos com isso, em vez de incomodados. Acumulamos mágoas, rancores, crenças inúteis, pensamentos nocivos. Nessa situação, devemos fazer do lixo um aliado no combate ao acúmulo. Faça uma faxina em sua mente, e terá mais espaço para a alegria, a fé e bons pensamentos.

LEMBRETE DO DIA

DESCARTE O QUE É LIXO.

#DIEGOMENIN

PLANO DE LEITURA BÍBLICA

Jó 4.1 — 6.7
1Coríntios 1.1-25
Salmos 102.12-17

PENSE E ORE

Acúmulos

ANOTAÇÕES

21
AGO

NÃO INSISTA NO QUE NÃO FUNCIONA!

Confie no Senhor de todo o seu coração e não se apoie em seu próprio entendimento; reconheça o Senhor em todos os seus caminhos, e ele endireitará as suas veredas.
Provérbios 3.5-6

LEMBRETE DO DIA

A REPETIÇÃO DE UM PROCESSO NUNCA PRODUZIRÁ UM RESULTADO DIFERENTE.

#DIEGOMENIN

PLANO DE LEITURA BÍBLICA

Jó 6.8 — 8.22
1Coríntios 1.26 — 2.13
Salmos 102.18-22

PENSE E ORE

Ineficiência

ANOTAÇÕES

Se algo não está funcionando como deveria, por que você continua fazendo isso? Se você vem arruinando sua vida nos últimos dez anos, por que não mudar de atitude? Por que você se prende a processos que terão um fim previsível e nada satisfatório? Por que você insiste nos mesmos erros? Por que se mantém leal à ineficiência?

Recebemos de Deus promessas e vivemos milagres na caminhada com Ele, mas insistimos em coisas que não fazem sentido. Guiamo-nos pela emoção, achando que sentimentos e sensações podem gerar algum resultado. E nos justificamos com a clássica resposta: "Fiz porque senti que deveria!".

Muitos me procuram porque quebraram a cara em algum relacionamento, na vida profissional ou familiar ou em outras áreas porque se guiaram por algum sentimento. Não usaram a mente, tampouco buscaram a orientação de Deus. Se algo não está funcionando em sua vida, é hora de tentar outra coisa.

NOSSA HERANÇA

22 AGO

Jefté, o gileadita, era um guerreiro valente. Sua mãe era uma prostituta; seu pai chamava-se Gileade. A mulher de Gileade também lhe deu filhos, que, quando já estavam grandes, expulsaram Jefté, dizendo: "Você não vai receber nenhuma herança de nossa família, pois é filho de outra mulher". Então Jefté fugiu dos seus irmãos e se estabeleceu em Tobe [...].
Juízes 11.1-6

Todos nós recebemos uma herança familiar. Mas lembre-se de que, apesar da herança a que você tem direito da parte dos familiares, a trajetória para se tornar um homem ou uma mulher de Deus jamais dependerá de sua herança material.

Se você teve um berço esplêndido, sorte sua. Se não teve, azar o seu. Mas nenhuma herança familiar pode comprometer a bênção que Deus tem para sua vida. Então não use isso como uma desculpa. Jamais diga: "Não me tornei ainda o homem ou a mulher de Deus que queria ser por causa da minha história". Jefté nasceu filho de uma prostituta e foi expulso de casa pelos irmãos, mas isso não o impediu de se tornar quem deveria ser na presença de Deus.

Se você construiu em sua mente modelos que justificam sua inércia, troque-os pela certeza de sua herança espiritual.

LEMBRETE DO DIA

FOQUE NA HERANÇA CELESTIAL.

#DIEGOMENIN

PLANO DE LEITURA BÍBLICA

Jó 9.1 – 10.22
1Coríntios 2.14 – 3.23
Salmos 102.23-28

PENSE E ORE

Herança espiritual

ANOTAÇÕES

23 AGO

DEMÔNIOS NÃO IMPORTAM

Jesus lhe perguntou: "Qual é o seu nome?" "Meu nome é Legião", respondeu ele, "porque somos muitos" [...].
Marcos 5.9-12

LEMBRETE DO DIA

DEMÔNIOS DEVEM SER EXPULSOS, NÃO PESQUISADOS.

#DIEGOMENIN

PLANO DE LEITURA BÍBLICA

Jó 11.1 — 13.12
1Coríntios 4.1-21
Salmos 103.1-5

PENSE E ORE

Demônios

ANOTAÇÕES

Se fizermos uma rápida pesquisa no Google sobre nomes de demônios, encontraremos várias listas, mas a Bíblia não cita o nome de nenhum deles. Na verdade, algumas dessas relações de nomes descrevem o que a Bíblia identifica como deuses (Astarote, Moloque, Mamom, etc.). Outros são nomes atribuídos a Satanás. Os demônios identificados por nomes geralmente fazem parte da mitologia pagã.

Atualmente, percebe-se na Igreja uma busca frenética por estudar demônios, entrevistá-los, saber o que fazem, descobrir qual demônio é responsável pelo vício, pelas tragédias familiares, pela pornografia — enfim, uma curiosidade que a Bíblia não faz questão de esclarecer.

No texto citado, o nome Legião é mera descrição numérica, nenhum deles é nomeado. Por isso, com relação aos demônios, o melhor a fazer é atentar para a mensagem que a Palavra de Deus está tentando nos comunicar ao omitir o nome deles, ou seja, *não é uma questão importante*. A única coisa que importa é que todos eles, tenham nome ou não, estão sujeitos ao sangue de Jesus!

MITOS CRISTÃOS (PARTE 1/2)

24
AGO

Por que vocês me chamam "Senhor, Senhor" e não fazem o que eu digo? Eu mostrarei com quem se compara aquele que vem a mim, ouve as minhas palavras e as pratica. É como um homem que, ao construir uma casa, cavou fundo e colocou os alicerces na rocha. [...] Mas aquele que ouve as minhas palavras e não as pratica é como um homem que construiu uma casa sobre o chão, sem alicerces [...].
Lucas 6.46-49

Certamente, um dia você já se perguntou por que tem tantos problemas, mesmo sendo cristão. O fato é que não podemos medir o que acontece conosco pela nossa fé, como se ser crente nos conferisse algum crédito. Por isso, hoje e amanhã iremos falar de alguns mitos relacionados com a vida cristã.

O primeiro mito é a ideia de que uma vida de oração significa eliminação de problemas. Conheço pessoas que oram muito, não perdem vigílias, participam de grupos de oração e ainda assim têm uma vida problemática. A oração não é garantia de ausência de problemas.

O segundo mito é a ideia de que leitura bíblica nos ensinará a evitar qualquer problema. Muitos crentes já leram a Bíblia várias vezes e ainda assim estão rodeados de problemas, angústias e dificuldades. Amamos a Bíblia e devemos lê-la sempre, mas os problemas, mesmo na vida do crente, são inevitáveis.

Amanhã apresentarei outros três mitos!

LEMBRETE DO DIA

PROBLEMAS FAZEM PARTE DA JORNADA.

#DIEGOMENIN

PLANO DE LEITURA BÍBLICA

Jó 13.13 — 15.16
1Coríntios 5.1 — 6.8
Salmos 103.6-18

PENSE E ORE

Mitos

ANOTAÇÕES

25 AGO

MITOS CRISTÃOS (PARTE 2/2)

Aquele que ouve as minhas palavras e não as pratica é como um homem que construiu uma casa sobre o chão, sem alicerces. Quando a torrente deu contra aquela casa, ela caiu, e a sua destruição foi completa.
Lucas 6.49

O terceiro mito é a ideia de que as ministrações podem solucionar qualquer problema. Nunca houve tantas mensagens pela TV ou pela Internet. As pessoas têm acesso a mensagens de todo tipo, dia após dia, mas os problemas continuam.

O quarto mito é a ideia de que a cura interior decretará o fim de seus problemas. A verdade é que as pessoas buscam cura interior e libertação, participam de congressos e encontros com essa finalidade, leem livros e continuam com problemas.

O quinto mito é o próprio Jesus! Muitos têm um quadro de Jesus na parede, em uma atmosfera de idolatria, ou professam a verdadeira fé Nele, e ainda assim estão cheios de problemas.

Para resumir, oração, leitura da Bíblia, ministrações, cura interior ou mesmo Jesus não são garantia da ausência de problemas. E essa não deve ser a busca do cristão. O próprio Jesus declarou: "Neste mundo vocês terão aflições" (João 16.33). Todos, crentes ou não, inevitavelmente enfrentam problemas na vida. Tanto a casa construída sobre a areia quanto a que foi edificada sobre a rocha enfrentam tempestades. Em nossa parábola, o único diferencial é o alicerce. Por isso, uma se manteve em pé enquanto a outra desmoronou. Se você estiver alicerçado em Jesus, as tempestades não deixarão de se abater sobre você, mas sua estrutura permanecerá intacta.

LEMBRETE DO DIA

PROBLEMAS SÃO INEVITÁVEIS, MAS PODEMOS VENCÊ-LOS.

#DIEGOMENIN

PLANO DE LEITURA BÍBLICA

Jó 15.17 — 17.16
1Coríntios 6.9 — 7.7
Salmos 103.19-22

PENSE E ORE

Mitos

ANOTAÇÕES

FUNDAMENTOS

26 AGO

Entregue suas preocupações ao Senhor, e ele o susterá; jamais permitirá que o justo venha a cair.
Salmos 55.22

Os sofrimentos servem para aprofundar as raízes de nossa vida, a fim de que possamos sustentar o tamanho da árvore que nos tornaremos. Eis alguns fatores que contribuirão para o aprofundamento de suas raízes existenciais:

- Entender que pessoas são canais, não fontes de sustentação.
- Não depositar sua confiança em quem é oscilante, ou seja, não tem raízes profundas.
- Deixar de implorar por amor e afeto humanos.
- Conscientizar-se de que quem escolhe ficar com você é por vontade própria, não é seu refém.
- Abrir mão da dependência emocional.

LEMBRETE DO DIA

SE VOCÊ ESTIVER FIRMADO EM DEUS, TUDO FICARÁ BEM.

#DIEGOMENIN

PLANO DE LEITURA BÍBLICA

Jó 18.1 — 20.11
1Coríntios 7.8-28
Salmos 104.1-14a

PENSE E ORE

Raízes

ANOTAÇÕES

27 AGO

LEVANTE-SE E BRILHE

Levante-se, refulja! Porque chegou a sua luz, e a glória do Senhor raia sobre você.
Isaías 60.1

LEMBRETE DO DIA

SEJA PROATIVO E ASSUMA SUAS RESPONSABILIDADES.

#DIEGOMENIN

PLANO DE LEITURA BÍBLICA

Jó 20.12 — 21.34
1Coríntios 7.29 — 8.7
Salmos 104.1-14b

PENSE E ORE

Vitimismo

ANOTAÇÕES

A Bíblia ensina que Deus não é Senhor de coitadinhos ou de vítimas: Ele é Senhor dos senhores. Também não é Rei de vítimas: Ele é o Rei dos reis. Deus não fala a homens caídos, porque vítimas não se levantam, pois esperam que alguém seja as pernas delas.

Aquele que se vitimiza está sempre esperando que alguém o perdoe, mande um e-mail motivador ou vá à porta de sua casa para validar sua condição de vítima, de injustiçado. Se ninguém se movimentar por ele, ele nunca irá se levantar.

Se você vive se vitimizando, passará a vida inteira dependendo das migalhas de carinho, de afeto e de atenção. Nunca irá se enturmar na igreja, não conseguirá sustentar nenhum relacionamento, nem parar em empresa alguma, porque nunca fará nada por ninguém: sempre vai esperar que façam tudo por você.

Mas é hora de se levantar e brilhar, de assumir suas responsabilidades, em vez de lançá-las sobre os outros. Tome a iniciativa de se erguer, e o Senhor reconhecerá sua atitude e fará Sua glória brilhar sobre você!

PENSE TAMBÉM EM VOCÊ

28 AGO

Atente bem para a sua própria vida.
1Timóteo 4.16

Há um egoísmo ruim, mas também existe o egoísmo saudável, porque sem ele você é prejudicado. Aliás, a qualidade de sua vida depende desse egoísmo bom. O egoísmo em si fala do ego, do primeiro lugar, quando alguém quer tudo para si, não divide nada com ninguém e suas vontades são tudo o que importa.

No entanto, pensar um pouco em você mesmo, observar a própria vida com a intenção de preservá-la ou melhorá-la é uma atitude necessária. Por exemplo, em nome de um suposto altruísmo, você quis ajudar alguém e acabou deixando que ele controlasse sua vida. Mas toda generosidade tem limite: não é saudável se doar tanto a ponto de não ter onde morar ou o que comer.

O bom egoísmo é ter a capacidade de dizer "não" sem ficar com a consciência pesada. Precisamos entender nossos limites e respeitá-los. Você precisa do egoísmo bom para viver uma vida de qualidade. Permita-se ser generoso, mas não a ponto de se prejudicar!

LEMBRETE DO DIA

ATÉ A GENEROSIDADE TEM LIMITES.

#DIEGOMENIN

PLANO DE LEITURA BÍBLICA

Jó 22.1 — 24.12
1Coríntios 8.8 — 9.18
Salmos 104.14-23

PENSE E ORE

Cuidado consigo mesmo

ANOTAÇÕES

29 AGO

O MILAGRE ACONTECE NA OBEDIÊNCIA

A caminho de Jerusalém, Jesus passou pela divisa entre Samaria e Galileia. Ao entrar num povoado, dez leprosos dirigiram-se a ele. Ficaram a certa distância e gritaram em alta voz: "Jesus, Mestre, tem piedade de nós!" Ao vê-los, ele disse: "Vão mostrar-se aos sacerdotes". Enquanto eles iam, foram purificados.

Lucas 17.11-14

LEMBRETE DO DIA

É NA OBEDIÊNCIA QUE ESTÁ A SUA CURA.

#DIEGOMENIN

PLANO DE LEITURA BÍBLICA

Jó 24.13 — 27.23
1Coríntios 9.19 — 10.10
Salmos 104.24-30

PENSE E ORE

Obediência

ANOTAÇÕES

Se você se aproximou de Jesus em busca de ânimo, de cura, ou seja, de um milagre, Ele pode curá-lo, mas poderá ser parte de um processo, que irá acontecer ao longo de sua caminhada. É semelhante ao que aconteceu com o grupo de leprosos.

Aqueles homens não tinham contato com a religião, porque não podiam entrar na cidade. Os leprosos viviam em colônias, um lugar designado especialmente para eles, mas de alguma forma souberam de Jesus e Lhe suplicaram que tivesse piedade deles.

Jesus não os curou, mas ordenou que fossem se apresentar aos sacerdotes. Só que para isso eles deveriam ir a Jerusalém, o centro religioso da época, um local onde não tinham autorização para entrar.

E aqui está o segredo: mesmo sabendo que não poderiam entrar, eles obedeceram. E no caminho, enquanto se dirigiam ao templo, foram todos curados! Como está seu nível de obediência?

SABEDORIA PARA MUDAR

30 AGO

Procure obter sabedoria e entendimento; não se esqueça das minhas palavras nem delas se afaste. Não abandone a sabedoria, e ela o protegerá; ame-a, e ela cuidará de você. O conselho da sabedoria é: Procure obter sabedoria; use tudo o que você possui para adquirir entendimento [...].
Provérbios 4.5-13

Você já deparou com pessoas que vivem dando desculpas? A mentalidade delas está ancorada na realidade que estão vivendo, sem motivação para alterá-la, apenas para reclamar.

Pessoas desse tipo têm a mentalidade dos que não buscam a sabedoria. Se possuem um estabelecimento comercial, reclamam da falta de clientes, mas quando alguém entra na loja, é tratado com má vontade. Elas não pensam em mudar a forma de tratar os clientes, de buscar um ponto mais bem localizado, de adotar novas estratégias de venda.

Para vencer essa mentalidade medíocre, é preciso buscar conhecimento e sabedoria na Palavra de Deus, especialmente no livro de Provérbios. Com essa atitude, a pessoa começará a ter uma mente próspera, porque os novos hábitos fazem parte de uma mentalidade de prosperidade.

LEMBRETE DO DIA

BUSQUE A SABEDORIA DE PROVÉRBIOS!

#DIEGOMENIN

PLANO DE LEITURA BÍBLICA

Jó 28.1 — 30.8
1Coríntios 10.11-33
Salmos 104.31-32

PENSE E ORE

Mudança de mentalidade

ANOTAÇÕES

31
AGO

DESCANSO EM CRISTO

Venham a mim, todos os que estão cansados e sobrecarregados, e eu darei descanso a vocês. Tomem sobre vocês o meu jugo e aprendam de mim, pois sou manso e humilde de coração, e vocês encontrarão descanso para as suas almas. Pois o meu jugo é suave e o meu fardo é leve.
Mateus 11.28-30

O cansaço e o desânimo na realidade são bênçãos, porque nos lembram de que precisamos de Deus para continuar. Não podemos permitir que as provas, as tribulações e a escuridão nos façam esquecer quem somos. Se nos deixarmos abater por elas, perderemos momentos e oportunidades incríveis na vida.

Isso, porque acabamos adquirindo a mania de diminuir o tamanho de Deus e, em contrapartida, aumentar o tamanho das situações adversas. Na verdade, elas são o que menos importa, se depositarmos nossa confiança em Jesus.

Experimente a alegria de depositar seu fardo pesado em Cristo e trocar por um mais leve, que lhe trará alívio.

LEMBRETE DO DIA

VOCÊ PODE TROCAR SEU FARDO POR UM MAIS LEVE.

#DIEGOMENIN

PLANO DE LEITURA BÍBLICA

Jó 30.9 — 31.40
1Coríntios 11.1-22
Salmos 104.33-35

PENSE E ORE

Fardo

ANOTAÇÕES

NUNCA SE ESQUEÇA: DEUS É POR VOCÊ.

SETEMBRO

01 SET

FORTALEZA NA FÉ

Mas o Senhor é fiel; ele os fortalecerá e os guardará do Maligno.
2Tessalonicenses 3.3

LEMBRETE DO DIA

A FÉ TRANSFORMA DESAFIOS EM MILAGRES.

#DIEGOMENIN

PLANO DE LEITURA BÍBLICA

Jó 32.1 — 33.33
1Coríntios 11.23 — 12.11
Salmos 105.1-6

PENSE E ORE

Fidelidade

ANOTAÇÕES

Há certas fases da vida em que serão apenas você e Deus. Nem todos entenderão o que o Senhor está fazendo, e a "boa intenção" de alguém só irá atrapalhar. Portanto, assim como José levou adiante o compromisso de casamento com Maria após ouvir o anjo, ouça Deus quando nada fizer sentido, crendo que seu maior problema pode se tornar seu maior milagre.

Entenda que em algumas batalhas só o abraço do Espírito Santo trará o consolo de que você precisa. Por isso, quando for o caso, feche a porta do quarto e trate de buscá-Lo, a fim de aquietar a alma e se fortalecer em espírito.

Não perca tempo expondo ao mundo suas lutas e dificuldades. Concentre-se em buscar na Fonte a solução para suas guerras, pois só Jesus pode curar o vazio de sua alma. Os iguais não se sustentam, por isso não confie no que você sente!

Olhe para o Criador, confie Nele e viva com a porta de sua vida aberta para receber as bênçãos decorrentes de sua comunhão com o Pai. A salvação é individual, assim como sua caminhada de fé!

O SEGREDO DO QUARTO FECHADO

02 SET

Depois que a multidão se afastou, ele entrou e tomou a menina pela mão, e ela se levantou.
Mateus 9.25

Vivemos em um mundo no qual temos acesso maximizado a algumas pessoas à custa de atenção, por isso a carência tem levado uns a sufocar outros. Peça a Deus que lhe mostre aqueles que estão apenas distraindo você de seus propósitos. Então ponha a multidão para fora e feche a porta do quarto.

Se você estiver sempre disponível para tudo e para todos, acabará sem nada a oferecer, pois não terá mais tempo para receber de Deus em secreto. Você não tem a obrigação de deixar a porta de sua vida aberta para qualquer um que deseje entrar. Não permita que qualquer pessoa venha a marcar sua vida. Esvazie o quarto!

Também há coisas que devem ficar entre você e Deus e mais ninguém. Há situações em que só o abraço do Espírito Santo pode trazer o consolo ou a resposta de que você tanto precisa.

Não fale de suas dores a quem não pode curá-las nem exponha suas feridas a um ambiente contaminado – elas vão infeccionar. Só Deus tem o remédio para elas, então só a Ele você deve mostrá-las.

Não chore diante de quem não sabe decifrar seu choro. Existe um lugar próprio para isso: "Quando você orar, vá para seu quarto, feche a porta e ore a seu Pai, que está em secreto. Então seu Pai, que vê em secreto, o recompensará" (Mateus 6.6).

LEMBRETE DO DIA

NA INTIMIDADE COM DEUS, VOCÊ ENCONTRA CURA E DIREÇÃO.

#DIEGOMENIN

PLANO DE LEITURA BÍBLICA

Jó 34.1 – 35.16
1Coríntios 12.12-31
Salmos 105.7-15

PENSE E ORE

Intimidade

ANOTAÇÕES

03
SET

O CAMINHO DA TRANSFORMAÇÃO

Não se amoldem ao padrão deste mundo, mas transformem-se pela renovação da sua mente, para que sejam capazes de experimentar e comprovar a boa, agradável e perfeita vontade de Deus.
Romanos 12.2

LEMBRETE DO DIA

A VERDADEIRA TRANSFORMAÇÃO VEM DA MUDANÇA INTERNA, NÃO APENAS DE LÁGRIMAS.

#DIEGOMENIN

PLANO DE LEITURA BÍBLICA

Jó 36.1 — 37.24
1Coríntios 13.1 — 14.5
Salmos 105.16-22

PENSE E ORE

Metanoia

ANOTAÇÕES

Todos nós já fizemos algo estúpido ou uma escolha desajuizada em algum momento da vida. Quando observo a decisão de Esaú de trocar seu direito de primogenitura por uma tigela de sopa, o que me impressiona não é tanto sua estupidez, mas o fato revelado na Palavra de Deus: "Que não haja nenhum imoral ou profano, como Esaú, que por uma única refeição vendeu os seus direitos de herança como filho mais velho. Como vocês sabem, posteriormente, quando quis herdar a bênção, foi rejeitado" (Hebreus 12.16-17).

Após essa decisão estúpida, sua vida mudou de modo radical. Infelizmente, parecemo-nos com Esaú muito mais do que imaginamos. Observe que ele chorou, entristeceu-se, mas nem assim foi capaz de reverter ou quebrar o ciclo da estupidez. Ele buscou o arrependimento com lágrimas, mas não conseguiu se libertar dessa prisão e perdeu sua herança. Esaú estava destinado a uma linhagem da grandeza, mas trocou tudo por uma tigela de sopa.

A palavra "arrependimento", como tradução do grego *metanoia*, quer dizer mudança de pensamento, de ideia, o que não aconteceu com Esaú. Lágrimas não são sinais de arrependimento. É preciso haver uma mudança na mente. Se ele tivesse buscado o arrependimento verdadeiro, com certeza o teria encontrado. Portanto, cuidado com suas decisões!

OBEDIÊNCIA E ENTREGA

04
SET

O Senhor disse a Moisés: "Suba as montanhas de Abarim, até o monte Nebo, em Moabe, em frente de Jericó, e contemple Canaã, a terra que dou aos israelitas como propriedade. Ali, na montanha que você tiver subido, você morrerá e será reunido aos seus antepassados, assim como o seu irmão Arão morreu no monte Hor e foi reunido aos seus antepassados" [...].
Deuteronômio 32.48-52

Nos primeiros quarenta anos de sua vida, Moisés pensava ser uma pessoa importante. Nos quarenta anos seguintes, descobriu que era insignificante! Nos últimos quarenta, viu o que Deus pode fazer com um "ninguém". Devemos aprender a lição: o Senhor não precisa de nossos planos, nem de nossas habilidades, nem de nossos esforços. Ele não necessita sequer de nosso zelo. Ele deseja apenas que nos coloquemos em suas mãos para que nos conduza e mostre as atitudes e o comportamento que espera de nós.

Essa entrega é difícil, porque temos ideias próprias sobre a melhor maneira de agradar a Deus. Como é tentador fazer planos e depois pedir que Ele abençoe nossos esforços! É muito mais difícil esperar no Senhor e avançar apenas sob Seu comando.

Contudo, não devemos perder de vista o fato de que o homem totalmente entregue a Deus é o instrumento mais poderoso na realização dos projetos nascidos no coração Dele. Portanto, não se apresse em pôr em prática suas ideias. Entregue tudo a Deus e avance sob o comando Dele!

LEMBRETE DO DIA

A ENTREGA TOTAL AO SENHOR É O CAMINHO PARA A VERDADEIRA DIREÇÃO DIVINA.

#DIEGOMENIN

PLANO DE LEITURA BÍBLICA

Jó 38.1 – 39.18
1Coríntios 14.6-25
Salmos 105.23-42a

PENSE E ORE

Entrega

ANOTAÇÕES

05 SET

VOCÊ ESTÁ SENDO PLANTADO, NÃO ENTERRADO

Eu plantei, Apolo regou, mas Deus é quem fez crescer; de modo que nem o que planta nem o que rega são alguma coisa, mas unicamente Deus, que efetua o crescimento.
1Coríntios 3.6-7

LEMBRETE DO DIA

ESTAR PLANTADO EXIGE FÉ PARA CRESCER.

#DIEGOMENIN

PLANO DE LEITURA BÍBLICA

Jó 39.19 — 41.17
1Coríntios 14.26 — 15.9
Salmos 105.23-42b

PENSE E ORE

Confiança

ANOTAÇÕES

O crescimento é Deus quem dá, mas é concedido àquele que está plantado. Quando você planta uma semente, não está se despedindo dela, porque mesmo sem vê-la por um tempo tem a esperança de revê-la no futuro.

Há uma diferença entre ser plantado e ser enterrado. Quem foi plantado precisa de muita vontade para sobreviver. Durante a vida, passamos por fases que consideramos insuportáveis e nos sentimos a pior das pessoas. Mas hoje, se olhar para você mesmo, reconhecerá que sem essas fases não seria a pessoa que se tornou. Isso porque você foi plantado, não enterrado.

Ser plantado é passar por um processo em que nada parece definido. É quando a fé está no escuro. Mas entregar-se a Deus nessa fase obscura irá mudar seu destino. Você verá seu potencial surgir, e sua percepção será alterada, pois antes parecia que Deus o havia enterrado em um lugar escuro, mas Ele estava na verdade plantando você.

SE VOCÊ SE DISPÔS, VÁ ATÉ O FIM!

06
SET

Quando um homem fizer um voto ao Senhor ou um juramento que o obrigar a algum compromisso, não poderá quebrar a sua palavra, mas terá que cumprir tudo o que disse.
Números 30.2

Você só muda sua maneira de pensar quando há comprometimento. O compromisso com Deus é sua única chance de mudar seus pensamentos. Não se deve levar um pensamento velho para uma fase nova. E, se você se compromete, o Senhor também irá se comprometer.

Sem compromisso, você diz a Deus que se entrega, mas não o faz. Promete cuidar da família, mas não cuida. Diz que se firmará em uma igreja, mas não cria raízes em lugar nenhum. E por que não consegue manter sua palavra? Porque não se trata de apenas querer, mas de tomar decisões.

Não se gabe por sustentar sua família, por ser membro de uma igreja, por servir a Deus. É seu compromisso, você tem de fazer isso! Pare de querer recompensa por aquilo que é sua obrigação. Nossa geração quer ter tudo, mas não tem compromisso com nada. Assuma suas responsabilidades e esteja comprometido com Deus.

LEMBRETE DO DIA

O COMPROMISSO COM DEUS TRANSFORMA PENSAMENTOS E AÇÕES.

#DIEGOMENIN

PLANO DE LEITURA BÍBLICA

Jó 41.18 — 42.17
1Coríntios 15.10-28
Salmos 105.43-45

PENSE E ORE

Compromisso

ANOTAÇÕES

07 SET

ALÉM DOS NOSSOS LIMITES

[...] Quem represou o mar pondo-lhe portas, quando ele irrompeu do ventre materno, quando o vesti de nuvens e em densas trevas o envolvi, quando fixei os seus limites e lhe coloquei portas e barreiras, quando eu lhe disse: Até aqui você pode vir, além deste ponto não; aqui faço parar suas ondas orgulhosas?
Jó 38.4-11

Tome cuidado quando pensar: "Cheguei ao meu limite. Não aguento mais!". Se isso acontecer, saiba que ainda há muito que caminhar, pois Deus não nos impõe nenhum fardo além de nossa capacidade de suportar.

Para enfrentar a situação, tranque a porta de seu passado, disponha-se a aguentar até o fim e fique com a parte que Deus tem planejado para você. O resto é resto.

Não olhe para as circunstâncias, porque é delas que vem o desespero. Não desvie o foco: olhe para o lugar certo. O poder de Deus não é limitado pela gravidade das circunstâncias. Você está autorizado por Ele a alcançar objetivos que transcendem os limites humanos.

Deus estabeleceu os limites quando lançou os alicerces da terra, e não será diferente com sua vida. Viva seus dias sabendo que, diante do Pai, não há limites para você!

LEMBRETE DO DIA

O PODER DE DEUS NÃO TEM LIMITES, E É ELE QUEM NOS AJUDA QUANDO CLAMAMOS.

#DIEGOMENIN

PLANO DE LEITURA BÍBLICA

Provérbios 1.1 — 2.22
1Coríntios 15.29-49
Salmos 106.1-5

PENSE E ORE

Limites

ANOTAÇÕES

O SENHOR É QUEM NOS RESTAURA

08 SET

"Farei cicatrizar o seu ferimento e curarei as suas feridas", declara o Senhor.
Jeremias 30.17

Todos temos feridas na alma, e convém lembrar que tudo que não é tratado piora. Nada compensa a dor de ter uma chaga aberta. Algo tão doloroso quanto uma ferida, porém, não é curado facilmente. Só o Espírito Santo é capaz de fazer isso.

A ação do Espírito Santo não ocorre a partir de uma música ou de uma pregação — jamais confunda uma sensação boa com estar cheio do Espírito. É por causa dessa confusão que o número dos que choram é sempre maior que o dos que são curados.

A cura é um processo que exige a intervenção divina. Toda doença não curada pela mão do Senhor é perigosa, pois pode ser transmitida e contaminar outros.

Você precisa da cura interior que só ocorre com o perdão. Reter o perdão é prolongar o sofrimento. A aproximação de Deus é suficiente para promover cura e libertação em sua alma. Além disso, seja grato, e uma intensa transformação acontecerá em sua vida. A gratidão faz você alimentar menos a ansiedade por aquilo que não tem ou deseja ter.

Você será plenamente curado depois que permitir que o Espírito Santo o encha. Só Ele tem o poder de cicatrizar as feridas e transformá-las em obras de arte.

LEMBRETE DO DIA

SÓ O SENHOR É QUEM PODE NOS CURAR INTEIRAMENTE.

#DIEGOMENIN

PLANO DE LEITURA BÍBLICA

Provérbios 3.1 — 4.22
1Coríntios 15.50 — 16.4
Salmos 106.6-12

PENSE E ORE

Cura interior

ANOTAÇÕES

09 SET

A PRIMEIRA COISA A SE FAZER NO DIA

Como é bom render graças ao Senhor e cantar louvores ao teu nome, ó Altíssimo; anunciar de manhã o teu amor leal e de noite a tua fidelidade.
Salmos 92.1-2

O que mudaria se você começasse seu dia dando um belo "bom dia" a Jesus, sem pressa? Separei algumas dicas práticas::

- Acomode-se em um local confortável (interno ou externo), em que você realmente goste de ficar. Prepare-o com uma música suave de adoração.
- Faça dez respirações profundas e lentas com os olhos fechados. Sinta o inspirar e o expirar. Isso diminuirá sua ansiedade e trará sua mente para o presente.
- Com os olhos fechados, ouvindo um louvor, visualize seu dia e medite na canção, lembrando que Deus ama você. Concentre-se nisso até sentir esse amor.
- Fale de sua gratidão a Deus repetidamente, até que suas emoções acreditem.
- Pegue sua Bíblia e um caderno ou bloco de notas. Medite sobre um texto bíblico.
- Escreva o que o texto falou ao seu coração e registre como torná-lo aplicável à sua vida neste dia.
- Encerre orando sobre o que acabou de aprender e peça a Deus ajuda para selar esse princípio em seu coração e em sua vida.

LEMBRETE DO DIA

MEDITE NA PALAVRA DE DIA E DE NOITE.

#DIEGOMENIN

PLANO DE LEITURA BÍBLICA

Provérbios 4.23 — 6.23
1Coríntios 16.5-24
Salmos 106.13-18

PENSE E ORE

Devocional

ANOTAÇÕES

O SOPRO DO CRIADOR

10
SET

Então o Senhor Deus formou o homem do pó da terra e soprou em suas narinas o fôlego de vida, e o homem se tornou um ser vivente.
Gênesis 2.7

Existe glória dentro de você, e deixar de fazer uso dela é lamentável. Depois de entender isso, você irá se valorizar. Então pare de olhar para fora e olhe para dentro de você! Tenha mente de governo, não de escravidão!

Antes da fundação do mundo, você foi eleito. Você não foi feito para o mundo: o mundo foi feito para você. O sopro do Criador inseriu glória em você, então você não é apenas pó, é glória também! Por isso, não perca tempo com quem não gosta de você, não o respeita, nem o celebra, com alguém que só vê o que você é por fora.

Você irá passar por separações e perdas, que irão quebrar suas muletas emocionais ou mesmo financeiras. Mas entenda que tudo isso é providência divina. Deus está criando rompimentos em sua jornada para fazê-lo crescer, para torná-lo uma pessoa madura. Seja qual for a pressão, a energia que você precisa para mascarar a dor é a mesma que poderá usar para construir seu futuro. Então escolha amadurecer.

LEMBRETE DO DIA

CARREGAMOS ALGO ÚNICO, UMA GLÓRIA QUE DEUS CONFIOU A CADA UM.

#DIEGOMENIN

PLANO DE LEITURA BÍBLICA

Provérbios 6.24 — 8.21
2Coríntios 1.1-22
Salmos 106.19-27

PENSE E ORE

Glória

ANOTAÇÕES

11
SET

ABRACE A FELICIDADE

Quem examina cada questão com cuidado prospera, e feliz é aquele que confia no Senhor.
Provérbios 16.20

LEMBRETE DO DIA

SÓ EM JESUS EXPERIMENTAMOS A VERDADEIRA FELICIDADE.

#DIEGOMENIN

PLANO DE LEITURA BÍBLICA

Provérbios 8.22 — 10.23
2Coríntios 1.23 — 2.17
Salmos 106.28-33

PENSE E ORE

Felicidade

ANOTAÇÕES

Todo ser humano deseja a felicidade, porque ela torna nossos dias melhores e nos dá energia para seguir em frente. A felicidade nos dá motivos para levantar e trabalhar, até nos dias difíceis. Quando já provamos da felicidade, tudo se torna mais fácil de ser superado — afinal, já sabemos que ser feliz é uma bênção.

No entanto, há pessoas que não conseguem ser felizes. Elas lutam, forçam um sorriso, mas no interior nunca souberam o que é ser feliz. Isso acontece por causa de bloqueios emocionais e traumas mal resolvidos, que funcionam como uma constante agressão às emoções.

Você se considera uma pessoa feliz? Sofre com algum trauma na sua vida? É importante avaliar como você se sente, a fim de buscar resolver a situação. O importante é entender que, independentemente do que tenha acontecido em sua vida, você precisa se permitir ser feliz. Traumas são reais, mas não podem impedi-lo de experimentar a felicidade. E vamos lembrar: feliz é aquele que confia em Deus.

GUERRA ESPIRITUAL

12
SET

Os filisteus reuniram-se em Leí, onde havia uma plantação de lentilha. O exército de Israel fugiu dos filisteus, mas Samá tomou posição no meio da plantação, defendeu-a e derrotou os filisteus. O Senhor concedeu-lhe uma grande vitória.
2Samuel 23.11-12

A guerra espiritual não é inevitável. A partir do momento que nos declaramos de Jesus Cristo, declaramo-nos também contra o Diabo e suas obras. Por muito tempo, Satanás roubou nossa vida e levou nossos frutos e nosso ânimo. Agora ele procura tirar nossa disposição para a luta, a fim de que fiquemos prostrados e conformados com o roubo. Os objetivos de Satanás ao querer roubar a colheita são:

- *Roubar o suprimento do povo de Deus.* Samá era um dos valentes de Davi e em certo momento da guerra defendeu um campo de lentilhas, que era para o suprimento do povo e que o inimigo queria tomar na hora da colheita. Satanás quer tirar o suprimento do povo de Deus para que este fique sem condições de viver uma vida abundante.
- *Deixar o crente sem ânimo para prosseguir.* Uma pessoa desanimada é alguém sem vida. Você já viu uma pessoa desanimada conquistar algo? Muitos vivem sob as mentiras do inferno, pois dizem: "Não adianta lutar. Não vou conseguir mesmo. É melhor ficar quieto!".
- *Incutir medo e nos levar a fugir da batalha.* O religioso está sempre lamentando suas lutas e tende a fugir delas. A luta representa para ele uma desgraça em sua vida, muito diferente de Samá, que entrou no campo de lentilhas para defendê-lo, sem medo do confronto.

Como um valente de Deus, a exemplo de Samá, você deve proteger o que plantou. Só assim ninguém irá roubar a colheita que Deus preparou para sua vida.

LEMBRETE DO DIA

ESTEJA ATENTO AOS ATAQUES DO INIMIGO.

#DIEGOMENIN

PLANO DE LEITURA BÍBLICA

Provérbios 10.24 — 12.17
2Coríntios 3.1 -18
Salmos 106.34-43

PENSE E ORE

Inimigo

ANOTAÇÕES

13 SET

VIVENDO O PRESENTE

Encorajem-se uns aos outros todos os dias, durante o tempo que se chama "hoje", de modo que nenhum de vocês seja endurecido pelo engano do pecado.
Hebreus 3.13

LEMBRETE DO DIA

VALORIZE O AGORA!

#DIEGOMENIN

PLANO DE LEITURA BÍBLICA

Provérbios 12.18 — 14.21
2Coríntios 4.1-18
Salmos 106.44-48

PENSE E ORE

Tempo presente

ANOTAÇÕES

O Inimigo está sempre tentando roubar nossa alegria. Ele se esforça para nos levar ao desespero, a fim de nos fazer perder a capacidade de desfrutar a vida. Ele aproveita qualquer problema em alguma área de nossa vida para nos causar dor e esquecermos de viver o que temos agora, de enxergar as bênçãos do tempo presente.

Preocupados em suportar ou mesmo em camuflar a dor, esquecemo-nos do que Deus tem feito por nós. Se você está com algum problema ou já chegou à fase do desespero, não é o momento de perder a cabeça ou de criar uma vida imaginária, fora da realidade, como forma de suportar o sofrimento. Isso não é viver o presente.

É preciso ter coragem para estar no presente e aprender a vivê-lo! Temos de ser valentes para viver o agora. Daí o autor de Hebreus nos aconselhar a encorajarmos uns aos outros todos os dias.

EM QUEM CONFIAR?

14
SET

O Senhor cuida da vida dos íntegros, e a herança deles permanecerá para sempre. Em tempos de adversidade não ficarão decepcionados; em dias de fome desfrutarão fartura.
Salmos 37.18-19

Você depositaria seu dinheiro em um banco que tem menos dinheiro que você? Claro que não! Então por que deposita suas esperanças em pessoas com as quais precisa estar sempre pisando em ovos, que não gostam de você e até torcem pelo seu fracasso? Já dizia o profeta: "Maldito é o homem que confia nos homens, que faz da humanidade mortal a sua força" (Jeremias 17.5).

Mesmo com as melhores intenções, o ser humano irá decepcionar, mais cedo ou mais tarde. Toda confiança ou esperança depositada nele um dia irá falhar. Só Deus não nos decepciona em "tempos de adversidade". Por que então depositar sua confiança em alguém menor que Deus?

Às vezes, somos tentados a confiar em alguém mais inteligente, mais forte ou mais bem-sucedido que nós, porém Deus nunca usou tais qualidades para medir Seus servos. Ele não quer pessoas autoconfiantes, mas pessoas que confiem Nele. Invista sua vida em quem realmente tem compromisso com seu futuro!

LEMBRETE DO DIA

DEUS NÃO PROCURA PESSOAS AUTOCONFIANTES.

#DIEGOMENIN

PLANO DE LEITURA BÍBLICA

Provérbios 14.22 — 16.11
2Coríntios 5.1-21
Salmos 107.1-9

PENSE E ORE

Confiança em Deus

ANOTAÇÕES

15 SET

TENHA PACIÊNCIA

O Deus de toda a graça, que os chamou para a sua glória eterna em Cristo Jesus, depois de terem sofrido por pouco tempo, os restaurará, os confirmará, os fortalecerá e os porá sobre firmes alicerces.
1Pedro 5.10

Quando se trata de fé, você vai ser muito mais feliz se aceitar o fato de que Deus trabalha por etapas. Normalmente, não há mudança súbita que resolva tudo de um dia para o outro. Algumas coisas levam tempo, e você precisa reconhecer esse fato e ter paciência e perseverança. O desafio é sincronizar a fé com o tempo do processo.

Talvez seja difícil ver algum avanço durante as fases do processo. Pode não ser fácil também perseverar – afinal, você tem um longo caminho a percorrer. No entanto, em vez de duvidar você pode aprender a apreciar cada etapa e ver um propósito em cada uma delas. Só assim você poderá apreciar a viagem incrível proporcionada pelo tratamento de Deus.

Se você for fiel na fase atual, Deus o conduzirá a uma nova fase. Se não for, ficará onde está. O degrau de hoje, por mais penoso, é necessário no processo de mudanças. Se você não suportar a pressão do nível atual, não estará pronto para a pressão do próximo nível. Degrau por degrau, você será levado a uma nova dimensão.

LEMBRETE DO DIA

A MUDANÇA NÃO ACONTECE DA NOITE PARA O DIA.

#DIEGOMENIN

PLANO DE LEITURA BÍBLICA

Provérbios 16.12 – 18.7
2Coríntios 6.1-18
Salmos 107.10-16

PENSE E ORE

Processo

ANOTAÇÕES

NÃO ESTAMOS SOZINHOS EM MEIO ÀS TEMPESTADES

16
SET

[...] Levantou-se um forte vendaval, e as ondas se lançavam sobre o barco, de forma que este ia se enchendo de água. Jesus estava na popa, dormindo com a cabeça sobre um travesseiro. Os discípulos o acordaram e clamaram: "Mestre, não te importas que morramos?" Ele se levantou, repreendeu o vento e disse ao mar: "Aquiete-se! Acalme-se!" O vento se aquietou, e fez-se completa bonança [...].
Marcos 4.35-45

Tendemos a pensar que, se Deus está conosco, não iremos enfrentar tempestades, mas isso é ilusão. No entanto, jamais uma tempestade anulará a presença do Senhor. Jesus sempre estará presente em algum lugar da tempestade. Ele nunca nos deixa sozinhos, mesmo que não o percebamos.

A tempestade tira de você a visão clara da realidade, porém jamais lhe arrancará a oportunidade de louvar. Assim, quando não estiver enxergando nada, feche os olhos e louve ao Senhor. Lemos nas Escrituras que o Senhor habita no meio dos louvores, por isso, se você o louvar, mesmo na tempestade mais escura, certamente irá encontrá-lo.

Nas tempestades visíveis, alguém nos dará um abrigo, enquanto nas tempestades secretas, que agitam nosso interior, ninguém poderá fazê-lo, pois não há como detectá-las. Mesmo que você não o veja ou não o sinta, o Senhor está com você no barco e só Ele será capaz de ajudá-lo, de aquietar o mar e acalmar o vento.

LEMBRETE DO DIA

QUANDO A TEMPESTADE SURGIR, LOUVE!

#DIEGOMENIN

PLANO DE LEITURA BÍBLICA

Provérbios 18.8 – 20.11
2Coríntios 7.1-16
Salmos 107.17-22

PENSE E ORE

Tempestades da vida

ANOTAÇÕES

17 SET

FORA DO CRONOGRAMA

Respondeu Jesus: "Que temos nós em comum, mulher? A minha hora ainda não chegou"
João 2.4

Jesus e os discípulos foram convidados para um casamento. Em determinado momento, o vinho acabou, e Sua mãe pediu-Lhe que providenciasse mais. A resposta de Jesus, que está no versículo acima, mostra que ainda não era o tempo certo para realizar aquele milagre, ou seja, no cronograma Dele havia um momento certo para todas as coisas.

Jesus saiu do *script* e realizou o milagre. Se você se limitar a seguir o cronograma natural, acabará impedido de ter, fazer ou se tornar muita coisa. Para que isso não aconteça, você precisa se impor ao tempo.

O destaque desse milagre não foi a água ter se transformado em vinho, mas o fato de Cristo quebrar uma regra. Deus é um Deus de normas. Ele vela pela Sua Palavra, mas também é soberano e sempre pode abrir um espaço em Sua agenda. Ele é o dono do tempo!

LEMBRETE DO DIA

ÀS VEZES, É SAUDÁVEL FUGIR DO *SCRIPT*.

#DIEGOMENIN

PLANO DE LEITURA BÍBLICA

Provérbios 20.12 — 22.8
2Coríntios 8.1-22
Salmos 107.23-32

PENSE E ORE

Tempo

ANOTAÇÕES

NÃO TRANSFORME PEDRA EM PÃO

18
SET

Jesus, cheio do Espírito Santo, voltou do Jordão e foi levado pelo Espírito ao deserto, onde, durante quarenta dias, foi tentado pelo Diabo. Não comeu nada durante esses dias e, ao fim deles, teve fome. O Diabo lhe disse: "Se és o Filho de Deus, manda esta pedra transformar-se em pão". Jesus respondeu: "Está escrito: 'Nem só de pão viverá o homem' ".
Lucas 4.1-4

Poucas pessoas na sua vida que você *não* escolheu lhe dão problemas. As muitas pessoas que lhe causam dificuldade são as que você escolheu. Portanto, antes de crucificar alguém que esteja contra você, lembre-se de que foi escolha sua.

Quais as qualificações para alguém ingressar em sua vida? Você não pode baixar o nível de seus relacionamentos para a necessidade que vive no momento, porque não raro é Satanás que se propõe saciá-la. Durante os quarenta dias que Jesus esteve jejuando no deserto, ninguém apareceu, mas quando Ele sentiu fome Satanás apresentou-se para oferecer uma solução àquela necessidade.

Portanto, cuidado com suas necessidades! Elas não podem ser porta de entrada para ninguém. Tenho certeza que maioria de seus atuais inimigos entraram por essa porta. Não transforme pedra em pão! Todo relacionamento deve começar pelo critério do propósito, não pela necessidade!

Muitos parecem perder a razão de existir quando alguém que entrou na vida deles pela porta da necessidade os abandona. Isso prova que um lugar vazio pode ser mal ocupado e gerar morte e destruição. Mas se você começa algo no propósito e alguém que entrou em sua vida por esse motivo sair, você não se sentirá a pior pessoa, pois mesmo com a perda estará ciente de que foi criado e que ainda existe uma jornada.

LEMBRETE DO DIA

NÃO PERMITA QUE NECESSIDADES GUIEM SUAS ESCOLHAS.

#DIEGOMENIN

PLANO DE LEITURA BÍBLICA

Provérbios 22.9 — 23.35
2Coríntios 8.23 — 9.15
Salmos 107.33-41

PENSE E ORE

Necessidades

ANOTAÇÕES

19
SET

RESILIÊNCIA EM CADA PASSO

Alegrem-se na esperança, sejam pacientes na tribulação, perseverem na oração.
Romanos 12.12

A resiliência pode ser percebida no mundo biológico. Por exemplo, grandes florestas são devastadas por incêndios, mas alguns anos depois retornam verdes e saudáveis. A resiliência é como um elástico, que após ser esticado ao limite volta ao seu estado anterior.

Qualquer um que se dedique a conquistar algo importante nesta vida terá seus limites testados, e sem resiliência acabará ferido no processo – sem conquistar nada. Se você não puser a resiliência em prática, dificilmente acreditará em um novo relacionamento depois de passar por uma crise emocional. Após sofrer algum tipo de humilhação profissional, dificilmente acreditará que ainda pode ter uma carreira bem-sucedida. Sem resiliência, você irá piorar a cada crise e nunca voltará ao seu estado anterior.

A boa notícia é que a resiliência é uma característica que todos podemos praticar e torná-la uma virtude adquirida. Em Romanos 12.12, Paulo relaciona três atitudes para conquistar essa habilidade.

- Alegrar-se na esperança fala de como esperar no Senhor, com uma disposição positiva, independentemente das circunstâncias.
- Ser paciente na tribulação envolve suportar os momentos de crise, as adversidades e as provações sem focar nas dificuldades do processo, e sim no que acontecerá depois, na colheita dos frutos.
- Perseverar na oração é a capacidade de levar o coração à presença do Pai e transferir para Ele tudo que nos aflige, confiando Nele e na força de Seu Poder.

Adquira resiliência meditando nessas instruções!

LEMBRETE DO DIA

RESILIÊNCIA É A ARTE DE VOLTAR MAIS FORTE APÓS A QUEDA.

#DIEGOMENIN

PLANO DE LEITURA BÍBLICA

Provérbios 24.1 – 25.24
2Coríntios 10.1-18
Salmos 107.42-43

PENSE E ORE

Resiliência

ANOTAÇÕES

NÃO CONFIE EM SUAS EMOÇÕES!

20 SET

[...] Moisés e Arão reuniram a assembleia em frente da rocha, e Moisés disse: "Escutem, rebeldes, será que teremos que tirar água desta rocha para dar a vocês?" Então Moisés ergueu o braço e bateu na rocha duas vezes com a vara. Jorrou água, e a comunidade e os rebanhos beberam.

Números 20.7-11

Imagine um pai de família frustrado que olha para a esposa e os filhos e pensa: "Se não fosse por mim, eles não estariam vivos, não estariam comendo. Nem estariam aqui! E tudo que recebo é reclamação. Faço de tudo por eles, e ainda assim nada está bom!". Com as emoções à flor da pele desse jeito, não é difícil tomar uma decisão errada, que venha a causar sofrimento para todos.

Moisés guiava o povo de Israel pelo deserto, mas, apesar de toda a provisão de Deus, viviam reclamando de tudo. Moisés estava tão aborrecido com eles que, em vez de ordenar à rocha que jorrasse água, como Deus ordenara, bateu nela duas vezes com a vara. Ele se deixou levar pelas emoções, e esse erro despertou a ira de Deus e não ficou sem consequências: "Vocês [Moisés e Arão] não conduzirão esta comunidade para a terra que dou a vocês" (v. 12).

Não confie nas suas emoções, porque elas só têm compromisso com o que você deseja, não com o que precisa fazer. Mesmo frustrado, você não tem o direito de bater na rocha. Não desperte a ira de Deus ficando irado com aquilo contra o qual Deus não se irou. Se você se deixar guiar pelas emoções, poderá perder o que Deus lhe havia preparado.

LEMBRETE DO DIA

NÃO BATA NA ROCHA. CONTROLE SUA IRA E RECEBA O MELHOR DE DEUS.

#DIEGOMENIN

PLANO DE LEITURA BÍBLICA

Provérbios 25.25 — 27.27
2Coríntios 11.1-23
Salmos 108.1-6

PENSE E ORE

Emoções

ANOTAÇÕES

21
SET

COMPLETOS EM CRISTO

Aprendi o segredo de viver contente em toda e qualquer situação, seja bem alimentado, seja com fome, tendo muito, ou passando necessidade. Tudo posso naquele que me fortalece.
Filipenses 4.12-13

LEMBRETE DO DIA

QUANDO ESTAMOS EM JESUS, A ESCASSEZ OU A FARTURA NÃO NOS DEFINEM.

#DIEGOMENIN

PLANO DE LEITURA BÍBLICA

Provérbios 28.1 — 30.4
2Coríntios 11.23 — 12.13
Salmos 108.7-13

PENSE E ORE

Completude

ANOTAÇÕES

Muitos pensam que o vazio que estão sentindo pode ser preenchido com conquistas mundanas. Vivem na ilusão de que serão felizes quando comprarem um carro de luxo ou uma casa de alto padrão ou conseguirem o emprego dos sonhos. Não percebem que jamais serão pessoas completas se buscarem realização nas coisas materiais.

Só seremos completos quando Jesus nos saciar. Só Ele proporciona essa sensação de completude ao ser humano. Isso não significa conquistar tudo que se deseja. Paulo diz que se sentia completo e satisfeito em "qualquer situação", com qualquer coisa.

Quando encontramos completude em Jesus, nossas conquistas materiais não fazem a mínima diferença. Estaremos satisfeitos na fartura e na escassez. Em uma casa simples ou em uma mansão. Com um carro de luxo ou andando de ônibus. Porque já estamos saciados em Jesus.

DEIXE PARA TRÁS AS COISAS DE MENINO (PARTE 1/2)

22 SET

Quando eu era menino, falava como menino, pensava como menino e raciocinava como menino. Quando me tornei homem, deixei para trás as coisas de menino.
1Coríntios 13.11

Você já percebeu como é ridículo ser um "adulto criança"? Paulo diz que, quando se tornou homem, uma fase da vida dele mudou e, consequentemente, tudo que ele vivia também mudou. É muito bonito ver uma criança com atitudes de criança, mas é constrangedor ver um adulto com modos infantis.

Houve um tempo que o apóstolo pensava e agia como menino — afinal, ele era um menino. Mas quando deixou de ser menino, suas atitudes mudaram: ele passou a se comportar como um ser humano maduro. A reflexão que quero propor é: já pensou que você pode ser adulto apenas em algumas áreas de sua vida? Será que não lhe falta maturidade emocional, física, profissional ou espiritual?

A criança até tem boa vontade quando se prontifica a ajudar os pais em alguma coisa, mas não tem estrutura nem habilidade para concluir a tarefa. Ela logo desanima ou se distrai. Você se identifica com essas características em alguma área de sua vida? Vamos dar sequência a esse assunto amanhã.

LEMBRETE DO DIA

DEVEMOS SER MADUROS EM TODAS AS ÁREAS DA VIDA.

#DIEGOMENIN

PLANO DE LEITURA BÍBLICA

Provérbios 30.5 — 31.31
2Coríntios 12.14 — 13.14
Salmos 109.1-5

PENSE E ORE

Imaturidade

ANOTAÇÕES

23 SET

DEIXE PARA TRÁS AS COISAS DE MENINO (PARTE 2/2)

Irmãos, não pude falar a vocês como a espirituais, mas como a carnais, como a crianças em Cristo. Dei a vocês leite, e não alimento sólido, pois vocês não estavam em condições de recebê-lo.
1Coríntios 3.1-2

LEMBRETE DO DIA

EMPENHE-SE PARA AMADURECER NA FÉ E GERENCIAR O QUE DEUS QUER CONCEDER A VOCÊ.

#DIEGOMENIN

PLANO DE LEITURA BÍBLICA

Eclesiastes 1.1 — 3.15
Gálatas 1.1-24
Salmos 109.6-20

PENSE E ORE

Amadurecimento

ANOTAÇÕES

A criança precisa de uma alimentação diferenciada, porque tem dificuldade para engolir e mastigar. Mas à medida que o tempo passa ela consegue mastigar alimento mais consistente sem engasgar. É assim também na vida espiritual: começamos com o "leite" até sermos capazes de ingerir "alimento sólido".

No entanto, existem cristãos que, mesmo estando na igreja há muito tempo, ainda recebem uma alimentação infantilizada, porque não estão prontos para ingerir alimentos mais consistentes. É o que Paulo está dizendo no texto citado.

Quando não amadurecemos na fé, choramos quando deveríamos continuar, desistimos quando deveríamos prosseguir, pedimos colo quando devemos suportar as agruras da vida. Também perdemos privilégios. A criança, por exemplo, não pode usufruir de sua herança. É preciso que atinja a maioridade para gerir os bens que lhe foram deixados. Enquanto isso, ficam na dependência de um tutor.

Por isso, devemos nos empenhar em amadurecer na fé para termos condições de caminhar por conta própria e gerenciar as bênçãos que Deus quer nos conceder.

VOCÊ NÃO CONSEGUIRÁ SE LIBERTAR SOZINHO

24
SET

Desejando agradar a multidão, Pilatos soltou-lhes Barrabás, mandou açoitar Jesus e o entregou para ser crucificado [...].
Marcos 15-18

Você não vai ficar livre de seus problemas sozinho, na força do braço. Também não será um "encontro com Deus", um congresso ou um livro que irá resolver. Só Jesus poderá libertá-lo, como aconteceu com Barrabás. Ele não foi solto por esforço próprio, mas pelo amor de Jesus. O plano da redenção precisava ser realizado, e Jesus libertou aquele criminoso para ficar no lugar dele.

Muitos já me fizeram as seguintes afirmações: "Vou me libertar sozinho, pastor!"; "Vou vencer a depressão — ou a cachaça, ou as drogas — sem a ajuda de ninguém!"; "Agora estou determinado! Quando coloco uma coisa na cabeça...". Mas não conseguem. Pilatos só soltou Barrabás porque Jesus estava lá. É Ele quem liberta.

Não somos páreos para o poder do Inferno, para os impulsos que nos levam a pecar ou mesmo para as tentações. Não conseguimos vencê-los sozinhos. Só o amor de Jesus pode nos libertar!

LEMBRETE DO DIA

DEVEMOS NOSSA LIBERDADE A JESUS.

#DIEGOMENIN

PLANO DE LEITURA BÍBLICA

Eclesiastes 3.16 — 6.12
Gálatas 2.1-21
Salmos 109.21-25

PENSE E ORE

Liberdade

ANOTAÇÕES

25 SET

UM TAPA NÃO É NADA

Não resistam ao perverso. Se alguém o ferir na face direita, ofereça-lhe também a outra. E, se alguém quiser processá-lo e tirar de você a túnica, deixe que leve também a capa. Se alguém o forçar a caminhar com ele uma milha, vá com ele duas. Dê a quem pede, e não volte as costas àquele que deseja pedir algo emprestado [...].
Mateus 5.39-45

LEMBRETE DO DIA

MELHOR LEVAR UM TAPA QUE MANTER UMA DISCUSSÃO INÚTIL.

#DIEGOMENIN

PLANO DE LEITURA BÍBLICA

Eclesiastes 7.1 — 9.10
Gálatas 3.1-18
Salmos 109.26-29

PENSE E ORE

Confiança

ANOTAÇÕES

"Se alguém o ferir na face direita, ofereça-lhe também a outra" — Jesus não está dizendo para você fazer papel de trouxa ou ficar apanhando de graça a toda hora. O que Ele está de fato dizendo é o seguinte: "Se para acabar com a conversa, seguir com sua vida e continuar seu caminho você precisa deixar que lhe batam mais uma vez, que o façam. Não se importe com isso, mas não perca tempo com discussões inúteis!".

A verdade é que se alguém vai lhe bater ou não, pouco importa. Se isso deixa o outro feliz, não o impeça, desde que o plano de Deus para sua vida não sofra prejuízo. Podemos resumir assim o processo: "Perdoe o tempo todo". Isso não significa que você seja melhor que alguém ou um idiota. Quer dizer apenas que está concentrado no que interessa. Para que perder tempo com o que não irá gerar frutos eternos? Apenas perdoe, simplifique o processo e siga seu caminho com o foco no alvo, que é Cristo!

QUANTO VOCÊ VALE?

26
SET

Não se vendem dois pardais por uma moedinha? Contudo, nenhum deles cai no chão sem o consentimento do Pai de vocês. Até os cabelos da cabeça de vocês estão todos contados. Portanto, não tenham medo; vocês valem mais do que muitos pardais!
Mateus 10.29-31

Se Deus fosse sua única plateia, em vez de amigos, parentes, espectadores desequilibrados, pessoas que não estão nem aí para você, como você imagina que seria sua vida? Como seria sua vida profissional, emocional, afetiva ou ministerial se Ele fosse sua única plateia?

Se ninguém o aplaude, não se entristeça: seu Pai certamente o celebrará. É disso que Jesus está falando no texto citado. Nesta terra, quanto mais você aparece, mais importância tem. No Reino de Deus, porém, as coisas não funcionam assim, porque Deus nos vê o tempo todo, onde quer que estejamos, e sabe quem realmente somos.

Se considerarmos Deus nossa única plateia, sem nos preocuparmos com a validação externa (aplausos, aprovações, comparações), entenderemos o significado de ter um Pai que nos valoriza. Somos importantes para Ele! Você precisa de uma plateia melhor?

LEMBRETE DO DIA

A VISIBILIDADE NÃO GARANTE O SEU VALOR!

#DIEGOMENIN

PLANO DE LEITURA BÍBLICA

Eclesiastes 9.11 — 12.14
Gálatas 3.18 — 4.7
Salmos 109.30-31

PENSE E ORE

Valor

ANOTAÇÕES

27
SET

MENTE DE CRIANÇA, CORPO DE ADULTO

Quem se alimenta de leite ainda é criança e não tem experiência no ensino da justiça. Mas o alimento sólido é para os adultos, os quais, pelo exercício constante, tornaram-se aptos para discernir tanto o bem quanto o mal.
Hebreus 5.13-14

Seria você alguém que tem "barba na cara", mas quem reina em suas decisões é uma criança? Seria você um adulto que age como criança porque não aceita as crises que a vida apresenta?

Se você não consegue ter uma conversa séria com ninguém, não assume responsabilidades e diante das pressões da vida precisa da proteção de um "adulto", está precisando rever seu comportamento.

Atitudes desse tipo revelam um nível severo de imaturidade. Você é um adulto que ainda se alimenta de leite, ou seja, não atualizou o sistema e não consegue encarar as realidades da vida.

Não é possível ter uma vida cristã adulta regida por um sistema infantil de pensamento, fala e entendimento. Você precisa trocar de alimento para crescer e amadurecer, a fim de que esteja apto para discernir tanto o bem quanto o mal.

LEMBRETE DO DIA

ADULTO NÃO PODE VIVER DE LEITE.

#DIEGOMENIN

PLANO DE LEITURA BÍBLICA

Cântico dos Cânticos 1.1 – 4.16
Gálatas 4.8-20
Salmos 110.1-7

PENSE E ORE

Imaturidade

ANOTAÇÕES

AGUENTE FIRME!

28 SET

"Sou eu que conheço os planos que tenho para vocês", diz o Senhor, "planos de fazê-los prosperar e não de causar dano, planos de dar a vocês esperança e um futuro".
Jeremias 29.11

Você precisa confiar plenamente no projeto de Deus, mesmo quando ele não fizer sentido. Não adianta ficar questionando os motivos Dele, apenas faça o que precisa ser feito. Você não precisa entender nem gostar do que Deus está fazendo, só tem de confiar no caráter Dele — bom, fiel e verdadeiro.

Deus nunca irá abandonar ou desprezar você. Ele nunca falha! Ame seu Pai de forma incondicional, mesmo que o plano que Ele elaborou para você não faça nenhum sentido, porque Ele certamente sabe o que faz, e no fim você Lhe será grato por isso.

O próprio Jesus, nos momentos difíceis, quando foi tentado em sua humanidade, pediu ao Pai que, se fosse possível, afastasse aquele cálice, mas que fosse feita a vontade de Deus. É como se Jesus dissesse: "Pai, não estou gostando desse plano. Está sendo muito doloroso para mim. Mas se esse é Teu propósito, vou aguentar firme!".

Gostando ou não do plano de Deus, siga confiando no caráter Dele e aguente firme!

LEMBRETE DO DIA

DEVEMOS CONFIAR EM DEUS, MESMO QUANDO NÃO O ENTENDEMOS.

#DIEGOMENIN

PLANO DE LEITURA BÍBLICA

Cântico dos Cânticos 5.1 – 8.14
Gálatas 4.21 – 5.15
Salmos 111.1-10a

PENSE E ORE

Caráter de Deus

ANOTAÇÕES

29 SET

DA REJEIÇÃO AO TRONO

[...] Davi disse a Saul: "Ninguém deve ficar com o coração abatido por causa desse filisteu; teu servo irá e lutará com ele". Respondeu Saul: "Você não tem condições de lutar contra esse filisteu; você é apenas um rapaz, e ele é um guerreiro desde a mocidade" [...].
1Samuel 17.31-36

LEMBRETE DO DIA

"SEJA FORTE E CORAJOSO!" (JOSUÉ 1.9).

#DIEGOMENIN

PLANO DE LEITURA BÍBLICA

Isaías 1.1 – 3.7
Gálatas 5.16 – 6.5
Salmos 111.1-10b

PENSE E ORE

Força

ANOTAÇÕES

Antes de lutar contra o gigante, Davi já havia matado um urso e um leão, ou seja, era um rapaz valente, mas quando se dispôs a duelar com Golias, os irmãos se irritaram com ele. A reação geral foi de descrédito. Até o rei, que mandou chamar Davi para conversar, estava convencido de que ele não tinha condições de enfrentar o filisteu.

No entanto, Davi não se deixou abater pela ira dos irmãos nem pela incredulidade do rei. Ele aguentou firme a enorme onda de rejeição, porque aqueles ataques na verdade o estavam fortalecendo. E o resultado todos nós conhecemos. Depois desse embate, Davi foi aperfeiçoado nos campos de batalha e por fim se tornou rei.

Todos querem se sentar no trono, querem levantar a cabeça do gigante e dizer: "Venci!". Mas poucos querem suportar a ira, o descrédito, os julgamentos, as desconfianças e as críticas. Enquanto você não estiver preparado para suportar esses ataques, não estará preparado para vencer nem para governar. Seja forte e corajoso!

DEUS FARÁ JUSTIÇA

30 SET

Por amor de Sião eu não sossegarei, por amor de Jerusalém não descansarei enquanto a sua justiça não resplandecer como a alvorada, e a sua salvação, como as chamas de uma tocha. As nações verão a sua justiça, e todos os reis, a sua glória; você será chamada por um novo nome que a boca do Senhor lhe dará [...].
Isaías 62.1-3

Temos um Deus que trabalha a nosso favor, um Deus imutável, que não tem pacto com cartas marcadas, tampouco com a mentira. Um Deus que não tem aliança com o engano, a trapaça ou a corrupção. Um Deus que não sossega até fazer justiça.

Temos um Deus que nos justifica, que gera paz e conforto em nosso coração, porque Ele declarou que não vai sossegar enquanto não houver justiça a nosso favor. O amor de Deus gera vida em nós e nos dá a certeza de que Ele é nosso Sustentador, Provedor e Juiz. Nosso Deus é fiel e verdadeiro. Ele cumpre suas promessas, porque não muda!

Diante de nosso Deus qualquer tipo de preocupação e correria é inútil. Afinal, Ele é um Pai comprometido em nos honrar e justificar.

LEMBRETE DO DIA

DEUS NÃO DESCANSA ATÉ QUE A JUSTIÇA SEJA FEITA.

#DIEGOMENIN

PLANO DE LEITURA BÍBLICA

Isaías 3.8 — 5.30
Gálatas 6.6-18
Salmos 112.1-10

PENSE E ORE

Justiça de Deus

ANOTAÇÕES

NÃO TENHA MEDO. APEGUE-SE AO QUE DEUS PROMETEU A VOCÊ E AVANCE!

OUTUBRO

01
OUT

A FONTE DA ALEGRIA

Venham a mim, todos os que estão cansados e sobrecarregados, e eu darei descanso a vocês.
Mateus 11.28

LEMBRETE DO DIA

SUA ALEGRIA VERDADEIRA ESTÁ NA PRESENÇA DE JESUS.

#DIEGOMENIN

PLANO DE LEITURA BÍBLICA

Isaías 6.1 — 8.22
Efésios 1.1-23
Salmos 113.1-9

PENSE E ORE

Descanso

ANOTAÇÕES

Se você sente que a alegria abandonou sua vida, é hora de procurá-la. Observe por onde sua mente está vagando, pois deve tê-la perdido durante o trajeto e só irá recuperá-la voltando e enfrentando a situação. Ignorar, fingir que nada aconteceu e culpar os outros não trará sua alegria de volta.

Se você ficar pensando mais em suas dores do que no Deus que pode curá-las, chorando e se preocupando com o futuro, em vez de descansar e confiar no plano perfeito de Jesus, a ansiedade irá destroçar sua alma e seu espírito.

O Inimigo tentará roubar sua alegria, a fim de lhe deixar em desespero e fazê-lo perder a capacidade de aproveitar a vida. É difícil viver o tempo todo no presente, mas você deve se esforçar para isso.

A alegria está esperando por você – e está mais perto do que você imagina! Alinhe seus pensamentos com ela e recupere-a! Experimente descansar em Jesus e desfrutar as promessas Dele para sua vida. Só assim você encontrará a alegria e verá tudo através das lentes espirituais.

ACEITE SEU LUGAR NA HUMANIDADE

02 OUT

Visto que você é precioso e honrado à minha vista, e porque eu o amo, darei homens em seu lugar, e nações em troca de sua vida.
Isaías 43.4

Deus não está procurando heróis: está em busca de homens que tenham coragem de admitir suas dúvidas e busquem com sinceridade esclarecê-las. Deus não quer pessoas ideais: está em busca de pessoas reais. Portanto, Ele não se ofende com suas dúvidas nem irá descartá-lo por você ter uma vida complicada. Ele apenas quer a chance de fazer tudo novo.

O Senhor é capaz de curar todas as suas dores e angústias, de enxergá-lo e tocá-lo como nenhum ser humano enxerga ou toca você. Só em Jesus você terá a sensação de finalmente ter encontrado alguém cujo amor não depende de seu desempenho.

Aquilo que hoje lhe causa mais dor pode se tornar o combustível e o estimulante para impulsioná-lo em direção ao seu destino. A dor pode até torná-lo mais amargo por um tempo, no entanto você nunca mais será o mesmo.

Para todos nós, homens e mulheres, a paz está em deixar de lado as buscas superficiais das impressões humanas e ficar livre para subir à presença de um Deus cujo coração transborda de amor por nós.

Permita-se ser amado por Ele!

LEMBRETE DO DIA

DEUS PROCURA CORAÇÕES SINCEROS, NÃO HERÓIS PERFEITOS.

#DIEGOMENIN

PLANO DE LEITURA BÍBLICA

Isaías 9.1 — 10.34
Efésios 2.1-18
Salmos 114.1-8

PENSE E ORE

Amor de Deus

ANOTAÇÕES

03
OUT

A VERDADEIRA VALORIZAÇÃO EM CRISTO

Assim como vocês receberam Cristo Jesus, o Senhor, continuem a viver nele, enraizados e edificados nele, firmados na fé, como foram ensinados, transbordando de gratidão. Tenham cuidado para que ninguém os escravize a filosofias vãs e enganosas, que se fundamentam nas tradições humanas e nos princípios elementares deste mundo, e não em Cristo.
Colossenses 2.6-8

Você vai morrer tentando obter a aprovação das pessoas e nunca vai conseguir. Irá perder toda a sua alegria se precisar de reconhecimento. Não gaste suas energias tentando ser aprovado por pessoas que jamais perceberão seu valor — afinal, sempre haverá quem não acredite em nós.

Quantos hoje estão mortos por terem abandonado lutas importantes para viver a tortura de impressionar os outros! O único resultado foi que perderam sua identidade. Não permita que a pressão de quem nem entende você mate sua alegria e o belo propósito que Deus estabeleceu em seu coração!

Reflita sobre estes questionamentos:

- Você está fazendo algo apenas por pressão dos outros?
- Se sabe que isso está matando você, por que continua?
- As decisões que tem tomado com relação à sua vida são originadas de seu real propósito ou nascem do desejo de mostrar seu valor aos outros?

Deus não precisa de seu desempenho: precisa da sua presença. Esteja inteiro diante Dele todas as manhãs e veja sua vida mudar por completo!

LEMBRETE DO DIA

EM CRISTO, NÃO HÁ NECESSIDADE DE APROVAÇÃO EXTERNA PARA ENCONTRAR SEU VERDADEIRO VALOR.

#DIEGOMENIN

PLANO DE LEITURA BÍBLICA

Isaías 11.1 – 14.12
Efésios 2.19 – 3.13
Salmos 115.1-8

PENSE E ORE

Valorização

ANOTAÇÕES

GLÓRIA MANIFESTA

04
OUT

O Filho é o resplendor da glória de Deus e a expressão exata do seu ser, sustentando todas as coisas por sua palavra poderosa. Depois de ter realizado a purificação dos pecados, ele se assentou à direita da Majestade nas alturas, tornando-se tão superior aos anjos quanto o nome que herdou é superior ao deles.
Hebreus 1.3-4

Deus o fez para ser semelhante a Ele e para dominar. Ele soprou em você um espírito que produz glória. Você precisa conhecer o que carrega com você, parar de olhar para fora e olhar para dentro.

Olhar para fora irá fazê-lo envelhecer. Existe glória dentro de você, e não fazer uso dela para nada é lamentável. Você se valorizará quando perceber o que há em seu interior. Por isso, não desperdice tempo com quem não gosta de você nem com pessoas que não o celebram, pois só veem o que você é por fora.

Decida ter uma mente de governo, não de escravidão. Você foi eleito antes da fundação do mundo. Você não foi feito para o mundo: o mundo foi feito para você! Você não é só pó: é glória também!

Assuma o controle de sua vida, reconheça o que traz em você e manifeste a glória de Deus a partir de hoje!

LEMBRETE DO DIA

VOCÊ CARREGA A GLÓRIA DE DEUS. VALORIZE-SE E MANIFESTE ESSA GLÓRIA.

#DIEGOMENIN

PLANO DE LEITURA BÍBLICA

Isaías 14.13 — 17.14
Efésios 3.14 — 4.13
Salmos 115.9-11

PENSE E ORE

Glória

ANOTAÇÕES

05

OUT

GRAÇA RENOVADA

Graças ao grande amor do Senhor é que não somos consumidos, pois as suas misericórdias são inesgotáveis. Renovam-se cada manhã; grande é a sua fidelidade!
Lamentações 3.22-23

LEMBRETE DO DIA

A CADA DIA, A MISERICÓRDIA DE DEUS É UMA NOVA OPORTUNIDADE.

#DIEGOMENIN

PLANO DE LEITURA BÍBLICA

Isaías 18.1 — 21.17
Efésios 4.14-32
Salmos 115.12-18

PENSE E ORE

Misericórdia

ANOTAÇÕES

Jesus não é um alívio nem uma boa sensação: é a vida plena que interrompe o processo de morte e gera vida em abundância. O versículo acima mostra que o Senhor retém todas as manhãs a justa punição que cabia a cada um de nós.

Entenda que não é a qualidade da terra, a força dos adversários ou a crueldade dos opositores que importa, e sim a decisão de continuar firme. Você tem um Pai que honra sua palavra, logo nada pode impedir o que está para chegar. Então deixe de conversa fiada, de se vitimizar: confie em Deus e vá à luta!

O amor de Deus não permitirá que você seja consumido, no entanto aprenda que a vida cristã não garante a ausência de dor, mas a capacidade de avançar, apesar da dor. Alguns reclamam do choro, esquecendo-se de que nem todos choram para morrer, mas todos choram para nascer.

Peça a Deus que o ajude a remover de sua mente o mal que lhe fizeram e deixar vivo o bem que recebeu. Assim, você conhecerá a felicidade e a gratidão, pois a misericórdia e a bênção de Deus são derramadas todos os dias.

Infelizmente, há pessoas "vivendo" sem perceber isso! Que você tenha pleno conhecimento das misericórdias de Deus em sua vida e veja cada amanhecer com outros olhos a partir de hoje!

COMO HERDAR A VIDA ETERNA?

06 OUT

Quando Jesus ia saindo, um homem correu em sua direção e se pôs de joelhos diante dele e lhe perguntou: "Bom mestre, que farei para herdar a vida eterna?".
Marcos 10.17

O Texto Sagrado contém várias perguntas, de maior ou menor importância. Mas sem dúvida a mais importante foi feita pelo jovem rico: "Que farei para herdar a vida eterna?". Essa passagem ensina algumas lições:

- Jesus é a pessoa certa para responder às questões espirituais.
- Jesus sempre nos desafiará a renunciar o que está entre nós e Ele.
- Devemos estar dispostos a fazer as mudanças necessárias para seguir Jesus.

A vida é feita de ciclos. As bênçãos não são eternas, mas as lutas também não. Só o amor de Deus é eterno. Depois das provas, você ouvirá a voz mansa e delicada do alto guiando você para o lugar certo: ao lado Dele!

LEMBRETE DO DIA

CRISTO É O CAMINHO, A VERDADE E A VIDA.

#DIEGOMENIN

PLANO DE LEITURA BÍBLICA

Isaías 22.1 — 24.13
Efésios 5.1-17
Salmos 116.1-6

PENSE E ORE

Vida eterna

ANOTAÇÕES

07 OUT

NÃO É NECESSÁRIO AGRADAR A TODOS

Ai de vocês quando todos falarem bem de vocês, pois assim os antepassados deles trataram os falsos profetas.
Lucas 6.26

LEMBRETE DO DIA

PONHA AS SUAS EXPECTATIVAS NO SENHOR.

#DIEGOMENIN

PLANO DE LEITURA BÍBLICA

Isaías 24.14 – 27.13
Efésios 5.18 – 6.4
Salmos 116.7-11

PENSE E ORE

Unanimidade

ANOTAÇÕES

Todos gostam de você? Alguém anda falando mal de você por aí? A resposta é óbvia: muita gente não vai com sua cara. Mas por que você se incomoda quando comprova o que já sabe? Por que críticas, fofocas, traições e deslealdade mexem tanto com você? É porque sabemos que não somos unanimidade, mas vivemos pensando ser.

Organize agora seus pensamentos e atitudes baseado nessa verdade. Por melhor que você seja, alguém irá falar mal de você, suas melhores intenções serão distorcidas e sempre encontrarão defeitos em seu excelente trabalho. Por isso, deixe de mimimi e avance em seus propósitos. Não seja ingênuo, pare de se surpreender com o que você já sabe que existe!

Não quero assustá-lo, mas não crie expectativas com relação às pessoas. Se alguém o ajudar, considere um bônus. Direcione todas as suas expectativas a Deus, e Ele ainda lhe concederá muito mais do que você espera.

PALAVRAS ENCORAJADORAS

08 OUT

As palavras agradáveis são como um favo de mel, são doces para a alma e trazem cura para os ossos.
Provérbios 16.24

Existem pessoas em sua vida que o inspiram? Você tenta inspirar intencionalmente os outros? Nunca subestime o poder de construir uma atmosfera de inspiração ao seu redor!

Enquanto a inspiração fortalece as pessoas, o desânimo as faz definhar. O ambiente em sua casa ou no trabalho é de inspiração ou de desânimo? A maneira como falamos é uma escolha. Infelizmente, muitos subestimam o poder das palavras.

A inspiração rompe as amarras das limitações e afrouxa as cordas das possibilidades. É uma linguagem que a negatividade não entende. A inspiração é um investimento no futuro de outra pessoa porque é capaz de reescrever a história da vida dela.

Você foi feito à imagem de Deus – Ele é o maior de todos os inspiradores. E, como fomos chamados para ser seus imitadores, devemos falar a linguagem da inspiração, da grandeza, que a mediocridade não entende. Deus tem grandes planos para sua vida, planos para lhe dar um futuro e uma esperança. Decida ser alguém que fala não só da grandeza que há dentro de você, mas dos outros também!

Não subestime o poder que você tem de reverter a condição do espírito de outra pessoa ao inspirá-la a ser o que Deus pretende que ela seja!

LEMBRETE DO DIA

ELOGIE ALGUÉM HOJE.

#DIEGOMENIN

PLANO DE LEITURA BÍBLICA

Isaías 28.1 — 30.5
Efésios 6.5-24
Salmos 116.12-19

PENSE E ORE

Inspiração

ANOTAÇÕES

09
OUT

NÃO PODEMOS NOS ESCONDER DO SENHOR

[...] Zaqueu levantou-se e disse ao Senhor: "Olha, Senhor! Estou dando a metade dos meus bens aos pobres; e se de alguém extorqui alguma coisa, devolverei quatro vezes mais". Jesus lhe disse: "Hoje houve salvação nesta casa! Porque este homem também é filho de Abraão. Pois o Filho do homem veio buscar e salvar o que estava perdido".
Lucas 19.5-10

LEMBRETE DO DIA

NOSSO PAI NOS VÊ E CUIDA DE NÓS.

#DIEGOMENIN

PLANO DE LEITURA BÍBLICA

Isaías 30.6 — 32.20
Filipenses 1.1-17
Salmos 117.1-2

PENSE E ORE

Limitação

ANOTAÇÕES

Sempre temos a sensação de que os olhos de Deus sobre nós visam apenas expor nossas falhas. Quando alguém diz: "Deus está vendo", é como um alerta: "Pare de fazer coisa errada".

Infelizmente, temos essa relação pessimista com o olhar de Deus, como se Ele fosse um fiscal de boas maneiras e condutas. Mas o Senhor não precisa fiscalizar nada, pois o próprio pecado cumpre brilhantemente a função de criar um muro entre nós e Ele.

No versículo citado, Jesus viu Zaqueu na árvore e fez dele um discípulo. Ele também vê você, e o olhar Dele nem sempre é de julgamento.

Nosso Pai entende nossas limitações e nossa condição humana, por isso a melhor forma de lidar com nossas fraquezas é sendo honestos. Afinal, Ele sabe de todas as coisas.

DEUS TEM UMA MISSÃO PARA VOCÊ

O Senhor se voltou para ele e disse: "Com a força que você tem, vá libertar Israel das mãos de Midiã. Não sou eu quem o está enviando?" "Ah, Senhor", respondeu Gideão, "como posso libertar Israel? Meu clã é o menos importante de Manassés, e eu sou o menor da minha família." "Eu estarei com você", respondeu o Senhor, "e você derrotará todos os midianitas como se fossem um só homem".
Juízes 6.14-16

10 OUT

Deus tem desafios maiores para sua vida — e vitórias também! O desconhecimento dessa verdade faz com que muitos desperdicem oportunidades, vivam se escondendo e aceitem de forma passiva o que pensam deles. Assim, são esmagados no trabalho, nos relacionamentos, no ministério e em outras áreas da vida.

Você vence a síndrome de Gideão quando vive seu chamado, não as evidências ao seu redor. O trabalho de Satanás consiste em apagar de nossa vida as marcas do Senhor — os milagres, os livramentos, as vitórias. Ele também tenta sufocar a semente da Palavra de Deus dentro de cada um. Assim, a cada nova dificuldade, espera-se a derrota e abre-se mão das promessas. Expressam-se como Gideão: "Se o Senhor está conosco, por que aconteceu tudo isso? Onde estão todas as suas maravilhas que os nossos pais nos contam quando dizem: 'Não foi o Senhor que nos tirou do Egito?' Mas agora o Senhor nos abandonou e nos entregou nas mãos de Midiã" (Juízes 6.13). Em vez disso, "vivamos de acordo com o que já alcançamos" (Filipenses 3.16).

LEMBRETE DO DIA

ACEITE SEU CHAMADO!

#DIEGOMENIN

PLANO DE LEITURA BÍBLICA

Isaías 33.1 — 36.3
Filipenses 1.18 — 2.8
Salmos 118.1-4

PENSE E ORE

Desafios

ANOTAÇÕES

11
OUT

NOSSA VIDA ESTÁ PRESERVADA EM DEUS

[...] Lembra-te, ó Deus, de que a minha vida não passa de um sopro; meus olhos jamais tornarão a ver a felicidade. Os que agora me veem, nunca mais me verão; puseste o teu olhar em mim, e já não existo. Assim como a nuvem se esvai e desaparece, assim quem desce à sepultura não volta.
Jó 7.6-9

Você está preparado para os ventos da vida? Pela experiência de Jó, constatamos que o Diabo pode tocar em três coisas em nossa vida: o que temos, o que amamos e o que somos. Entretanto, ele nunca poderá tocar em nossa vida, porque ela pertence a Deus!

Por isso, devemos suportar os ventos da vida, na confiança de que ela está nas mãos de Deus. Embora o Diabo possa nos prejudicar em certos aspectos, como fez com Jó, ele não poderá fazer nada contra nossa vida, que está preservada em Deus.

Além disso, até as aparentes perdas causadas pela ação maligna acabarão transformadas em bênçãos. Os danos causados pelas tempestades da vida acabarão por revelar o propósito divino para nossa vida. E, quando os ventos cessarem, constataremos que Deus cuidou para que nada ocorresse além dos limites que Ele estabeleceu.

LEMBRETE DO DIA

DEUS É NOSSO ABRIGO CONTRA OS VENTOS DA VIDA.

#DIEGOMENIN

PLANO DE LEITURA BÍBLICA

Isaías 36.4 — 37.38
Filipenses 2.9-30
Salmos 118.5-16

PENSE E ORE

Preservação

ANOTAÇÕES

É PRECISO AMADURECER

12
OUT

DIA DAS CRIANÇAS

Estou convencido de que aquele que começou a boa obra em vocês há de completá-la até o dia de Cristo Jesus.
Filipenses 1.6

Ter um coração de criança é diferente de ser imaturo. Foi isso o que Jesus quis dizer em Mateus 19.14 ao se dirigir aos discípulos: "[...] vir a mim as crianças e não as impeçam; pois o Reino dos céus pertence aos que são semelhantes a elas". Crianças perdoam facilmente, não ficam magoadas, não alimentam ressentimentos, são descomplicadas e confiam sem necessitar de muitas explicações. Devemos buscar um coração assim, no entanto a Bíblia reprova o adulto que se comporta como criança.

Nunca tivemos uma geração tão incapaz de tomar decisões, de aguentar a pressão, arcar com as consequências e lidar com problemas de modo geral. A razão é simples: muitos foram protegidos demais quando deveriam ter sido impulsionados a crescer. A proteção pode ser um veneno, se não tomarmos cuidado. Adultos têm de amadurecer e, para isso, precisam abrir mão de certos ambientes e relacionamentos que os fazem permanecer infantis.

Peça a Deus que o ajude a ter um coração como o de uma criança, enquanto aperfeiçoa a boa obra que iniciou em sua vida. O processo de crescimento é longo e, muitas vezes, dolorido, mas vale a pena.

LEMBRETE DO DIA

NÃO SEJA INFANTIL. CRESÇA!

#DIEGOMENIN

PLANO DE LEITURA BÍBLICA

Isaías 38.1 — 40.31
Filipenses 3.1-21
Salmos 118.17-20

PENSE E ORE

Infantilidade

ANOTAÇÕES

13 OUT

COMO VOCÊ VÊ A VIDA?

Não considere sua aparência nem sua altura, pois eu o rejeitei. O Senhor não vê como o homem: o homem vê a aparência, mas o Senhor vê o coração.
1Samuel 16.7

LEMBRETE DO DIA

TUDO É QUESTÃO DE PERSPECTIVA.

#DIEGOMENIN

PLANO DE LEITURA BÍBLICA

Isaías 41.1 — 42.25
Filipenses 4.1-23
Salmos 118.21-29

PENSE E ORE

Perspectiva

ANOTAÇÕES

Como você vê a vida? Se o copo está meio cheio ou meio vazio, isso não muda o fato de que ainda há água no copo. Existe o mundo natural e o mundo espiritual. Para onde você está olhando?

Paulo lembra-nos da necessidade de nos concentrarmos no eterno e no invisível, que é a perspectiva divina, em vez de ficarmos presos ao temporário e visível: "Fixamos os olhos, não naquilo que se vê, mas no que não se vê, pois o que se vê é transitório, mas o que não se vê é eterno" (2Coríntios 4.18).

O crente deve olhar o mundo pela perspectiva espiritual. O mesmo Paulo aconselha: "Não se amoldem ao padrão deste mundo, mas transformem-se pela renovação da sua mente, para que sejam capazes de experimentar e comprovar a boa, agradável e perfeita vontade de Deus" (Romanos 12.2).

Ore a Deus para que sejam iluminados os olhos de seu entendimento! Se você puder contemplar o invisível, poderá fazer o impossível! Tudo é questão de perspectiva.

VERDADEIRAMENTE CONVERTIDO (PARTE 1/2)

14 OUT

[...] Eu designo a vocês um Reino, assim como meu Pai o designou a mim, para que vocês possam comer e beber à minha mesa no meu Reino e sentar-se em tronos [...]. Simão, Simão, Satanás pediu vocês para peneirá-los como trigo. Mas eu orei por você, para que a sua fé não desfaleça. E, quando você se converter, fortaleça os seus irmãos.
Lucas 22.25-32

Enquanto não houver uma mudança efetiva em sua vida, você não pode ser considerado um convertido. Jesus estava falando de algo muito profundo e Se dirigiu a Pedro, dizendo: "Quando você se converter [...]".

Pedro passou por algumas mudanças: mudou de profissão, andou lado a lado com Jesus por três anos e reconheceu que Ele era o Cristo. Contudo, chegou um momento crítico, em que uma conversão muito profunda precisava acontecer, e é disso que Jesus falava, pois estava chegando o momento em que eles teriam de caminhar sozinhos, e para isso precisavam de uma nova compreensão das coisas.

O que Jesus estava dizendo era: "O fato de você andar comigo não quer dizer que você se converteu". Nós, que pregamos, cantamos e servimos na igreja, ativamente envolvidos com as ações de Cristo, também precisamos nos converter. Por mais atuantes que sejamos na vida eclesiástica, isso não garante uma real conversão. Mas depois que nos convertermos, poderemos até fortalecer a fé dos irmãos.

LEMBRETE DO DIA

APENAS FREQUENTAR UMA IGREJA NÃO NOS GARANTE UMA REAL CONVERSÃO.

#DIEGOMENIN

PLANO DE LEITURA BÍBLICA

Isaías 43.1 — 44.28
Colossenses 1.1-25
Salmos 119.1-8

PENSE E ORE

Conversão

ANOTAÇÕES

15 OUT

VERDADEIRAMENTE CONVERTIDO (PARTE 2/2)

Então Jesus lhes perguntou: "Quando eu os enviei sem bolsa, saco de viagem ou sandálias, faltou alguma coisa?" "Nada", responderam eles. Ele lhes disse: "Mas agora, se vocês têm bolsa, levem-na, e também o saco de viagem; e, se não têm espada, vendam a sua capa e comprem uma".
Lucas 22.35-36

LEMBRETE DO DIA

OS QUATRO "Ps" DA CONVERSÃO: POSIÇÃO, PERSPECTIVA, POTENCIAL E PROVISÃO.

#DIEGOMENIN

PLANO DE LEITURA BÍBLICA

Isaías 45.1 — 47.15
Colossenses 1.26 — 2.23
Salmos 119.9-16

PENSE E ORE

Conversão

ANOTAÇÕES

O que você precisa entender sobre conversão:

- *Posição*. Se você quer que o Reino de Deus de fato se manifeste em você, pare de se importar com a posição que ocupa e se permita descer, quantas vezes forem necessárias, para que a grandeza se manifeste em você.
- *Perspectiva*. Nossas opiniões são formadas com base em nossas experiências, por isso não deixe suas ideias e opiniões dominarem você.
- *Potencial*. Pedro declarou que estava pronto para morrer por Jesus. Não somos muito diferentes dele, pois sem muita reflexão afirmamos: "Estou pronto!". Mas estar pronto não é um capricho: é uma preparação. O Diabo sabe que você tem potencial, e sua vida é uma ameaça aos planos dele.
- *Provisão*. Nos versículos supracitados, Jesus está dizendo: "Estou desmamando vocês". E ainda: "Vou lhes dar provisão, mas por meio de vocês, não para vocês".

DEUS ESTÁ FALANDO COM VOCÊ

16 OUT

A voz do Senhor ressoa sobre as águas; o Deus da glória troveja, o Senhor troveja sobre as muitas águas. A voz do Senhor é poderosa; a voz do Senhor é majestosa. A voz do Senhor quebra os cedros; o Senhor despedaça os cedros do Líbano.
Salmos 29.3-5

Você já recebeu hoje algum recado do Pai? Ele quer lhe dizer: "Quando sentir que ninguém se importa com você nem o ama, recoste-se nos Meus braços e encontre paz. Quando ficar desanimado e se sentir um caso perdido, lembre-se de que o amo do jeito que você é. Quando se sentir preocupado ou frustrado, corra para Mim, e serei seu companheiro perfeito. Se acha que ninguém entende as dificuldades pelas quais está passando, Eu sempre entendo e quero muito resolver seus problemas. Corra para Mim e conte o que está acontecendo, o que está deixando você tão preocupado e ansioso. Sei como acabar com isso. Sou seu Pai, seu Deus, e amo você!".

Nas Escrituras, vemos Deus falando com muitas pessoas, e hoje é seu dia de ouvir a voz Dele. Aproxime-se Dele sem medo e de coração aberto. Usufrua do colo do Pai. Ele ama Se relacionar com você!

LEMBRETE DO DIA

OUÇA A VOZ DE DEUS!

#DIEGOMENIN

PLANO DE LEITURA BÍBLICA

Isaías 48.1 — 50.11
Colossenses 3.1-21
Salmos 119.17-24

PENSE E ORE

A voz de Deus

ANOTAÇÕES

17
OUT

CONFIE NA FONTE CERTA

Quem beber desta água terá sede outra vez, mas quem beber da água que eu lhe der nunca mais terá sede. Ao contrário, a água que eu lhe der se tornará nele uma fonte de água a jorrar para a vida eterna.
João 4.13-14

LEMBRETE DO DIA

DEUS É A ÚNICA FONTE QUE SACIA TODAS AS NOSSAS NECESSIDADES.

#DIEGOMENIN

PLANO DE LEITURA BÍBLICA

Isaías 51.1 — 54.8
Colossenses 3.22 — 4.18
Salmos 119.25-32

PENSE E ORE

Fonte de vida

ANOTAÇÕES

Você não pode definir se amanhã estará no alto de uma montanha ou no fundo de um vale, se estará hospitalizado ou em uma viagem internacional. O caos, a tragédia e os fatores externos estão fora de nosso domínio, mas podemos escolher a fonte na qual iremos nos abastecer de vida, em qualquer circunstância. E nossa fonte deve ser Deus.

Assim, sempre que começarmos a depender de uma fonte que não seja Deus, Ele irá interrompê-la, porque o Senhor não permitirá que nossa vida seja nutrida por algo que, em vez de nos sustentar, pode nos fazer definhar.

Por exemplo, você pode ter se tornado dependente daquilo que as pessoas falam sobre você. Você ficará debilitado, porque se conectou a uma fonte errada, que não produz vida. Então Deus pode afastar essas pessoas de sua vida — interromper a conexão —, a fim de guiá-lo de volta à verdadeira Fonte.

PERDOAR É ESCOLHER NÃO CARREGAR PESOS

18 OUT

Vocês, orem assim: "Pai nosso, que estás nos céus! Santificado seja o teu nome. Venha o teu Reino; seja feita a tua vontade, assim na terra como no céu. Dá-nos hoje o nosso pão de cada dia. Perdoa as nossas dívidas, assim como perdoamos aos nossos devedores".
Mateus 6.9-12

Desde criança, você está pedindo a Deus que o trate da mesma forma que você trata seus devedores, já percebeu? Ou você nunca orou o Pai-Nosso? Agora pense nas pessoas que devem a você — respeito, carinho, lealdade, verdade, fidelidade, dinheiro, entre outras coisas. Como você as trata? Como você trata seu ex? Como você trata as pessoas que o magoaram? E os que o enganaram? Assustador, não é mesmo?

O tratamento que você dá aos seus devedores será exatamente o mesmo que Deus dará a você com relação aos seus pecados. Mas o que é o perdão? Quando verdadeiramente praticamos o perdão? Vejamos:

- Perdoar é lutar contra todos os pensamentos de revanche.
- Perdoar é muito mais uma ação interna: acontece de dentro para fora.
- Perdoar não é aceitar o mal que lhe fizeram, mas tomar a decisão de não carregar mais esse peso.
- Perdoar não é questão de determinar se o outro merece: é questão de ser livre.
- Perdoar é abrir mão de um direito adquirido em prol da sua liberdade.

LEMBRETE DO DIA

A FORMA COMO PERDOAMOS DEFINE COMO SEREMOS TRATADOS.

#DIEGOMENIN

PLANO DE LEITURA BÍBLICA

Isaías 54.9—57.21
1Tessalonicenses 1.1 — 2.12
Salmos 119.33-40

PENSE E ORE

Perdão

ANOTAÇÕES

19 OUT

UMA QUESTÃO DE ADORAÇÃO E FÉ

"Tragam o dízimo todo ao depósito do templo, para que haja alimento em minha casa. Ponham-me à prova", diz o Senhor dos Exércitos, "e vejam se não vou abrir as comportas dos céus e derramar sobre vocês tantas bênçãos que nem terão onde guardá-las. Impedirei que pragas devorem suas colheitas, e as videiras nos campos não perderão o seu fruto", diz o Senhor dos Exércitos [...].
Malaquias 3.10-12

LEMBRETE DO DIA

CONTRIBUIR COM DÍZIMOS E OFERTAS É UM PRINCÍPIO BÍBLICO.

#DIEGOMENIN

PLANO DE LEITURA BÍBLICA

Isaías 58.1 — 60.22
1Tessalonicenses 2.13 — 4.3
Salmos 119.41-48

PENSE E ORE

Dízimos e ofertas

ANOTAÇÕES

Devolver os dízimos e dar ofertas não são questões financeiras, mas de fé e de espiritualidade. Sempre que a pessoa ou a igreja experimenta um despertamento espiritual, os dízimos são devolvidos ao Senhor com alegria e as ofertas doadas com generosidade. O servo de Deus sabe que não se trata de dar dinheiro à igreja, e sim de uma forma de adoração ao Senhor.

A contribuição com dízimos e ofertas é amplamente ensinada nas Escrituras:

- O dízimo começa antes da Lei (Gênesis 14.20).
- O dízimo é mencionado na Lei (Levítico 27.31).
- O dízimo é mencionado nos Livros Históricos (Neemias 12.44).
- O dízimo é mencionado nos Livros Poéticos (Provérbios 3.9-10).
- O dízimo é mencionado nos Livros Proféticos (Malaquias 3.8-12).
- No texto mais conhecido sobre o dízimo, temos várias bênçãos prometidas aos dizimistas e ofertantes: janelas dos Céus abertas; bênçãos sem medida; devorador repreendido; esterilidade vencida; vida abençoada e feliz (Malaquias 3.6-12). Procure essas bênçãos nessa passagem.

O TEMPO DE DEUS NÃO FALHA

20
OUT

Espere no Senhor. Seja forte! Coragem! Espere no Senhor.
Salmos 27.14

Quando alguém me pergunta por que Deus demora, dou sempre a mesma resposta: "Sinto informar, mas não é Deus quem demora, é você que não está pronto ou está fora do propósito divino".

É fácil pedir a Deus que nos livre de nossos maiores problemas, mas é frustrante quando parece que Ele não está agindo rápido o suficiente. Muitos ficam aguardando impacientes por um grande milagre ou por uma mudança de vida por não entender que precisam passar por um processo de amadurecimento ou se alinhar com o propósito de Deus antes de terem seus anseios resolvidos.

Na verdade, Deus está agindo o tempo todo, nas pequenas coisas, a fim de prepará-lo para o *gran finale*. Se você entender isso e continuar caminhando com Deus, irá enxergá-Lo nas situações corriqueiras do dia a dia – e verá que Ele não está atrasado.

LEMBRETE DO DIA

A ESPERA FAZ PARTE DO PROCESSO.

#DIEGOMENIN

PLANO DE LEITURA BÍBLICA

Isaías 61.1 — 64.12
1Tessalonicenses 4.4 — 5.8
Salmos 119.49-56

PENSE E ORE

Tempo de Deus

ANOTAÇÕES

21
OUT

NÃO SE DISTRAIA COM O ÓBVIO

[...] esquecendo-me das coisas que ficaram para trás e avançando para as que estão adiante, prossigo para o alvo, a fim de ganhar o prêmio do chamado celestial de Deus em Cristo Jesus.
Filipenses 3.13-14

LEMBRETE DO DIA

NÃO PERCA TEMPO QUESTIONANDO O QUE DEUS JÁ DEIXOU CLARO.

#DIEGOMENIN

PLANO DE LEITURA BÍBLICA

Isaías 65.1 — 66.24
1Tessalonicenses 5.9-28
Salmos 119.57-64

PENSE E ORE

Obviedades

ANOTAÇÕES

Você já presenciou situações de extrema distração, como quando a pessoa entra em um açougue e pergunta se tem carne? Certas perguntas e questionamentos são tão óbvios que só expõem a pessoa ao ridículo.

No âmbito espiritual, não é diferente. Como pastor, já atendi muitas pessoas que se questionavam se era vontade de Deus que eles se batizassem, frequentassem os cultos ou servissem na igreja. E eu tinha de me conter para não perguntar: "E acha que deve servir quem: o capeta?".

O apóstolo Paulo dizia: "Prossigo para o alvo" (Filipenses 3.14). Ele não permitia distrações em sua vida de fé, não questionava o óbvio. A falta de atenção e de comprometimento leva os crentes a andar por caminhos errados e a negligenciar os deveres cristãos. Não perca tempo perguntando sobre o que você já sabe que tem de fazer!

NÃO HESITE, DECIDA

22
OUT

Multidões, multidões no vale da Decisão!
Pois o dia do Senhor está próximo, no vale da Decisão.
Joel 3.14

Não existe decisão sem riscos: toda decisão custa alguma coisa. Alguns pensam que as coisas precisam melhorar em diversos aspectos, atingir um estado ideal, para que possam tomar uma decisão. Ficam esperando o melhor momento e às vezes acabam não tomando decisão alguma. No entanto, mais arriscado que decidir é não decidir.

Quando chegar o momento de decidir, não hesite. Deus está perguntando: "Até quando vocês vão oscilar para um lado e para o outro?" (1Reis 18.21b). Até quando você vai ficar coxeando entre dois pensamentos, como diz outra versão desse texto?

Outra coisa: nunca tome uma decisão permanente em uma situação temporária. Saiba diferenciar cada uma das situações nas quais terá de fazer escolhas e se arriscar. Temos a capacidade e a opção de escolher, mas também responsabilidade com relação às nossas escolhas. Peça a Deus discernimento espiritual para assumir riscos calculados e tomar as decisões acertadas!

LEMBRETE DO DIA

ADIAR DECISÕES NÃO ELIMINA OS RISCOS, APENAS OS ADIA.

#DIEGOMENIN

PLANO DE LEITURA BÍBLICA

Jeremias 1.1 — 2.37
2Tessalonicenses 1.1 — 2.12
Salmos 119.65-72

PENSE E ORE

Riscos

ANOTAÇÕES

23
OUT

APRENDA A ENXERGAR PELA ÓTICA DE DEUS

Josué, filho de Num, e Calebe, filho de Jefoné, dentre os que haviam observado a terra, rasgaram as suas vestes e disseram a toda a comunidade dos israelitas: "A terra que percorremos em missão de reconhecimento é excelente. Se o Senhor se agradar de nós, ele nos fará entrar nessa terra, onde há leite e mel com fartura, e a dará a nós".
Números 14.6-8

LEMBRETE DO DIA

FOQUE NO QUE DEUS DISSE, E NÃO NA CIRCUNSTÂNCIA.

#DIEGOMENIN

PLANO DE LEITURA BÍBLICA

Jeremias 3.1 — 4.31
2Tessalonicenses 2.13 — 3.18
Salmos 119.73-80

PENSE E ORE

Assombro

ANOTAÇÕES

Quando alguém chega a você com uma ideia, uma sugestão ou algum tipo de conhecimento, como você reage? É do tipo que fala: "Como isso é possível? Como você conseguiu? Como aconteceu?". Ou se entrega à surpresa e exclama: "Uau!"?

Josué e Calebe eram do time do "uau!". Eles confrontaram todos os outros espiões, que estavam travados no "como é possível?" e queriam abandonar Canaã, a terra prometida. Isso mostra que dois grupos de pessoas podem olhar para a mesma situação e terem reações diferentes. Os outros espiões queriam desistir: a terra prometida manava leite e mel, mas era habitada por gigantes! Como vencê-los? Assim funciona o pensamento do "como?".

Josué e Calebe, por sua vez, não se deixaram intimidar. Eles estavam animados: "A terra que percorremos em missão de reconhecimento é excelente". Assim funciona o pensamento do "uau!". Mesmo com medo, eles sabiam que aquele lugar incrível seria deles porque Deus lhes havia prometido, e ambos creram na Palavra do Deus de Israel.

Quando você diz: "Como?", acaba se tornando um crítico, que precisa sempre de uma explicação a mais para acreditar no que está vivendo. A única forma de viver algo novo e ser excepcionalmente melhor é quando você entende a situação, surpreende-se positivamente e exclama: "Uau!".

PLANTADO EM UM LUGAR ESCURO

24
OUT

Afinal de contas, quem é Apolo? Quem é Paulo? Apenas servos por meio dos quais vocês vieram a crer, conforme o ministério que o Senhor atribuiu a cada um. Eu plantei, Apolo regou, mas Deus é quem fez crescer; de modo que nem o que planta nem o que rega são alguma coisa, mas unicamente Deus, que efetua o crescimento. O que planta e o que rega têm um só propósito, e cada um será recompensado de acordo com o seu próprio trabalho.
1Coríntios 3.5-8

Algumas fases da vida parecem insuportáveis. Você se sente a pior das pessoas, e parece que nada funciona. É como se você estivesse estagnado, plantado em um lugar escuro. No escuro, a visão não funciona e nada dá certo, mas há uma esperança: manter-se firme no Senhor.

Deus é quem dá o crescimento, por isso, mesmo que você se sinta plantado em um lugar que não lhe dê a chance de crescer e frutificar, Ele pode mudar sua realidade. O fato de você estar no lugar escuro não lhe dá o direito de achar que será sempre assim, que você morrerá na escuridão. Não significa que é o fim.

Deus o fará crescer para que você possa plantar ou regar a vida de outras pessoas e assim continuar o processo.

LEMBRETE DO DIA

ONDE QUER QUE VOCÊ ESTEJA PLANTADO, DEUS DARÁ O CRESCIMENTO.

#DIEGOMENIN

PLANO DE LEITURA BÍBLICA

Jeremias 5.1 — 6.30
1Timóteo 1.1 — 2.3
Salmos 119.81-88

PENSE E ORE

Crescimento

ANOTAÇÕES

25 OUT

NÃO SE DEIXE VENCER PELA DOR

Certamente ele tomou sobre si as nossas enfermidades e sobre si levou as nossas doenças; contudo nós o consideramos castigado por Deus, por Deus atingido e afligido. Mas ele foi traspassado por causa das nossas transgressões, foi esmagado por causa de nossas iniquidades; o castigo que nos trouxe paz estava sobre ele, e pelas suas feridas fomos curados.
Isaías 53.4-5

LEMBRETE DO DIA

FAÇA O QUE PRECISA SER FEITO.

#DIEGOMENIN

PLANO DE LEITURA BÍBLICA

Jeremias 7.1 — 8.22
1Timóteo 2.4 — 3.13
Salmos 119.89-96

PENSE E ORE

Enfrentamento

ANOTAÇÕES

A dor a que me refiro não é um sangrar, não causa hematomas: é um jogo mental. No entanto, ela representa muito mais do que você pensa. Por isso, se não enfrentar sua dor, se fugir dela ou se adaptar a ela, suas expectativas com relação a tudo em sua vida serão muito baixas. A dor tem a capacidade de impedir você de ser quem é!

Quantas vezes ouvi o mesmo discurso: "Ah, pastor, não penso como antes! Agora me conformei!". Se você trouxer a dor para morar do seu lado, certamente irá se conformar a ela, mas estará fora do propósito que Deus tem para você.

Como cristão, você não tem tempo para abraçar a dor e ficar sofrendo com ela. Por isso, enfrente a sua dor sem pensar duas vezes, porque se não a vencer, ela dominará sua vida! Faça como Jesus: Ele assumiu seu propósito maior e fez o que precisava ser feito sem se deixar vencer pela dor.

UM CONSELHEIRO EFICAZ

26
OUT

Se vocês me amam, obedecerão aos meus mandamentos. E eu pedirei ao Pai, e ele dará a vocês outro Conselheiro para estar com vocês para sempre, o Espírito da verdade. O mundo não pode recebê-lo, porque não o vê nem o conhece. Mas vocês o conhecem, pois ele vive com vocês e estará em vocês.
João 14.15-17

Você está vivendo mais no futuro que no presente, sempre ansioso, sem conseguir dormir direito, descontando suas emoções na comida? Ou, no outro extremo, pensa apenas no passado e vive depressivo, às vezes até sem comer direito? Você se mutila, sente-se abusado, desrespeitado? Não se sente amado? Venho hoje lembrar que o Espírito Santo está em você.

Para vencer os problemas emocionais, você pode recorrer ao seu Conselheiro. Se ficou desempregado, Ele irá sustentá-lo. Se você terminou um relacionamento, Ele é o Consolador, aquele que entende suas emoções e pode curá-las.

Seu emocional deve estar firmado no Espírito Santo. Passar por mudanças não é um processo fácil e sempre implica muitas coisas, algumas agradáveis, outras nem tanto, mas o que importa é que quem está consigo todos os dias sabe como curar suas emoções.

LEMBRETE DO DIA

O ESPÍRITO SANTO É SEU CONSELHEIRO E CONSOLADOR.

#DIEGOMENIN

PLANO DE LEITURA BÍBLICA

Jeremias 9.1 — 10.25
1Timóteo 3.14 — 5.2
Salmos 119.97-104

PENSE E ORE

Espírito Santo

ANOTAÇÕES

27
OUT

NÃO É SOBRE VELOCIDADE

O Senhor é a minha força e o meu escudo; nele o meu coração confia, e dele recebo ajuda. Meu coração exulta de alegria, e com o meu cântico lhe darei graças.
Salmos 28.7

LEMBRETE DO DIA

DEUS NOS FORTALECE EM MEIO AO CANSAÇO.

#DIEGOMENIN

PLANO DE LEITURA BÍBLICA

Jeremias 11.1 — 13.14
1Timóteo 5.3-23
Salmos 119.105-112

PENSE E ORE

Resistência

ANOTAÇÕES

As grandes maratonas não são vencidas pelos mais velozes, pois durante a corrida perde-se a velocidade, e o que conta é a resistência. De início, os resistentes podem não despontar como favoritos, contudo se dão melhor no decorrer da prova, pois conseguem manter o ritmo e com isso alcançam a vitória.

Por essa razão, não se preocupe com os resultados de hoje, se lhe parece que há pessoas mais rápidas que você. Apenas mantenha o ritmo e continue avançando. Se em algum momento pensar em parar, lembre-se desta promessa: "Eu o fortalecerei e o ajudarei; eu o segurarei com a minha mão direita vitoriosa" (Isaías 41.10). Diante dessa ajuda, parar nunca será uma opção.

SUPERE AS OFENSAS

28
OUT

Quem beber desta água terá sede outra vez, mas quem beber da água que eu lhe der nunca mais terá sede. Ao contrário, a água que eu lhe der se tornará nele uma fonte de água a jorrar para a vida eterna.
João 4.13-14

Se você perdeu ou tiraram tudo de você, não fique remoendo isso. Talvez esteja lamentando: "Se eu não tivesse perdido meu dinheiro naquele investimento (ou golpe, ou assalto) estaria muito bem hoje!". Pois afirmo que sua condição financeira está pior hoje porque desde o dia em que foi enganado ou roubado você parou nisso. Você não consegue enxergar as oportunidades que estão bem diante de seu nariz. Não é aquele dinheiro que está fazendo falta, é a ofensa sofrida que você não consegue superar.

Outra queixa que ouço muito: "Pastor, aquele sujeito me traiu e destruiu meus sonhos! Desde a traição, nunca mais fui feliz no amor!". Preste atenção, não foi o traidor que a destruiu, foi você mesma! Depois do que aconteceu, você que não se deu a oportunidade de viver o novo porque a ofensa sofrida a está segurando em algum lugar no passado.

A ofensa não superada não permite que você mude de estação, nem que veja as pessoas maravilhosas perto de você, nem que aproveite as incríveis oportunidades à sua frente. O problema não é o que fizeram com você, mas o que você fez com você mesmo quando não recorreu ao Senhor Jesus como sua Fonte de vida.

LEMBRETE DO DIA

O QUE VOCÊ ESTÁ FAZENDO CONSIGO MESMO?

#DIEGOMENIN

PLANO DE LEITURA BÍBLICA

Jeremias 13.15 – 15.21
1Timóteo 5.24 – 6.21
Salmos 119.113-120

PENSE E ORE

Superação

ANOTAÇÕES

29 OUT

SE FOR FÁCIL, DESCONFIE!

Aqueles que semeiam com lágrimas, com cantos de alegria colherão. Aquele que sai chorando enquanto lança a semente, voltará com cantos de alegria, trazendo os seus feixes.
Salmos 126.5-6

LEMBRETE DO DIA

DEUS ESTÁ PRESENTE, MESMO NAS DIFICULDADES.

#DIEGOMENIN

PLANO DE LEITURA BÍBLICA

Jeremias 16.1 — 18.10
2Timóteo 1.1 — 2.7
Salmos 119.121-128

PENSE E ORE

Momentos difíceis

ANOTAÇÕES

Ninguém precisa de treinamento para lidar com os bons momentos: é fácil lidar com eles. Você precisa aprender é a lidar com os momentos difíceis, a se erguer rapidamente, secar as lágrimas e seguir adiante. A vida não é fácil, mas você sempre tem algo melhor a considerar:

- Estudar é difícil, mas viver sem estudo é pior.
- Perder peso é difícil, mas ser obeso é pior.
- Ganhar dinheiro é difícil, mas viver sem dinheiro é pior.
- Viver sozinho é difícil, mas viver com a pessoa errada é pior.
- Servir a Deus é difícil, mas ficar longe Dele é bem pior.

Se for fácil, desconfie! O sucesso não nasce de facilidades, mas de paixão e trabalho duro. Se for difícil, encare! Porque no fim certamente valerá a pena.

NEGAR A SI MESMO

30 OUT

Ele chamou a multidão e os discípulos e disse: "Se alguém quiser acompanhar-me, negue-se a si mesmo, tome a sua cruz e siga-me. Pois quem quiser salvar a sua vida a perderá; mas quem perder a sua vida por minha causa e pelo evangelho a salvará. Pois, que adianta ao homem ganhar o mundo inteiro e perder a sua alma?"
Marcos 8.34-36

Se você quer herdar a vida eterna, não há outro caminho a não ser o arrependimento. Se você é cristão, faça um autoexame para ver se existe alguma coisa entre você e Deus e se alinhe com o Pai. Se você não é cristão, certamente existe algo entre você e Deus: o pecado. Jesus é o único que pode mudar essa realidade.

Por isso, vamos estruturar um plano para que a salvação chegue às pessoas por meio de sua vida ou mesmo à sua vida:

- Ouça a palavra (Romanos 10.17).
- Creia de todo o coração (Hebreus 11.6).
- Arrependa-se de seus pecados (Atos 17.30).
- Confesse Jesus como o Filho de Deus (Mateus 16.16).
- Seja batizado, para a remissão de seus pecados (Marcos 16.15-16).

Não existe nada que possamos ser ou nos tornar que faça Deus nos aceitar com nossos pecados. Mas se nos arrependermos, ele nos acolherá.

LEMBRETE DO DIA

O ARREPENDIMENTO É UM DOS PASSOS NO CAMINHO PARA A ETERNIDADE.

#DIEGOMENIN

PLANO DE LEITURA BÍBLICA

Jeremias 18.11 — 21.10
2Timóteo 2.8-26
Salmos 119.129-136

PENSE E ORE

Arrependimento

ANOTAÇÕES

31
OUT
DIA DA REFORMA PROTESTANTE

REFORMA PESSOAL

O rei deu ordens ao sumo sacerdote Hilquias, aos sacerdotes auxiliares e aos guardas das portas que retirassem do templo do Senhor todos os utensílios feitos para Baal e Aserá e para todos os exércitos celestes. Ele os queimou fora de Jerusalém, nos campos do vale de Cedrom e levou as cinzas para Betel. E eliminou os sacerdotes pagãos nomeados pelos reis de Judá.
2Reis 23.4-5

LEMBRETE DO DIA

A VIDA CRISTÃ DEVE SER CONSTANTEMENTE REAVALIADA.

#DIEGOMENIN

PLANO DE LEITURA BÍBLICA

Jeremias 21.11 — 23.22
2Timóteo 3.1 — 4.2
Salmos 119.137-144

PENSE E ORE

Reforma

ANOTAÇÕES

Segundo o dicionário, reforma é a mudança que se faz em algo para fins de aprimoramento e obtenção de melhores resultados. O rei do texto de hoje é Josias, que promoveu uma grande reforma na religião de Israel depois que o Livro da Lei, esquecido pela nação, foi encontrado no templo.

No século 16, o monge agostiniano Martinho Lutero, com suas 95 teses, desafiou a autoridade da Igreja Católica Romana e criticou práticas como a venda de indulgências. Teve início assim a Reforma Protestante, movimento religioso que introduziu mudanças profundas na Igreja cristã e na sociedade europeia. Daí surgiram várias denominações protestantes, que buscavam um retorno às Escrituras e a uma fé mais pessoal e direta.

Sua vida pode também estar precisando de uma reforma. Assim como a igreja medieval precisava de uma purificação e de um retorno aos princípios bíblicos, você precisa constantemente reavaliar sua vida e alinhá-la com os ensinos de Cristo. A vida cristã é na verdade uma jornada contínua de crescimento e transformação, e a reforma pessoal implica uma reflexão sincera sobre as próprias ações, atitudes e crenças, a fim de corrigir os desvios e aprofundar o relacionamento com Deus.

AS TEMPESTADES DA VIDA NOS IMPULSIONAM A CONSTRUIR UM ESCONDERIJO SEGURO EM DEUS.

NOVEMBRO

01 NOV

PENSAMENTOS TRANSFORMADORES

Consagre ao Senhor tudo o que você faz, e os seus planos serão bem-sucedidos.
Provérbios 16.3

LEMBRETE DO DIA

COMPROMETA-SE HOJE PARA MOLDAR SEU AMANHÃ.

#DIEGOMENIN

PLANO DE LEITURA BÍBLICA

Jeremias 23.23 — 25.29
2Timóteo 4.3-22
Salmos 119.145-152

PENSE E ORE

Comprometimento

ANOTAÇÕES

Sua vida depende de seus pensamentos, pois com certeza você irá viver o que pensa. Enquanto agir como uma esponja, absorvendo tudo que lhe é lançado, estará prejudicando seu futuro.

Não espere a ajuda de Deus se você não estiver comprometido com seu futuro. Se sua vida depende do que você pensa, então suas limitações e resultados não são culpa do Diabo nem de outra pessoa, mas frutos desses pensamentos.

Você pode escolher entre viver e morrer. Pode se levantar e avançar ou ficar estagnado. No entanto, é preciso atentar para o fato de que irá viver amanhã exatamente o que está pensando agora.

Por isso, pare de culpar o Diabo e comece a prestar atenção no que você está pensando! É de seus pensamentos que depende toda a sua vida. Comprometa-se com seu futuro concentrando-se no presente e alimentando bons pensamentos, que o ajudem a vencer no dia de hoje.

O PRIMEIRO LUGAR

02
NOV

Elias [...] disse [à viúva]: "Não tenha medo. Vá para casa e faça o que eu disse. Mas primeiro faça um pequeno bolo com o que você tem e traga para mim, e depois faça algo para você e para o seu filho".
1Reis 17.13

Deus pode saciar sua fome, apesar da seca, mas para isso você precisa rever suas prioridades. Deixe de lado sua história dramática. Ainda que você esteja com fome, como a viúva de nosso texto, obedeça e faça primeiro um lanche para o servo do Senhor.

Não se trata apenas de buscar, mas de buscar primeiro. Não se trata apenas de adorar, mas de adorar primeiro. Não se trata apenas de orar, mas de orar primeiro. Não se trata apenas de falar com Ele, mas de falar com Ele primeiro.

Esteja sua vida boa ou ruim, acorde toda manhã e seja grato por mais um dia, pois "será inútil levantar cedo e dormir tarde, trabalhando arduamente por alimento. O Senhor concede o sono àqueles a quem ele ama" (Salmos 127.2).

Nosso Pai está sempre trabalhando, mesmo quando é noite e a escuridão impede que nossos olhos vejam cada parafuso sendo encaixado. Em silêncio, Ele põe as coisas no devido lugar. Portanto, entregue seu coração a Ele e descanse – afinal, descansar também é obedecer.

Neste dia, em que você tem a oportunidade de estar primeiro com o Senhor, ore assim: "Voltarei ao meu primeiro amor. Quero minha esperança e minha alegria de volta. Vou Te buscar em primeiro lugar na minha vida!".

LEMBRETE DO DIA

QUANDO DEUS É A PRIORIDADE, TUDO SE ALINHA EM SEU DEVIDO LUGAR.

#DIEGOMENIN

PLANO DE LEITURA BÍBLICA

Jeremias 25.30 – 27.22
Tito 1.1 – 2.8
Salmos 119.153-160

PENSE E ORE

Prioridade

ANOTAÇÕES

03
NOV

O PODER DO SILÊNCIO SÁBIO

Quando são muitas as palavras, o pecado está presente, mas quem controla a língua é sensato.
Provérbios 10.19

LEMBRETE DO DIA

O CONTROLE DA LÍNGUA É UMA MARCA DE SABEDORIA.

#DIEGOMENIN

PLANO DE LEITURA BÍBLICA

Jeremias 28.1 — 30.3
Tito 2.9 — 3.15
Salmos 119.161-168

PENSE E ORE

Sensatez

ANOTAÇÕES

Não podemos deixar nossa boca arrogante nos aprisionar em declarações que deveriam passar, mas que permanecem porque não sabemos refrear a língua. Não podemos deixar que nossas palavras nos excluam do plano redentor de Deus!

Vivemos em uma época de falantes compulsivos, que não conseguem ficar calados nem por um instante e perdem toda a autoridade por não saberem a hora de ficar em silêncio. Jamais se esqueça destas lições:

- Não discuta nenhum assunto quando estiver com raiva.
- Não prometa nada quando estiver feliz.
- Não desista de nada quando estiver triste.

Suas emoções podem mentir — elas podem trair você. Seja sensato e diga para si mesmo o tempo todo: "Vou me calar". Entenda que os lugares altos são para os que conseguem dominar a língua, pois a sabedoria pertence aos que sabem quando o silêncio é a melhor resposta.

Meu conselho: tire um tempo para avaliar suas falas. Pense também nas ocasiões em que o silêncio o ajudou a evitar problemas. E, se for dizer alguma coisa, seja sensato em suas palavras.

VOAR ALTO CERCANDO-SE DE SABEDORIA

04 NOV

Todas as minhas palavras são justas; [...] "Eu, a sabedoria, moro com a prudência, e tenho o conhecimento que vem do bom senso. Temer o Senhor é odiar o mal; odeio o orgulho e a arrogância, o mau comportamento e o falar perverso. Meu é o conselho sensato; a mim pertencem o entendimento e o poder".
Provérbios 8.8-14

A águia foi projetada para voar absoluta nos céus. Se você viver em um galinheiro, irá se limitar a estar no chão ciscando qualquer coisa, às vezes até comendo o que deveria apenas expelir.

Se você quer voar, cerque-se de águias, não de galinhas. Altere sua rota e viva da maneira que nasceu para viver. Para isso, reflita sobre o momento que está vivendo e sobre aonde quer chegar. Siga os passos a seguir e mude sua rota ainda hoje:

- Busque conhecimento. Seu passado será um professor ou uma prisão, a escolha é sua.
- Procure conselhos. O sábio sabe que não sabe, o tolo pensa que sempre sabe. Ouça pessoas que frutificaram nas áreas que você ainda está plantando.
- Tema ao Senhor. Temendo a Deus, você terá orientação em todos os seus caminhos e não será enganado quando o mal se vestir de bem. Peça a Ele sabedoria, e sua rota será alterada!

LEMBRETE DO DIA

PARA VOAR ALTO, BUSQUE SABEDORIA E ORIENTAÇÃO DIVINA.

#DIEGOMENIN

PLANO DE LEITURA BÍBLICA

Jeremias 30.4 — 31.40
Filemom 1.1-25
Salmos 119.169-176

PENSE E ORE

Sabedoria

ANOTAÇÕES

05 NOV

AMIGOS VERDADEIROS

Quem tem muitos amigos pode chegar à ruína, mas existe amigo mais apegado que um irmão.
Provérbios 18.24

LEMBRETE DO DIA

VALORIZE OS AMIGOS VERDADEIROS QUE CAMINHAM COM VOCÊ.

#DIEGOMENIN

PLANO DE LEITURA BÍBLICA

Jeremias 32.1 — 33.13
Hebreus 1.1 — 2.4
Salmos 120.1-7

PENSE E ORE

Amizades

ANOTAÇÕES

Na vida, você terá de conviver com vários tipos de pessoas, mas poucas delas se converterão em amigos. Os que o amam estarão com você tanto nas fases boas quanto nas fases ruins, sempre o apoiarão.

Os verdadeiros amigos irão confrontá-lo, inspirá-lo e perturbá-lo. Se você errar, serão sinceros e oferecerão ajuda. Se você tiver dois ou três amigos desse tipo, considere-se um abençoado.

Por outro lado, seja prudente! Tome muito cuidado com quem você compartilha seus sonhos, suas fragilidades. Você precisa conhecer as pessoas que estão com você antes de se abrir por inteiro.

Os amigos verdadeiros irão chorar quando você chorar e sorrir quando você sorrir. Eles vibrarão com seus sonhos. Não se apegue aos que o abandonam. Afinal, se forem embora, é porque nunca o apoiaram.

Somos responsáveis pelas nossas escolhas, que determinarão nosso amanhã. Não culpe a sociedade nem a família, apenas escolha amigos que pensam como você, que andem com você e desejem caminhar com os olhos focados no alvo, que é Cristo!

APRENDA A DISCERNIR

06 NOV

Os propósitos do coração do homem são águas profundas, mas quem tem entendimento os traz à tona.
Provérbios 20.5

Não se engane: nem todos os que estão perto de você o amam. É preciso uma revelação de Deus para saber quem é quem. Às vezes, esquecemo-nos de quanto a revelação é importante, porque o inimigo que parece amigo é pior que o inimigo declarado. Então nada de pôr todo mundo no mesmo cesto. Trate de discernir quem está por você (confidente), quem o apoia pelo que você é nesta fase da vida (constituinte) e quem está com você apenas porque quer extrair algo de sua vida (camarada).

Sempre teremos esses três perfis ao nosso redor, mas não se iluda: só os confidentes ficarão ao seu lado em todas as fases. Por isso, não entregue seu coração a constituintes e camaradas, pois eles irão decepcioná-lo. E a culpa será toda sua, por ter firmado alianças com quem nunca lhe garantiu fidelidade.

Não contabilize o número de amigos que você tem, mas com quantos pode contar. Aprenda a ser amigável com todos, mas saiba que nem todo mundo é seu amigo – assim como você não é amigo de todos. Peça a Deus discernimento para saber até onde pode ir com cada um.

Nunca deposite todas as suas expectativas e sua dedicação em uma única pessoa. É sofrimento na certa. Reparar algo que foi quebrado tem suas complicações. Algumas amizades são temporárias e outras irão durar apenas algumas estações, mas existem aquelas que continuarão até o fim de nossa vida terrena, as quais o tempo se encarregará de mostrar.

LEMBRETE DO DIA

CONTE COM O ESPÍRITO SANTO PARA SABER EM QUEM CONFIAR.

#DIEGOMENIN

PLANO DE LEITURA BÍBLICA

Jeremias 33.14 — 35.19
Hebreus 2.5 — 3.6
Salmos 121.1-8

PENSE E ORE

Discernimento

ANOTAÇÕES

07
NOV

FAÇA O QUE DEVE SER FEITO!

Então Naamã foi com seus cavalos e carros e parou à porta da casa de Eliseu. Eliseu enviou um mensageiro para lhe dizer: "Vá e lave-se sete vezes no rio Jordão; sua pele será restaurada e você ficará purificado". [...] Mas os seus servos lhe disseram: "Meu pai, se o profeta tivesse pedido alguma coisa difícil, o senhor não faria? Quanto mais quando ele apenas diz que se lave, e será purificado!"
2Reis 5.9-13

LEMBRETE DO DIA

NOSSA OBEDIÊNCIA A DEUS NÃO DEVE TER LIMITE.

#DIEGOMENIN

PLANO DE LEITURA BÍBLICA

Jeremias 36.1 — 38.6
Hebreus 3.6 — 4.3
Salmos 122.1-9

PENSE E ORE

Obediência

ANOTAÇÕES

Naamã esperava receber uma bênção, mas recebeu uma ordem. Ele poderia ter sido curado com apenas um mergulho, mas Deus estabeleceu que fossem sete. A obediência demonstra nosso nível de fé. Precisamos ouvir a palavra de Deus e obedecer, antes de receber os benefícios que desejamos.

Aquele ato de obediência era tão simples, mas pareceu muito difícil ao general sírio porque o rio Jordão era sujo. E, para mergulhar no rio, ele provavelmente precisaria tirar a roupa e assim revelar sua lepra perante seus subordinados. Ele não queria passar por essa humilhação. Mas deveríamos fazer apenas o que é fácil?

Contudo, Naamã obedeceu e mergulhou uma vez. Nada aconteceu. Mergulhou outras cinco, e nada! Mesmo com o orgulho ferido, com seus feitos confrontados, ele não desistiu, não desanimou e perseverou até o sétimo mergulho.

Porque obediência parcial não resolve. Muitas vezes, queremos resultados imediatos. Naamã, porém, obedeceu à palavra do profeta, foi até o fim e só então recebeu a bênção.

À SOMBRA DO TODO-PODEROSO

08
NOV

Aquele que habita no abrigo do Altíssimo e descansa à sombra do Todo-poderoso pode dizer ao Senhor: "Tu és o meu refúgio e a minha fortaleza, o meu Deus, em quem confio".
Salmos 91.1-2

Nas longas tempestades, você irá aprender a dar valor ao esconderijo que Deus lhe oferece. Infelizmente, nem todos o encontram, pois é um lugar no Espírito. Mas só a confiança em Deus poderá levá-lo a esse refúgio. Afinal, de que nos serviria um Deus em quem não confiamos?

Portanto, antes que a tempestade o enlouqueça e a pressão deforme seus pensamentos e emoções, busque refúgio em Deus. Se você confiar Nele, estará seguro. O Inimigo não conseguirá entrar nesse esconderijo.

Então pegue tudo que está vivendo e arraste para dentro desse lugar de refúgio!

Leia o salmo 91 e medite nele sempre que for preciso abrigar-se no Altíssimo.

LEMBRETE DO DIA

LEVE TODAS AS SUAS PREOCUPAÇÕES PARA O SENHOR, ELE É O NOSSO ABRIGO.

#DIEGOMENIN

PLANO DE LEITURA BÍBLICA

Jeremias 38.7 — 40.16
Hebreus 4.3 — 5.10
Salmos 123.1-4

PENSE E ORE

Esconderijo

ANOTAÇÕES

09 NOV

QUANDO É HORA DE ABRIR MÃO

[Há] tempo de procurar e tempo de desistir [...].
Eclesiastes 3.6

LEMBRETE DO DIA

SAIBA DESISTIR DO QUE NÃO É PARA VOCÊ.

#DIEGOMENIN

PLANO DE LEITURA BÍBLICA

Jeremias 41.1 – 43.13
Hebreus 5.11 – 6.12
Salmos 124.1-8

PENSE E ORE

Desistência

ANOTAÇÕES

Infelizmente, nosso olhar romântico transformou o ato de desistir em uma ação de covardes e fracos. De modo que uma das frases mais mentirosas da atualidade é: "Não desista nunca". A própria Bíblia mostra quanto esse conselho não é confiável.

Desistir não é fracassar, é admitir que você investiu tempo demais em algo que sabe que não funciona. É preciso muita coragem e valentia para desistir de situações, processos, pessoas, lugares e sentimentos. Só os fortes desistem do que atrapalha o plano de Deus.

Temos a falsa impressão de que nossa vida está ruim porque nos falta algo. No entanto, pode ser que essa situação se deva ao excesso de coisas que se acumularam por não desistirmos de algo. A verdade é que a capacidade de desistir revela nosso nível de inteligência e de maturidade. Não importa quanto você regue o concreto, um jardim nunca crescerá nele. Então pare de desperdiçar água em questões mortas!

Não se trata de ter um coração quebrado pela vida ou pela dor, nada disso! Trata-se de ter um coração quebrantado pelo amor e pela grandeza de nosso Deus, que não abre mão de que você dependa exclusivamente Dele.

Se existe algo de que você deve desistir, desista de uma vez! Não desista aos poucos, apenas abra mão e siga em frente. Avalie como está sua vida hoje e tome a decisão necessária para promover mudanças!

QUEM REALMENTE SOMOS

10 NOV

O Senhor disse a Gideão: — Você tem gente demais para que eu entregue Midiã nas suas mãos. [...] Com os trezentos homens que lamberam a água, livrarei vocês e entregarei os midianitas nas suas mãos. Mande para casa todos os outros homens.
Juízes 7.2-7

Gideão não conseguia se enxergar como realmente era, por isso via-se como um incapaz. Ele não era capaz de entender como o menor, o mais fraco, o mais pobre poderia fazer algo a favor do povo. Teria de ser a figura maior, o ícone do coitadismo em Israel. No entanto, Deus lhe abriu os olhos e o fez enxergar quem realmente era. Gideão era forte, o escolhido de Deus para livrar o povo das mãos dos inimigos. E o melhor: ele não estava sozinho.

Você deve optar por uma aliança com Jesus Cristo, não pelo poder humano. O mundo muitas vezes quer convencê-lo de que você não é nada, não serve para nada e não chegará a lugar algum. Durante muito tempo, a opinião dos outros foi o que prevaleceu na vida de Gideão, tanto que ele passou a se enxergar como os outros o enxergavam. Isso mudou quando ele estabeleceu uma aliança com Deus e com os 300 homens, diante da mesma visão. Ele deixou de crer em um exército de 32 mil soldados para ouvir a Deus e confiar nos que iriam até as últimas consequências com ele.

LEMBRETE DO DIA

PERMITA QUE DEUS ABRA SEUS OLHOS.

#DIEGOMENIN

PLANO DE LEITURA BÍBLICA

Jeremias 44.1 — 46.28
Hebreus 6.13 — 7.14
Salmos 125.1-5

PENSE E ORE

Identidade

ANOTAÇÕES

VOCÊ NÃO PRECISA ENTENDER TUDO

11
NOV

Ele me perguntou: "Filho do homem, estes ossos poderão tornar a viver?" Eu respondi: "Ó Soberano Senhor, só tu o sabes".
Ezequiel 37.3

LEMBRETE DO DIA

DEUS SABE DE QUE PRECISAMOS.

#DIEGOMENIN

PLANO DE LEITURA BÍBLICA

Jeremias 47.1 — 48.47
Hebreus 7.15 — 8.5
Salmos 126.1-6

PENSE E ORE

Vida de oração

ANOTAÇÕES

Quando o que Deus diz não fizer sentido, lembre-se de que, embora a urgência tome conta de seu coração e os pensamentos tentem enlouquecê-lo, Deus tem o poder de transformar tudo a seu favor. Não se alimente dos planos de seu coração, porque são enganosos, mas do que vem do coração de Deus.

Você não precisa gostar, amar ou entender o que Deus está fazendo. Só precisa aceitar que, mesmo não entendendo o plano Dele, você pode confiar no propósito divino, mesmo que não pareça fazer sentido. Para isso, é preciso ter uma vida de oração ativa.

Quando a oração faz parte de sua vida, automaticamente seu relacionamento com Deus se aprofunda e você deixa de ter opinião própria. Tudo então passa a ser: "Senhor, só Tu o sabes".

A oração produz humildade em nosso coração, e aprendemos que o melhor para nós é a Palavra de Deus. Aprenda que, diante dos desafios da vida, sua melhor resposta sempre será: "Senhor, só Tu o sabes".

NÃO SE DEIXE SER ATRASADO

12
NOV

À direita os embrutecidos me atacam; preparam armadilhas para os meus pés e constroem rampas de cerco contra mim. Destroem o meu caminho; conseguem destruir-me sem a ajuda de ninguém.
Jó 30.12-13

Aqueles que se recusam a crescer não podem continuar a acompanhar você em sua caminhada. Eles não são seus companheiros de viagem: são obstáculos em seu caminho. Não é porque alguém está próximo de nós que temos o dever de levá-lo conosco ao próximo nível.

Algumas pessoas entram em sua vida e são como folhas em uma árvore: estão lá apenas por uma temporada. Não conte com elas, estão com você apenas para pegar o que precisam e irão embora assim que o vento forte soprar.

Você precisa encarar o fato de que irá perder algumas pessoas durante sua caminhada, mas lembre-se: nem todos que ficarem pelo caminho pretendiam ir com você até o fim.

Quando isso acontecer, não olhe para trás nem lamente as oportunidades perdidas. As pessoas ficaram pelo caminho por alguma razão. Eram empecilhos à sua caminhada e iriam atrasar a conquista de seus objetivos. Por isso, não espere por ninguém, apenas siga seu caminho!

LEMBRETE DO DIA

NEM TODAS AS PESSOAS TÊM O OBJETIVO DE ACOMPANHAR VOCÊ ATÉ O FIM.

#DIEGOMENIN

PLANO DE LEITURA BÍBLICA

Jeremias 49.1 — 50.21
Hebreus 8.6 — 9.10
Salmos 127.1-5

PENSE E ORE

Obstáculo

ANOTAÇÕES

13
NOV

NÃO SEJA APANHADO DE SURPRESA

— Quanto ao dia e à hora, ninguém sabe, nem os anjos dos céus, nem o Filho, senão o Pai. Como foi nos dias de Noé, assim será também na vinda do Filho do homem. [...] Eles nada perceberam, até que veio o dilúvio e os levou a todos [...].
Mateus 24.36-39

LEMBRETE DO DIA

ESTE MUNDO NÃO É O NOSSO VERDADEIRO LAR.

#DIEGOMENIN

PLANO DE LEITURA BÍBLICA

Jeremias 50.22 — 51.33
Hebreus 9.11-28
Salmos 128.1-6

PENSE E ORE

Volta de Jesus

ANOTAÇÕES

Desejamos a volta de Jesus, mas e se Ele voltasse agora? Qual seria sua reação? Fazemos tantos planos para o futuro como se viver nesta terra fosse algo concreto e absoluto. Corremos atrás das coisas deste mundo e esquecemos que não somos daqui.

E se Jesus voltasse agora? O que você fez por Ele? O que Jesus diria? Ele quer falar com você, quer transformar sua vida e prepará-lo para viver uma vida produtiva para o Reino de Deus.

Jesus realmente está voltando para nos buscar, e isso deve ser o motivo maior de nossa alegria e esperança. Nosso tempo é limitado, então deixe de ser um simples espectador e se concentre em sua missão aqui na terra.

O dia e a hora ninguém sabe, mas é certo que Jesus voltará, e precisamos estar prontos o tempo todo, a fim de não sermos apanhados de surpresa e com as mãos vazias.

CUIDADO COM SUAS EMOÇÕES

14 NOV

Não é bom ter zelo sem conhecimento, nem ser precipitado e perder o caminho.
Provérbios 19.2

Não é porque você está pressionado que isso lhe dá o direito de querer se livrar da pressão sem refletir. Soluções sob pressão apresentam ideias rápidas, que irão produzir alívio momentâneo, mas também trarão problemas inesperados e podem prejudicar sua vida.

Cuidado com as emoções diante da pressão! Elas estarão focadas apenas no presente e sem nenhum compromisso com seu futuro. Em situações assim, reflita um pouco mais, segure um pouco mais e escolha momentos e locais mais adequados para aliviar a pressão.

É difícil suportar a pressão, pois tudo nos diz que temos de nos livrar dela a todo custo, porém nossas emoções podem nos enganar – nem sempre o que você sente é real. Você pode aguardar ou se preparar melhor. Mesmo suando, com frio na barriga e pelos arrepiados, você ainda é capaz de esperar o momento certo para a decisão que está querendo tomar.

LEMBRETE DO DIA

NÃO AJA POR IMPULSO.

#DIEGOMENIN

PLANO DE LEITURA BÍBLICA

Jeremias 51.34 — 52.34
Hebreus 10.1-21
Salmos 129.1-8

PENSE E ORE

Precipitação

ANOTAÇÕES

15 NOV

O DESCONFORTO NOS APERFEIÇOA

Amados, embora estivesse muito ansioso para escrever a vocês acerca da salvação que compartilhamos, senti que era necessário escrever insistindo que batalhassem pela fé de uma vez por todas confiada aos santos.
Judas 1.3

LEMBRETE DO DIA

DEIXE QUE AS BATALHAS TRANSFORMEM VOCÊ.

#DIEGOMENIN

PLANO DE LEITURA BÍBLICA

Lamentações 1.1 — 3.12
Hebreus 10.22 — 11.3
Salmos 130.1-8

PENSE E ORE

Luta

ANOTAÇÕES

Aquilo que normalmente tira nossa paz, para Deus é absolutamente nada. Jesus transforma o ontem em nunca e o amanhã em agora. Só termina quando acaba. Então, se Jesus não terminou ainda, prepare-se para confrontos naturais e espirituais, pois a fase da loucura vai começar.

Mas lembre-se: se a uva não for esmagada, não existe vinho; se a azeitona não for amassada, não existe azeite; se o trigo não for moído, não existe pão; se o homem não for transformado, não existe filho de Deus.

O vencedor não é aquele que não apresenta ferimentos. Pelo contrário, é alguém que, como o lutador de boxe, está sangrando no ringue, mas insiste na luta. Aguente firme na batalha "pela fé de uma vez por todas confiada aos santos"!

PAZ EM TODAS AS CIRCUNSTÂNCIAS

16 NOV

Mas o Conselheiro, o Espírito Santo, que o Pai enviará em meu nome, ensinará a vocês todas as coisas e fará vocês lembrarem tudo o que eu disse. Deixo a paz a vocês; a minha paz dou a vocês. Não a dou como o mundo a dá. Não se perturbe o seu coração, nem tenham medo.
João 14.26-27

Já ouvi muitos desabafos de pessoas que buscavam paz dentro da própria casa. E minha explicação sempre foi uma só: paz não é um ambiente, é uma Pessoa! Sua casa não precisa mudar para que você tenha paz. Nada fora de você precisa melhorar para que tenha paz.

Durante sua vida, você enfrentará situações com as quais será difícil lidar, mas se cultivar a Presença terá a paz necessária para não perder o equilíbrio e não ser tragado pelas circunstâncias.

Para ter paz, você precisa estar na presença de Deus, como os três jovens quando estavam na fornalha ou como Daniel na cova dos leões. Não existe lugar ruim quando a presença de Deus se manifesta.

Se Jesus estiver com você, não haverá lugar sem paz, pois Ele é a própria Paz!

LEMBRETE DO DIA

JESUS É A PAZ QUE TRANSFORMA QUALQUER SITUAÇÃO.

#DIEGOMENIN

PLANO DE LEITURA BÍBLICA

Lamentações 3.13-66
Hebreus 11.4-23
Salmos 131.1-3

PENSE E ORE

Paz

ANOTAÇÕES

17 NOV

A CRUZ DE CADA DIA

[...] "Se alguém quiser acompanhar-me, negue-se a si mesmo, tome diariamente a sua cruz e siga-me. Pois quem quiser salvar a sua vida a perderá; mas quem perder a sua vida por minha causa, este a salvará. Pois que adianta ao homem ganhar o mundo inteiro e perder-se ou destruir a si mesmo?".
Lucas 9.23-25

LEMBRETE DO DIA

NÃO HÁ TRIUNFO SEM A CRUZ, NEM CRISTIANISMO SEM SOFRIMENTO.

#DIEGOMENIN

PLANO DE LEITURA BÍBLICA

Lamentações 4.1 — 5.22
Hebreus 11.24 — 12.3
Salmos 132.1-7

PENSE E ORE

Cruz

ANOTAÇÕES

Como ousamos pedir o trono se largamos a cruz? Como desejar o triunfo se nos recusamos a sofrer para nos parecermos com Jesus? Em algum lugar de nossa vida, há uma cruz — algo que precisamos suportar por um bem maior.

E o que é a cruz? Cruz é amar sem receber nada em troca. É machucar-se sem ninguém se solidarizar com suas feridas. É gemer de dor diante de pessoas insensíveis! Não há cristianismo possível sem a cruz.

Na cruz, Jesus sentiu-Se desamparado, mas não desceu da cruz. Algumas pessoas, diante do sofrimento, apelam para a bebida, para a comida, para os relacionamentos insatisfatórios e outros hábitos destrutivos. Enquanto isso, a cruz é deixada de lado, Cristo deixa de ser seguido e a pessoa se perde pelo caminho. Com a cruz, absorvemos os sofrimentos da maneira correta e — o melhor de tudo — nunca perdemos Jesus de vista!

"OBRIGADO, DOR!"

18 NOV

"Sei que podes fazer todas as coisas; nenhum dos teus planos pode ser frustrado. Tu perguntaste: 'Quem é esse que obscurece o meu conselho sem conhecimento?' Certo é que falei de coisas que eu não entendia, coisas tão maravilhosas que eu não poderia saber. [...] Meus ouvidos já tinham ouvido a teu respeito, mas agora os meus olhos te viram".
Jó 42.2-5

Reclamamos da dor, mas deveríamos dizer: "Obrigado, dor!". As dores são parte da escola de Deus para Seus filhos, instrumentos de Seu amor por nós, o que às vezes não entendemos. A dor não é o fim de nossa vida. Na verdade, ela tem muito a nos ensinar.

Na dor, podemos aprender muita coisa:

- Não há crise que Deus não possa reverter. Jó aprendeu essa verdade: "Sei que podes fazer todas as coisas" (v. 2).
- Nada pode frustrar os planos de Deus. Jó reconheceu: "Nenhum dos teus planos pode ser frustrado" (v. 2).
- Declarações precipitadas jamais irão aliviar nosso sofrimento. Jó confessou: "Falei de coisas que eu não entendia" (v. 3).
- Nosso conhecimento sobre Deus pode ser superficial. Jó declarou: "Meus ouvidos já tinham ouvido a teu respeito [...]" (v. 5).
- Nosso relacionamento com Deus pode ir para outro nível. Após declarar que só conhecia Deus superficialmente, Jó acrescentou: "[...] mas agora os meus olhos te viram" (v. 5).

Só quem passa pela dor sabe quanto dói. Mas a questão é que Deus não desperdiça sua dor. Seu sofrimento não é à toa. Há tesouros escondidos na dor que não encontraremos em nenhum outro lugar.

LEMBRETE DO DIA

HÁ UMA SABEDORIA QUE SÓ A DOR PODE NOS ENSINAR.

#DIEGOMENIN

PLANO DE LEITURA BÍBLICA

Ezequiel 1.1 — 3.21
Hebreus 12.4-29
Salmos 132.8-10

PENSE E ORE

Dor

ANOTAÇÕES

19
NOV

A GRAÇA DE DEUS, NÃO A OPINIÃO DOS HOMENS

Acaso busco eu agora a aprovação dos homens ou a de Deus? Ou estou tentando agradar a homens? Se eu ainda estivesse procurando agradar a homens, não seria servo de Cristo.
Gálatas 1.10

LEMBRETE DO DIA

A APROVAÇÃO DE DEUS É A QUE VERDADEIRAMENTE IMPORTA.

#DIEGOMENIN

PLANO DE LEITURA BÍBLICA

Ezequiel 3.22 — 6.14
Hebreus 13.1-25
Salmos 132.11-18

PENSE E ORE

Opiniões

ANOTAÇÕES

Existe uma "obrigação" que considero catastrófica, imposta a nós durante nosso crescimento: prestar contas de nossa vida aos outros. Trata-se de um hábito nada saudável e que nos deixa aprisionados ao que os outros pensam.

O apóstolo Paulo não se preocupava com isso, porque sabia que o mais importante é agradar a Deus. E, se é isso que você pretende, o melhor a fazer é libertar-se da opinião alheia. Fazendo isso, você viverá uma vida leve, na qual a graça de Deus falará por você.

Não se incomode com as caras feias nem com os comentários maldosos de quem não conhece sua vida com Deus. Limite-se a encolher os ombros e dizer: "E daí?".

E daí que julguem sua fé, seu nível de comprometimento ou sua obediência a Deus? E daí que o comparem com outras pessoas? E daí que suas ações não correspondam às expectativas dos escravos da religião? A única coisa que importa é que Deus aprove suas atitudes, a despeito do que os outros pensam.

CONFIE NO QUE É ETERNO

20
NOV

Na minha primeira defesa, ninguém apareceu para me apoiar; todos me abandonaram. Que isso não lhes seja cobrado.
2Timóteo 4.16

Não espere que as pessoas sejam totalmente leais a você. Sempre haverá certa porcentagem de deslealdade ou mesmo de traição na hora que você mais precisar ou quando menos esperar. Em seus momentos de maior vulnerabilidade, sempre haverá alguém desleal por perto.

Também pode acontecer que nesses momentos cruciais, de maior necessidade, simplesmente não apareça ninguém. É o que Paulo relata no versículo citado. Durante seu julgamento em Roma, ele foi abandonado por aqueles que deveriam lhe dar apoio.

Por isso, não espere retribuição daqueles a quem você mais ajudou nem lealdade total dos amigos. No entanto, alegre-se por saber que Jesus sempre estará com você. Ele nunca o abandonará!

LEMBRETE DO DIA

A LEALDADE HUMANA PODE VACILAR, MAS JESUS PERMANECE FIEL.

#DIEGOMENIN

PLANO DE LEITURA BÍBLICA

Ezequiel 7.1 — 9.11
Tiago 1.1-21
Salmos 133.1-3

PENSE E ORE

Deslealdade

ANOTAÇÕES

21 NOV

SEJA DISCIPLINADO

Disse [...] o Senhor a Moisés: "Por que você está clamando a mim? Diga aos israelitas que sigam avante".
Êxodo 14.15

LEMBRETE DO DIA

NÃO FUJA DA DOR DA DISCIPLINA.

#DIEGOMENIN

PLANO DE LEITURA BÍBLICA

Ezequiel 10.1 – 12.10
Tiago 1.22 – 2.18
Salmos 134.1-3

PENSE E ORE

Disciplina

ANOTAÇÕES

A disciplina é algo de que poucos gostam, mas talvez seja a única saída para você avançar em momentos de crise. Você é disciplinado? Tem constância no que faz? Consegue avançar no ritmo normal diante das dificuldades? Qual seu nível de resistência? Fica frustrado quando as coisas não acontecem conforme o previsto?

O povo de Israel estava encurralado entre o mar e o exército do faraó. O desespero tomou conta, e eles gritavam: "Vamos morrer!". A resposta de Deus foi que eles deveriam marchar. Marchar é uma disciplina a ser aplicada mesmo quando sentimos medo. Ela nos dá a capacidade de continuar avançando nas situações mais desesperadoras.

Disciplina implica aplicar dor ao presente com os olhos no futuro. Você realiza um esforço doloroso para reagir de maneira contrária ao que você pensa, vê, ouve e sente e então avança. O povo de Israel foi disciplinado e obedeceu a Deus. Marcharam no presente para conquistar a terra prometida no futuro. A dor da disciplina de hoje lhe garantirá a conquista amanhã.

LIVRES DAS ACUSAÇÕES

22 NOV

[...] ele se levantou e lhes disse: "Se algum de vocês estiver sem pecado, seja o primeiro a atirar pedra nela". [...] Jesus [...] perguntou-lhe: "Mulher, onde estão eles? Ninguém a condenou?" "Ninguém, Senhor", disse ela. Declarou Jesus: "Eu também não a condeno. Agora vá e abandone sua vida de pecado".
João 8.7-11

Talvez você tenha sofrido acusações constantes, de modo que, para sobreviver, passa o tempo todo se defendendo. Meu conselho: continue se defendendo, mas aguarde o julgamento de Jesus, como fez a mulher apanhada em adultério. Ele foi sábio o suficiente para transformar os acusadores em acusados e torná-la livre.

Quem são as pessoas que o acusam? Com que direito fazem isso? O destino da adúltera estava traçado por aqueles homens, e o desfecho seria a morte por apedrejamento em praça pública. Mas foi só Jesus abrir a boca que o contexto mudou, e os que o queriam envergonhar ficaram envergonhados. Como não sobrou ninguém para acusá-la, ela foi liberada.

Se você está vivendo uma noite terrível, acusado por pessoas ou situações, deixe Jesus julgar o caso. Seus acusadores serão condenados, e você ficará livre!

LEMBRETE DO DIA

É JESUS QUEM NOS LIVRA DA CONDENAÇÃO.

#DIEGOMENIN

PLANO DE LEITURA BÍBLICA

Ezequiel 12.11 — 14.16
Tiago 2.19 — 3.12
Salmos 135.1-4

PENSE E ORE

Inocência

ANOTAÇÕES

23
NOV

MUDANÇA DE SITUAÇÃO

Não foi pela espada que conquistaram a terra nem pela força do seu braço que alcançaram a vitória; foi pela tua mão direita, pelo teu braço e pela luz do teu rosto, por causa do teu amor para com eles. És tu, meu Rei e meu Deus! És tu que decretas vitórias para Jacó!
Salmos 44.3-4

LEMBRETE DO DIA

NÃO EXISTE SITUAÇÃO IMPOSSÍVEL PARA DEUS.

#DIEGOMENIN

PLANO DE LEITURA BÍBLICA

Ezequiel 14.17 — 16.43
Tiago 3.13 — 4.17
Salmos 135.5-12

PENSE E ORE

Mudança

ANOTAÇÕES

Se você está vivendo uma fase terrível em sua vida, não negocie com ninguém, apenas fique perto de Jesus. Não sei com que pecado você está lidando ou que luta está enfrentando, mas estar perto de Jesus permitirá que Ele mude sua situação.

Se você estiver em Jesus, o que era para matar será transformado em honra. O que era para afundar irá se erguer. O que era para punir se tornará cura. O que era para maltratar se tornará em descanso. O que era para condenar será absolvição.

Jesus inverte as circunstâncias. Não porque a situação ou o problema são fáceis, mas porque o Senhor é capaz de mudar tudo. Você não precisa sair da situação nem de uma estação diferente, porque Jesus estará ao seu lado em qualquer situação, independentemente de sua condição.

TUDO TEM LIMITE

24
NOV

Ninguém jamais odiou o seu próprio corpo,
antes o alimenta e dele cuida,
como também Cristo faz com a igreja.
Efésios 5.29

O excesso de generosidade é detectado quando a pessoa não quer contrariar ninguém, nunca diz "não" e acaba se prejudicando. Você conhece alguém assim? Faz isso também? Às vezes, por se sentir na obrigação de ajudar, você acaba sendo severo demais com você mesmo e se excede na generosidade. Longe de ser louvável, essa atitude é problemática. Alguns problemas decorrentes do excesso de generosidade:

- *Exaustão emocional.* A pessoa se doa demais por quem não respeita sua ajuda, e há alguém "encostado" nela. Fazer de tudo para os outros e não cuidar de nós mesmos esgota nossas energias emocionais.
- *Perda de oportunidades importantes.* A pessoa está tão ocupada em ajudar os outros que acaba deixando passar muitas chances de melhorar a própria vida.
- *Problemas de saúde.* A pessoa passa tanto tempo preocupada com o bem-estar dos outros que acaba adoecendo, por não cuidar da própria saúde.

Ninguém vai repor o que você gastou em excesso nem pagar seu tratamento de saúde. Portanto, cuide de você! Invista em você mesmo para obter grandes conquistas. Não espere que alguém faça algo por você.

LEMBRETE DO DIA

OS EXCESSOS SÃO PREJUDICIAIS, ATÉ NA GENEROSIDADE.

#DIEGOMENIN

PLANO DE LEITURA BÍBLICA

Ezequiel 16.44 — 18.13
Tiago 5.1-20
Salmos 135.13-21

PENSE E ORE

Generosidade

ANOTAÇÕES

25
NOV

DEUS CUIDA DE VOCÊ

Observem as aves do céu: não semeiam, nem colhem, [...] o Pai celestial de vocês as alimenta. Vocês não têm muito mais valor do que elas? [...] Por que vocês se preocupam com roupas? Vejam como crescem os lírios do campo. Eles não trabalham nem tecem. [...] Se Deus veste assim a erva do campo, [...] não vestirá muito mais a vocês, homens de pequena fé?
Mateus 6.26-30

LEMBRETE DO DIA

NÃO SE PREOCUPE!

#DIEGOMENIN

PLANO DE LEITURA BÍBLICA

Ezequiel 18.14 — 20.29
1Pedro 1.1-21
Salmos 136.1-3

PENSE E ORE

Preocupação

ANOTAÇÕES

Você já parou para pensar por que está o tempo todo preocupado com uma série de coisas? Você se preocupa em como suportar a pressão do dia a dia, como administrar todas as áreas de sua vida e como repelir os pensamentos negativos sobre sua situação.

Além disso, você se preocupa com o que as pessoas pensam, com o que vão dizer e com a forma em que irão reagir. Mas não era para você viver assim. A Palavra de Deus afirma que o Senhor cuida de nós e que temos muito valor para Ele. Olhe para os lírios e para a erva do campo! Se Deus cuida deles, como não cuidaria de você?

ACESSO NEGADO

26 NOV

Porei sobre os ombros dele a chave do reino de Davi; o que ele abrir ninguém conseguirá fechar, e o que ele fechar ninguém conseguirá abrir.
Isaías 22.22

Quantas vezes você já reclamou de uma porta fechada — um emprego que não deu certo; um relacionamento que não foi adiante; uma promoção que não veio; uma viagem que teve de ser adiada?

No entanto, às vezes uma porta fechada pode ter sido a melhor coisa que lhe aconteceu em determinado momento, principalmente na vida cristã. Sim, porque Deus às vezes pode fechar uma porta para sua proteção ou para lhe dar algo melhor. Uma porta fechada por Deus pode ser uma bênção disfarçada.

Portanto, não se sinta frustrado ou prejudicado quando um acesso foi negado por Deus. Ele não é atuante apenas por portas abertas. Ele sabe de todas as coisas e, em sua caminhada cristã, fechará e abrirá portas para você, de acordo com os bons planos que tem para sua vida.

LEMBRETE DO DIA

O ACESSO NEGADO PODE SER UMA BÊNÇÃO.

#DIEGOMENIN

PLANO DE LEITURA BÍBLICA

Ezequiel 20.30 — 22.5
1Pedro 1.22 — 2.17
Salmos 136.4-22

PENSE E ORE

Portas

ANOTAÇÕES

27 NOV

VOCÊ SABE PARA ONDE ESTÁ INDO?

[...] Jesus partiu resolutamente em direção a Jerusalém. Ele enviou mensageiros à sua frente, que entraram em um povoado samaritano para lhe fazer os preparativos, mas o povo dali não o recebeu [...] Então, ele e os seus discípulos foram para outro povoado.
Lucas 9.51-56

Jesus estava indo para Jerusalém. Os discípulos foram à frente preparar um local de descanso, mas quando chegaram a Samaria, os samaritanos olharam para Jesus e disseram: "Você não vai dormir aqui, pois é evidente que está indo para Jerusalém".

Havia no semblante de Jesus uma resolução quanto ao lugar para onde Se dirigia. Ele não precisou revelar Seu propósito a ninguém, mas só pelo fato de vê-Lo os samaritanos perceberam Sua intenção.

Seus discípulos também devem demonstrar a mesma resolução. Ninguém que lança a mão no arado e olha para trás é apto no Reino de Deus. Jesus não precisou fazer promessas nem criar expectativas mirabolantes para aqueles a quem chamava. Apenas dizia: "Siga-me!".

Se você não for conquistado assim para Jesus, não suportará o cristianismo. Jesus busca seguidores que não recuam diante da oposição, perseguição ou traição. Só assim as pessoas verão em você um cristão resoluto, que sabe para onde está indo.

LEMBRETE DO DIA

SEJA UM CRISTÃO RESOLUTO!

#DIEGOMENIN

PLANO DE LEITURA BÍBLICA

Ezequiel 22.6 — 23.30
1Pedro 2.18 — 3.12
Salmos 136.23-26

PENSE E ORE

Resolução

ANOTAÇÕES

RECLAMAR POR QUÊ?

28 NOV

Então, chegaram a Mara, mas não puderam beber das águas de lá porque eram amargas. [...] O povo, então, começou a se queixar a Moisés, dizendo: — Que beberemos? [...] Depois, chegaram a Elim, onde havia doze fontes de água e setenta palmeiras, e acamparam junto àquelas águas.
Êxodo 15.23-27

O maior inimigo de sua mente é a reclamação. O protesto constante contra a realidade do momento, a insatisfação com tudo que acontece com você e à sua volta e o olhar negativo vão sabotando seus dias e tirando a beleza da construção que as experiências deveriam gerar.

Como tem sido a qualidade de seus dias? Como você tem reagido às coisas que acontecem de forma inesperada? Você pode até pensar que não reclama tanto, mas faça uma comparação com as pessoas insatisfeitas ao seu redor.

É óbvio que não estamos falando de algum desabafo, de protestar contra uma injustiça ou de reclamar de um serviço malfeito, pois visam a uma melhoria. Mas a reclamação excessiva aumenta a raiva, potencializa sentimentos negativos e causa estresse. Administre suas insatisfações, e sua mente ficará em paz.

LEMBRETE DO DIA

"SERÁ QUE ESTOU RECLAMANDO DEMAIS?"

#DIEGOMENIN

PLANO DE LEITURA BÍBLICA

Ezequiel 23.31 — 25.14
1Pedro 3.13 — 4.11
Salmos 137.1-9

PENSE E ORE

Reclamação

ANOTAÇÕES

29 NOV

PROSPERIDADE É UMA MENTALIDADE

Na casa do sábio há comida e azeite armazenados, mas o tolo devora tudo o que pode.
Provérbios 21.20

LEMBRETE DO DIA

SER PRÓSPERO É MELHORAR SUA CAPACIDADE DE GANHAR MAIS OU EQUILIBRAR OS GASTOS COM O QUE VOCÊ RECEBE.

#DIEGOMENIN

PLANO DE LEITURA BÍBLICA

Ezequiel 25.15 — 27.36
1Pedro 4.12 — 5.14
Salmos 138.1-8

PENSE E ORE

Prosperidade

ANOTAÇÕES

Quem gasta mais do que ganha não tem como prosperar. A desculpa é que não ganha o suficiente. Isso é falácia, se considerarmos que cada um ganha conforme sua competência. A prosperidade, portanto, não está inserida na mentalidade de quem ganha um salário e gasta como alguém que ganha o dobro.

Prosperar é aumentar a própria competência para ganhar mais ou gastar de acordo com o que ganha. Um dos segredos da prosperidade é gerir bem o que se tem em mãos. Se você costuma dar a desculpa de dizer que não guarda porque não sobra, saiba que não é verdade. É apenas consequência de um orçamento mal administrado. Se a conta de energia está alta, diminua o tempo de banho. Se o carro que você quer está caro, compre um mais barato.

Não seja tolo gastando tudo que ganha! Mude sua mentalidade e mudará sua vida. Você construirá uma nova realidade, onde a prosperidade estará presente.

SEM JUSTIFICATIVA

30 NOV

[...] esconderam-se da presença do Senhor [...]. Deus perguntou: "Quem disse que você estava nu? Você comeu do fruto da árvore da qual o proibi de comer?" Disse o homem: "Foi a mulher que me deste por companheira que me deu do fruto da árvore, e eu comi".
Gênesis 3.8-12

O primeiro efeito do pecado na vida do homem foi a autojustificação. Antes do pecado, os olhos de Adão e Eva estavam voltados exclusivamente para o relacionamento com Deus. A única preocupação deles era conversar com Deus e desfrutar do jardim.

Contudo, eles comeram do fruto proibido, e o olhar do casal foi desviado de Deus e direcionado para eles mesmos. Na verdade, eles sempre estiveram nus, porque foram criados assim, mas depois que pecaram a nudez começou a importar. Olhar apenas para si mesmo e se preocupar com o próprio bem-estar é a maior desgraça do ser humano. Por isso, em vez de reconhecer o erro, o primeiro casal apresentou justificativas.

Nosso relacionamento com Deus não inclui autojustificativas. Tudo se resume nos dois maiores mandamentos, que Jesus ordenou: "Ame o Senhor, o seu Deus, de todo o seu coração, de toda a sua alma e de todo o seu entendimento. Ame o seu próximo como a si mesmo" (Mateus 22.37,39). Olhe apenas para Deus, converse com Ele e desfrute a vida que Ele tem para você!

LEMBRETE DO DIA

NÃO HÁ JUSTIFICATIVA PARA O PECADO.

#DIEGOMENIN

PLANO DE LEITURA BÍBLICA

Ezequiel 28.1 – 30.9
2Pedro 1.1-21
Salmos 139.1-6

PENSE E ORE

Autojustificação

ANOTAÇÕES

DEUS ESTÁ MAIS INTERESSADO NO SEU FUTURO DO QUE NO SEU PASSADO!

DEZEMBRO

01
DEZ

DISPONIBILIDADE TOTAL PARA DEUS

Então o Senhor abriu a boca da jumenta, e ela disse a Balaão: "Que foi que eu fiz a você, para você bater em mim três vezes?"
Números 22.28

LEMBRETE DO DIA

DEUS USA OS DISPOSTOS, NÃO OS PERFEITOS.

#DIEGOMENIN

PLANO DE LEITURA BÍBLICA

Ezequiel 30.10 — 32.23
2Pedro 2.1-22
Salmos 139.7-16

PENSE E ORE

Disponibilidade

ANOTAÇÕES

Para mim, uma das histórias mais interessantes e engraçadas das Escrituras é a da jumenta de Balaão. Já me perguntei muitas vezes por que esse episódio está na Bíblia e acho que encontrei algumas respostas. Leia Números 22.1-35 para ter uma melhor compreensão da lição que ela proporciona.

E a principal lição é esta: se um animal pode ser usado por Deus, qualquer um de nós também pode. Logo, se você não acreditava que podia ser um instrumento do Senhor, suas dúvidas acabam aqui. Sim, Deus pode usar você! E, para isso, não precisa ser o melhor ou o mais capacitado: basta estar disposto!

Deus usa as coisas loucas deste mundo para confundir as sábias, pois a lógica divina não se orienta pela nossa. Por exemplo, Ele escolheu Abraão, o mentiroso, para ser o pai da fé; Jacó, o trapaceiro, para ser o pai da nação eleita; Moisés, o homem com problema na fala, para ser Seu embaixador; Davi, adúltero e assassino, para ser o homem segundo Seu coração; Mateus, o publicano corrupto, para ser Seu discípulo; Paulo, o psicopata, para ser o poeta do amor; e a jumenta de Balaão para ser Sua mensageira!

Portanto, se você acha que não é capaz de algo ou que não faz nada certo, entenda de uma vez: você pode ser exatamente a "jumenta" que Deus quer usar!

O DESCANSO QUE RESTAURA A ALMA

02 DEZ

A minha alma descansa somente em Deus; dele vem a minha salvação. Somente ele é a rocha que me salva; ele é a minha torre segura! Jamais serei abalado!
Salmos 62.1-2

Por mais que você tente manter tudo sempre sob controle, não será capaz de impedir que algo se quebre. E quando isso acontece, você experimenta uma exaustão emocional. No entanto, Deus sempre fala em meio à exaustão.

Não confie em suas forças nem em seus sentidos, pois em momentos delicados correrá o risco de agredir quem quer ajudá-lo, de machucar alguém que está sendo gentil com você.

Deus sempre tem uma palavra para você durante seu cansaço, mas a exaustão tentará torná-lo surdo a essa voz. O cansaço expõe nossa vulnerabilidade, mas aponta para o fato de que não estamos sozinhos.

Deus também está presente na noite escura. Você só irá crescer depois que enxergar nas perdas, nas fraquezas e nas dificuldades não a possibilidade de derrota, mas uma oportunidade de aprendizado.

Descanse no Senhor neste dia, deposite Nele sua confiança e ouça o que Ele tem a lhe dizer!

LEMBRETE DO DIA

EM MEIO À EXAUSTÃO, OUÇA A SUAVE VOZ DE DEUS.

#DIEGOMENIN

PLANO DE LEITURA BÍBLICA

Ezequiel 32.24 — 34.16
2Pedro 3.1-18
Salmos 139.17-24

PENSE E ORE

Descanso

ANOTAÇÕES

03
DEZ

FRUTOS DA PERMANÊNCIA EM CRISTO

Eu sou a videira; vocês são os ramos. Se alguém permanecer em mim e eu nele, esse dará muito fruto; pois sem mim vocês não podem fazer coisa alguma.
João 15. 1-5

LEMBRETE DO DIA

O SEGREDO PARA UMA VIDA FRUTÍFERA E PLENA É A CAMINHADA COM JESUS.

#DIEGOMENIN

PLANO DE LEITURA BÍBLICA

Ezequiel 34.17 — 36.28
1João 1.1 — 2.11
Salmos 140.1-5

PENSE E ORE

Permanência

ANOTAÇÕES

Se você estiver ligado em Deus, se estiver habituado a ouvir Sua voz e conectado à Sua identidade de filho, estará sempre amadurecendo, crescendo e avançando, para a glória de Deus. Você dará frutos em todas as estações, sem ficar amarrado ao que é passageiro, tampouco ao passado.

Aproveite o dia de hoje para refletir:

- Onde foi que você perdeu sua identidade?
- Onde foi que você ficou preso ao passado e não se firmou em Jesus?
- Onde foi que parou de crescer?

O ramo separado da videira não pode produzir frutos e morre. Esteja atento ao lugar onde deve permanecer e ao que precisa ser feito para que isso aconteça. Que sua oração seja assim: "Senhor, salva-me de mim mesmo! Permita que eu amadureça e cresça, sempre ligado à Videira verdadeira!".

UM CAMINHO E NÃO UM DESTINO

04 DEZ

Sei o que é passar necessidade e sei o que é ter fartura. Aprendi o segredo de viver contente em toda e qualquer situação, seja bem alimentado, seja com fome, tendo muito, ou passando necessidade. Tudo posso naquele que me fortalece.
Filipenses 4.12-13

Não importa quanto você regue o concreto, jamais um jardim crescerá nele. Então pare de desperdiçar sua água em questões mortas, antes que seja tarde demais!

Embora seja difícil acreditar, no meio de uma luta será nossa dor mais profunda a grande responsável por nossas maiores transformações. A dor é apenas um caminho, não um destino: você precisa continuar. A energia necessária para mascarar a dor é a mesma que você pode usar para investir em seu futuro.

A cura e o crescimento não serão possíveis se você mantiver a porta aberta para as pessoas e experiências que o feriram. Não permita que transitem livremente pela sua vida, pois irão manter vivo o que precisa morrer.

Você não pode usufruir dos direitos de um adulto tendo a responsabilidade de uma criança. Também não será quem deseja ser e quem costumava ser ao mesmo tempo. Você precisa escolher um ou outro. Escolha o que pensar, em vez de ser escolhido por pensamentos mentirosos e abstratos. Você precisa assumir o controle!

Ficou tão familiarizado com seus problemas que já não enxerga mais seu potencial? Mude essa maneira de olhar sua condição atual e as dores do passado. Deixe o vitimismo de lado e cresça no processo de superação e cicatrização.

LEMBRETE DO DIA

A DOR PODE SER UM CAMINHO PARA O CRESCIMENTO E A SABEDORIA.

#DIEGOMENIN

PLANO DE LEITURA BÍBLICA

Ezequiel 36.29 — 38.23
1João 2.12-29
Salmos 140.6-13

PENSE E ORE

Dor

ANOTAÇÕES

05
DEZ

JESUS SE FEZ PEQUENO PARA NOS SALVAR!

Seja a atitude de vocês a mesma de Cristo Jesus, que, embora sendo Deus, não considerou que o ser igual a Deus era algo a que devia apegar-se; mas esvaziou-se a si mesmo, vindo a ser servo, tornando-se semelhante aos homens. E, sendo encontrado em forma humana, humilhou-se a si mesmo e foi obediente até a morte, e morte de cruz!
Filipenses 2.5-8

Jesus é grande, mas se fez "pequeno" a fim de entender nossas dores. Você não precisa sair de onde está para encontrá-lo, pois Ele desceu ao nosso nível mais profundo, igualou-se a nós para nos resgatar e nos revelar Seu maravilhoso Reino. Não há "fundo do poço" que o impeça de chegar a nós. "Por isso Deus o exaltou à mais alta posição e lhe deu o nome que está acima de todo nome, para que ao nome de Jesus se dobre todo joelho, nos céus, na terra e debaixo da terra, e toda língua confesse que Jesus Cristo é o Senhor, para a glória de Deus Pai" (Filipenses 2.9-11).

Você foi resgatado por meio da morte e ressurreição de Jesus e comprado pelo Seu sangue, portanto não há nada que possa mudar o que Ele fez pela sua vida. Agora temos acesso ao Pai por meio de Cristo. Por isso, somos uma família.

Temos a certeza da morte, mas convivemos com a incerteza do dia. Confie Naquele que tem o domínio sobre a morte e sobre o dia e seja feliz! Espanque o medo, na certeza de que até aqui o Senhor o sustentou!

LEMBRETE DO DIA

DEUS REALMENTE NOS AMA E A CRUZ É PROVA DISSO.

#DIEGOMENIN

PLANO DE LEITURA BÍBLICA

Ezequiel 39.1 — 40.27
1João 3.1-24
Salmos 141.1-7

PENSE E ORE

Resgate

ANOTAÇÕES

AME, MAS NÃO SE ENGANE

06 DEZ

O segundo [mandamento] é semelhante a ele: "Ame o seu próximo como a si mesmo".
Mateus 22.39

Ser trouxa é um círculo vicioso: quanto mais trouxa você é, mais acaba sendo. Chega uma hora, porém, que não dá mais! A vida é curta, e ser trouxa exige muito esforço.

Você precisa desconstruir a arte de ser trouxa. Deus não o fez para isso, e sim para ser filho Dele e amar o próximo. Se continuar se importando demais com a opinião alheia, irá morrer tentando obter a aprovação das pessoas sem jamais conseguir. Quantos já morreram por terem largado tudo para impressionar os outros!

Entenda que sempre existirão sussurros a seu respeito, mas não deixe que eles definam você. Afinal, como filho de Deus, você não precisa provar seu valor a ninguém. Você não pode passar a vida inteira brigando com quem só o enxerga por fora e não reconhece seu real valor. Sua identidade está dentro de você. É algo interno, que existe independentemente de cor, raça ou condição social. Deus pôs parte de si mesmo em você, e é isso que faz de você alguém à imagem e semelhança Dele.

O mundo quer que você pense que é frágil. Mas você não é feito de cristal nem de açúcar. A intenção alheia é fazê-lo entregar a responsabilidade de administrar seu destino aos que se acham fortes, enquanto você se atrofia esperando a boa vontade deles. Assim, sua mente se torna escrava e o aprisiona como vítima. Chega de vitimismo!

Chega de tapinhas nas costas! Chega dos olhares de ternura daqueles que choram por sua desgraça, mas não libertam sua mente! Você estará em guerra enquanto sua maior parceria não for com Deus.

LEMBRETE DO DIA

DEUS É QUEM DIZ A VERDADE A NOSSO RESPEITO. CONFIE EM SUAS PALAVRAS.

#DIEGOMENIN

PLANO DE LEITURA BÍBLICA

Ezequiel 40.28 — 42.9
1João 4.1-21
Salmos 141.8-10

PENSE E ORE

Sem vitimismo

ANOTAÇÕES

07

DEZ

PRECISAMOS SER TESTADOS

Se você vacila no dia da dificuldade, como será limitada a sua força!
Provérbios 24.10

LEMBRETE DO DIA

PODEMOS NOS TORNAR MAIS FORTES E RESILIENTES SE NÃO CEDERMOS EM TEMPOS DIFÍCEIS.

#DIEGOMENIN

PLANO DE LEITURA BÍBLICA

Ezequiel 42.10 — 44.19
1João 5.1-21
Salmos 142.1-7

PENSE E ORE

Resiliência

ANOTAÇÕES

Resiliência, palavra proveniente do latim , significa "voltar ao normal". É um termo da física e refere-se à capacidade de certos materiais em acumular energia quando submetidos a um esforço e, cessado o esforço, retornar ao seu estado natural sem sofrer deformações permanentes. Desse modo, o material mostra sua plasticidade e elasticidade. Os objetos deformados por uma força externa voltam ao estado natural quando essa força é cessada.

Na resiliência espiritual, acontece a mesma coisa: o cristão volta ao normal depois da prova, da luta, da dor, das adversidades. Ser resiliente é ter a capacidade de recomeçar depois de sofrer algum dano na vida, seja ele material, físico ou espiritual.

A vida nos proporciona muitas surpresas, nem todas agradáveis. Portanto, ser resiliente é um desafio constante para qualquer pessoa, cristã ou não.

Como tem sido sua vida como filho de Deus? Tem se entregado às adversidades ou enfrentado as batalhas? Nossa resiliência vem do Senhor: é Ele quem nos justifica e nos fortalece para resistirmos à pressão ao nosso redor.

Busque Nele a força de que precisa para resistir às circunstâncias e voltar à posição de filho, modificado a cada provação que experimentar.

PROPAGANDO O EVANGELHO (PARTE 1/2)

08
DEZ

Assim, fixamos os olhos, não naquilo que se vê, mas no que não se vê, pois o que se vê é transitório, mas o que não se vê é eterno.
2Coríntios 4.18

Quando penso na transmissão do Evangelho, duas palavras me vêm à mente: "alcance" e "influência". Elas fazem todo o sentido quando se trata de expor a Palavra de Deus. Não é o caso de apenas ter um microfone na mão, e sim de exalar essa verdade transformadora. Neste dia, quero compartilhar com você algumas ações que pratico em minha vida ministerial, a fim de aumentar o alcance e a influência de minha mensagem.

- *Foco no invisível.* Em 2Coríntios 4.18, somos instruídos a não fixarmos os olhos no visível, no mundo temporal, mas no invisível, no mundo eterno. Entenda que Deus está no sobrenatural, ou seja, além do que nossos olhos veem.
- *Já existe uma unção em você.* O texto de 1João 2.20 deixa isso bem claro. Você é ungido como uma pessoa capaz de alcançar e influenciar outros.
- *Sua paixão precisa estar viva.* Em outras palavras, crie um desejo ou um ambiente em que aprender seja algo constante. Esteja perto de pessoas apaixonadas por Cristo e pelo Evangelho.

Amanhã compartilharei outras três ações.

LEMBRETE DO DIA

SER UMA BOA INFLUÊNCIA É SEGUIR O EXEMPLO DE CRISTO.

#DIEGOMENIN

PLANO DE LEITURA BÍBLICA

Ezequiel 44.20 — 46.24
2João 1.1-13
Salmos 143.1-6

PENSE E ORE

Alcance e influência

ANOTAÇÕES

09 DEZ

PROPAGANDO O EVANGELHO (PARTE 2/2)

A graça do Senhor Jesus Cristo, o amor de Deus e a comunhão do Espírito Santo sejam com todos vocês.
2Coríntios 13.14

Mais três ações práticas:

- *Fortaleça seu espírito.* Se vamos nos relacionar com o reino sobrenatural, precisamos operar nos dons do Espírito. Em 1Coríntios 14.2-5, lemos que, ao falar em línguas ou mistérios, falamos de nosso homem interior a Deus e assim edificamos nosso espírito. Paulo diz, na mesma carta, que falava em línguas mais que todos os outros. É importante falar em línguas se quisermos saber o que está acontecendo no reino sobrenatural.
- *Aprimore sua comunhão com o Espírito Santo.* Precisamos ter um relacionamento real com Ele. Em 2Coríntios 13.14, temos a palavra "comunhão", que significa "compartilhar algo em comum". Imagine que temos algo em comum com o Espírito Santo. Somos amigos Dele. Jesus, quando deixou a terra, prometeu que ia deixar um Conselheiro, um Consolador, um Amigo, um *Parakletos* ("aquele chamado para ficar ao nosso lado"). O Espírito Santo habita em nós, e devemos ficar perto Dele todos os dias.
- *Seja dependente do Espírito Santo.* Deus conhece cada pessoa. Ele conhece sua história, seus antecedentes, e sabe do que você precisa. Portanto, esteja certo da mensagem que irá transmitir, porém também deixe espaços disponíveis para o fluir do momento. Arrisque-se a depender do Espírito Santo!

Ponha essas seis ações em prática a partir de hoje!

LEMBRETE DO DIA

TODO CRISTÃO TEM A MISSÃO DE ANUNCIAR AS BOAS NOVAS E FAZER DISCÍPULOS.

#DIEGOMENIN

PLANO DE LEITURA BÍBLICA

Ezequiel 47.1 — 48.35
3João 1.1-14
Salmos 143.7-12

PENSE E ORE

Alcance e influência

ANOTAÇÕES

RAIZ DE AMARGURA

10
DEZ

Cuidem que ninguém se exclua da graça de Deus; que nenhuma raiz de amargura brote e cause perturbação, contaminando a muitos.
Hebreus 12.15

Você não é derrotado pelo que as pessoas falam a seu respeito, mas pelo que você mesmo pensa e fala de si mesmo. Se entender isso, conseguirá se livrar da amargura quando decidir as coisas por vontade própria, não por pressão alheia.

A amargura se instala quando você toma decisões prematuramente, sem analisar e avaliar todo o contexto. Por isso, não se precipite. Você precisa ser consistente para fazer a colheita que Deus tem para você. Não acelere o que precisa de tempo para crescer. Sempre que iniciar uma luta em seu espírito, estará prestes a dar à luz a algo grande, que poderá abalar o mundo!

Confie em Deus e você irá transformar seus medos em fé e dissipar todas as suas limitações. Assim, estará livre dos dias de amargura, pois terá como base os valores e princípios do Reino de Deus.

Não abra mão de viver uma vida plena, de acordo com o plano de Deus para você. Ore no dia de hoje sobre esse alinhamento e lance fora toda raiz de amargura.

LEMBRETE DO DIA

O SENHOR PODE TRANSFORMAR SEUS MEDOS EM FÉ!

#DIEGOMENIN

PLANO DE LEITURA BÍBLICA

Daniel 1.1 — 2.36
Judas 1.1-25
Salmos 144.1-4

PENSE E ORE

Amargura

ANOTAÇÕES

11
DEZ

FOCO NO PRESENTE

Não diga: "Por que os dias do passado foram melhores que os de hoje?" Pois não é sábio fazer esse tipo de pergunta.
Eclesiastes 7.10

LEMBRETE DO DIA

SEU FUTURO ESTÁ NAS MÃOS DE DEUS.

#DIEGOMENIN

PLANO DE LEITURA BÍBLICA

Daniel 2.36 — 4.12
Apocalipse 1.1-20
Salmos 144.5-10

PENSE E ORE

Futuro

ANOTAÇÕES

Não desista se falhar, porque o que vem depois irá surpreendê-lo. Você pode encontrar milagres nas pequenas coisas que acontecem ao seu redor, todos os dias. Preste atenção, para não ignorar os acontecimentos.

Seu futuro não é uma corda bamba, que depende ora de uma pessoa, ora de outra. Seu futuro é desenhado e alinhado de acordo com o propósito que Deus tem para sua vida. Siga estas instruções:

- "Se alguém está em Cristo, é nova criação. As coisas antigas já passaram; eis que surgiram coisas novas!" (2Coríntios 5.17).
- "Esqueçam o que se foi; não vivam no passado" (Isaías 43.18).
- "Ninguém que põe a mão no arado e olha para trás é apto para o Reino de Deus" (Lucas 9.62).

Inspire-se no futuro, mas não perca o foco no presente: o contrário não é saudável. Uma única palavra de Jesus poderá curar seu passado, seu presente e seu futuro.

SEPARADOS DE DEUS

12
DEZ

Vejam! O braço do Senhor não está tão encolhido que não possa salvar, e o seu ouvido tão surdo que não possa ouvir. Mas as suas maldades separaram vocês do seu Deus; os seus pecados esconderam de vocês o rosto dele, e por isso ele não os ouvirá. Pois as suas mãos estão manchadas de sangue, e os seus dedos, de culpa [...].
Isaías 59.1-4

Não há nada que possamos ser ou nos tornar que convença Deus a nos aceitar com nossos pecados. Absolutamente nada! Podemos cantar, pregar, evangelizar, contribuir: se o pecado persistir em nossa vida, nosso elo com Deus será destruído.

Em resumo, Deus jamais nos aceitará se continuarmos a viver na iniquidade, porque sem arrependimento não existe vida cristã. Por isso, viver em santidade deve ser nossa maior preocupação. Isso não significa ser perfeito a ponto de não pecar, porque isso é impossível, mas devemos buscar uma vida diferenciada, tendo como parâmetro a maneira como Jesus vivia.

As maldades separaram Israel de seu Deus. Separação significa distanciamento, e a última coisa que um cristão deseja é estar longe de Cristo. Não permita que o pecado separe você de Deus!

LEMBRETE DO DIA

A VIDA CRISTÃ EXIGE ARREPENDIMENTO.

#DIEGOMENIN

PLANO DE LEITURA BÍBLICA

Daniel 4.13 — 5.31
Apocalipse 2.1-19
Salmos 144.11-15

PENSE E ORE

Separação

ANOTAÇÕES

13
DEZ

O SILÊNCIO É VALOROSO

Até o insensato passará por sábio se ficar quieto e, se contiver a língua, parecerá que tem discernimento.
Provérbios 17.28

Há perguntas que não serão respondidas nesta Terra. Alguns questionamentos são válidos, mas perguntas infindáveis serão como um alimento para a dúvida e um veneno para a espiritualidade. Respostas concluem processos, e você ainda está no meio da caminhada, ainda tem muito que andar. A ausência de respostas humanas faz parar os que não encontram Jesus como caminho.

Nós também precisamos vigiar nossas palavras. Nem todas devem ser ditas. É nos primeiros trinta segundos de tensão que cometemos os maiores erros de nossa vida, quando pronunciamos palavras que não podemos recolher de volta.

Por isso, não viva debaixo da ditadura da resposta, da necessidade de reagir. Há momentos em que só o silêncio é capaz de preservar a sabedoria. O silêncio é a arte dos que pensam, e a reação rápida é própria dos que não raciocinam. Ficar em silêncio, além de lhe dar o crédito de ser uma pessoa de discernimento, ainda poderá fazê-lo mais feliz!

LEMBRETE DO DIA

NÃO SEJA REFÉM DA NECESSIDADE DE REAGIR.

#DIEGOMENIN

PLANO DE LEITURA BÍBLICA

Daniel 6.1 — 7.28
Apocalipse 2.20 — 3.13
Salmos 145.1-6

PENSE E ORE

Silêncio

ANOTAÇÕES

A CENTRALIDADE DA BÍBLIA

14
DEZ
DIA DA BÍBLIA

Toda a Escritura é inspirada por Deus e útil para o ensino, para a repreensão, para a correção e para a instrução na justiça, para que o homem de Deus seja apto e plenamente preparado para toda boa obra.
2Timóteo 3.16-17

O texto citado ressalta a centralidade da Bíblia na formação da fé e no desenvolvimento espiritual do crente. O ensino que emana das Escrituras serve como fundamento para entendermos a vontade de Deus.

A repreensão e a correção mencionadas no versículo revelam o papel das Escrituras em apontar os erros e guiar os crentes de volta ao caminho da retidão. A "instrução na justiça" é o roteiro para que o crente não se desvie do caminho.

Hoje, quando celebramos o Dia da Bíblia, vale a pena fazer uma pausa para refletir sobre o valor inestimável das Escrituras Sagradas, composta por textos inspirados por Deus e nossa fonte divina de sabedoria e orientação, nosso Manual para a vida.

LEMBRETE DO DIA

A BÍBLIA É NOSSA REGRA DE FÉ E PRÁTICA.

#DIEGOMENIN

PLANO DE LEITURA BÍBLICA

Daniel 8.1 — 10.14
Apocalipse 3.14 — 4.11
Salmos 145.7-11

PENSE E ORE

Sabedoria e orientação

ANOTAÇÕES

15
DEZ

RECONSTRUÇÃO EM MEIO A RUÍNAS

Eu lhes disse: Vejam a situação terrível em que estamos: Jerusalém está em ruínas, e suas portas foram destruídas pelo fogo. Venham, vamos reconstruir os muros de Jerusalém, para que não fiquemos mais nesta situação humilhante.
Neemias 2.17

LEMBRETE DO DIA

RECOMEÇAR EXIGE LÁGRIMAS, ORAÇÃO E A CORAGEM DE LIDAR COM FRACASSOS.

#DIEGOMENIN

PLANO DE LEITURA BÍBLICA

Daniel 10.15 — 12.13
Apocalipse 5.1 — 6.6
Salmos 145.12-16

PENSE E ORE

Recomeço

ANOTAÇÕES

Normalmente, antes do recomeço deparamos com uma situação trágica, algo que deu errado. É impossível tomar a decisão de recomeçar sem chorar, lamentar ou sentir medo. Os que recomeçam sentindo alegria nem sabem o que estão fazendo, porque o recomeço sempre inicia com lágrimas e luto. Contudo, assim como Neemias, você pode ter a ousadia de recomeçar, de quebrar o padrão humano de que nossas ações devem ser motivadas por sensações de alegria.

O recomeço jamais nascerá de uma sensação positiva: ele surge de nossos medos e inseguranças. Recomeçar é optar pela angústia, dar lugar ao luto pelo que se perdeu e fazer a autópsia de nosso fracasso diante de Deus.

Para recomeçar, precisamos abrir mão da autopiedade e agir com disciplina, por meio de jejum e da oração, como Neemias, quando tomou a difícil decisão de reconstruir os muros de Jerusalém. Ele fez o que estava ao seu alcance, na certeza de que Deus faz tudo que não podemos. As ruínas dos muros da Cidade Santa, que ficaram 150 anos intocáveis, foram restauradas em apenas 52 dias por alguém que encarou a difícil decisão de recomeçar.

OLHE PARA FRENTE

16 DEZ

[Jesus] disse-lhes: "Foi isso que eu falei enquanto ainda estava com vocês: Era necessário que se cumprisse tudo o que a meu respeito está escrito na Lei de Moisés, nos Profetas e nos Salmos". Então lhes abriu o entendimento, para que pudessem compreender as Escrituras.
Lucas 24.44-45

Todo o plano da redenção foi pensado para que a ressurreição ocorresse, caso contrário todos ficariam eternamente "perfumando" o corpo de Jesus. Aprendemos com isso que o que passou deve ser superado.

Quando perfumamos as coisas, queremos dar a elas um significado que não têm. É uma ação inócua, inútil. Nada irá melhorar o que já passou, mas se nos concentrarmos no hoje teremos um amanhã muito melhor.

Não podemos mudar o passado, tampouco modificar o "cheiro" de algo que não tem mais perfume. O corpo perfumado de Jesus não nos serve de nada, e sim o Cristo vivo e glorificado!

Jesus não está preso ao passado, Ele está vivo e presente em nossa vida, pronto a caminhar conosco. Esqueça o que passou, não viva de passado, tampouco tente perfumá-lo. Olhe para frente e siga: o melhor ainda está por vir!

LEMBRETE DO DIA

DEUS NOS CHAMA PARA VIVER O PRESENTE, NÃO PARA REVIVER O PASSADO.

#DIEGOMENIN

PLANO DE LEITURA BÍBLICA

Oseias 1.1 — 5.9
Apocalipse 6.7 — 7.8
Salmos 145.17-21

PENSE E ORE

Presente

ANOTAÇÕES

17
DEZ

ESPERANÇA ALÉM DA MORTE

Eu sou a ressurreição e a vida. Aquele que crê em mim, ainda que morra, viverá; e quem vive e crê em mim, não morrerá eternamente. Você crê nisso?
João 11.25-26

LEMBRETE DO DIA

A MORTE NÃO TEM PODER SOBRE QUEM TEM A ESPERANÇA DA VIDA ETERNA.

#DIEGOMENIN

PLANO DE LEITURA BÍBLICA

Oseias 5.10 — 9.17
Apocalipse 7.9 — 8.11
Salmos 146.1-2

PENSE E ORE

Morte

ANOTAÇÕES

É difícil falar ou mesmo pensar na morte. É um assunto que nos desagrada e nos causa medo, mas é o destino de todos nós, e temos de conviver com essa realidade. Por isso, aqui estão algumas sugestões simples para lidar com a questão:

- Viva uma vida confiando verdadeiramente na esperança que Cristo nos dá, e estará preparado para morrer a qualquer momento.
- Seja obediente aos mandamentos de Deus, e estará preparado para a vida eterna, quando você nunca mais morrerá.
- Pense na morte como um curto período de sono, até o momento em que será despertado pela voz de Jesus, quando Ele retornar.
- Descanse na promessa de Jesus, segundo a qual teremos um lar celestial por toda a eternidade.

Em Cristo, temos esperança de vida após a morte, porque Ele é "a ressurreição e a vida" (João 11.25b). E Ele promete: "Porque eu vivo, vocês também viverão" (João 14.19b). Depois que Ele retornar, nunca mais viveremos à sombra da morte, porque teremos vida eterna, juntinhos Dele e para sempre!

FIDELIDADE NO POUCO

18
DEZ

Muito bem, servo bom e fiel! Você foi fiel no pouco, eu o porei sobre o muito. Venha e participe da alegria do seu senhor!
Mateus 25.23

Podemos menosprezar ou superestimar o que temos. Isso também se aplica ao que Deus põe em nossas mãos. E, na mordomia cristã, o pouco não deve ser menosprezado, porque como mordomos de Deus nossa fidelidade é testada em coisas aparentemente insignificantes. Nada do que Deus nos dá deve passar despercebido.

Quando Deus percebe que você valoriza o pouco que tem, Ele faz esse pouco se transformar em muito. Portanto, valorize sua igreja, ainda que nunca venha a ser uma megaigreja. Valorize e ame seus pais, ainda que eles não tenham a possibilidade de dar todos os recursos do mundo. Valorize a escola, a empresa em que trabalha.

Enfim, dê valor às pequenas coisas, porque podem representar a única possibilidade de você ser colocado "sobre o muito".

LEMBRETE DO DIA

A FIDELIDADE NAS PEQUENAS COISAS REVELA NOSSA CAPACIDADE PARA GRANDES REALIZAÇÕES.

#DIEGOMENIN

PLANO DE LEITURA BÍBLICA

Oseias 10.1 — 14.9
Apocalipse 8.12 — 9.19
Salmos 146.3-10

PENSE E ORE

Mordomia

ANOTAÇÕES

19

DEZ

ESMAGADO PARA ALCANÇAR O MELHOR DE DEUS

Foi da vontade do Senhor esmagá-lo e fazê-lo sofrer, e, embora o Senhor tenha feito da vida dele uma oferta pela culpa, ele verá sua prole e prolongará seus dias, e a vontade do Senhor prosperará em sua mão [...].
Isaías 53.10-12

LEMBRETE DO DIA

A PRESSÃO QUE NOS MÓI TAMBÉM NOS TRANSFORMA PARA A GLÓRIA DIVINA.

#DIEGOMENIN

PLANO DE LEITURA BÍBLICA

Joel 1.1 — 3.21
Apocalipse 9.20 — 11.6
Salmos 147.1-6

PENSE E ORE

Esmagamento

ANOTAÇÕES

Jamais ocorrerá um grande fluir de Deus em sua vida sem que antes você passe por um processo de esmagamento. Para "ver a luz e ficar satisfeito", você precisa ser moído, amassado e prensado em algum momento.

Esse processo inclui perdas, períodos de alta pressão, falência, doenças e todo tipo de adversidade que leve você ao limite. Mas entenda: toda vez que parecer o fim e você achar que vai morrer, esse é o processo que o levará a uma fase gloriosa.

Jesus passou por um processo de esmagamento inimaginável, mas também conquistou uma glória que a mente humana não pode conceber. Para viver as gloriosas promessas de Deus, você terá de enfrentar desafios e aceitar ser esmagado, como uma azeitona para produzir azeite. O processo é doloroso, mas o resultado é pura glória!

JESUS ACIMA DE TUDO

20 DEZ

Quem ama seu pai ou sua mãe mais do que a mim não é digno de mim; quem ama seu filho ou sua filha mais do que a mim não é digno de mim; e quem não toma a sua cruz e não me segue, não é digno de mim. Quem acha a sua vida a perderá, e quem perde a sua vida por minha causa a encontrará.
Mateus 10.37-39

Talvez você esteja em uma situação assim: "Tenho tudo para ser feliz e não sou. Tenho um ótimo salário, o emprego dos sonhos, uma família ao meu lado, bons amigos, uma boa igreja, um ministério, mas ainda me sinto cansado e vazio!". Talvez eu saiba o que está acontecendo com você. Preste atenção:

- Se suas dores forem maiores que Jesus, elas reinarão sobre você.
- Se suas reclamações forem maiores que Jesus, elas o dominarão.
- Se seu luto for maior que Jesus, ele irá machucá-lo.
- Se seu passado for maior que Jesus, ele o aprisionará.
- Se seus traumas forem maiores que Jesus, eles serão seus senhores.

Não quero dizer com isso que você precisa deixar de ser humano ou se tornar insensível, mas sua obrigação como cristão é colocar Jesus acima de todas as coisas. Ele é maior que tudo, o Primeiro e o Último. Nada nem ninguém pode reinar no lugar Dele. Ponha-O no devido lugar, e o vazio desaparecerá!

LEMBRETE DO DIA

PÔR JESUS NO CENTRO É A CHAVE PARA A VERDADEIRA PAZ.

#DIEGOMENIN

PLANO DE LEITURA BÍBLICA

Amós 1.1 — 5.17
Apocalipse 11.7 — 12.6
Salmos 147.7-11

PENSE E ORE

Libertação

ANOTAÇÕES

21
DEZ

CORAJOSOS COMO O LEÃO

O ímpio foge, embora ninguém o persiga, mas os justos são corajosos como o leão.
Provérbios 28.1

LEMBRETE DO DIA

BATALHE CONTRA A SUA MENTE.

#DIEGOMENIN

PLANO DE LEITURA BÍBLICA

Amós 5.18 — 9.15
Apocalipse 12.7 — 13.10
Salmos 147.12-18

PENSE E ORE

Luta interna

ANOTAÇÕES

Quando Salomão diz que é preciso muita coragem para vencer na vida, ele está se referindo aos justos, que são "corajosos como o leão". E, se você tem problema para lutar pelo que quer, lamento informar: é um covarde.

Talvez esteja desperdiçando muito tempo tentando ser compreendido, aceito e amado e assim renunciando à luta pelo que deseja. Então é tempo de parar de lutar contra o Diabo, contra as pessoas, contra o passado e começar a lutar contra você.

Sim. Lute contra si mesmo para poder mudar. E é preciso ter coragem para agir internamente, porque para agir externamente é fácil. É mais ou menos assim: por dentro você está em turbulência, mas por fora está fazendo média, comendo e bebendo e tendo vida social. Mas com essa vida de aparência está neutralizando o que Deus pôs em você.

Está na hora de você começar a lutar contra sua mente. E não tenha medo, porque Deus lhe dará uma forma de pensar e de entender a vida que combina com Ele, que é poderoso para fazer infinitamente mais do que você possa imaginar.

SEM PRECIPITAÇÃO

22
DEZ

Sarai [...] disse a Abrão: "Já que o Senhor me impediu de ter filhos, possua a minha serva; talvez eu possa formar família por meio dela". Abrão atendeu à proposta de Sarai. Quando isso aconteceu, já fazia dez anos que Abrão, seu marido, vivia em Canaã. Foi nessa ocasião que Sarai, sua mulher, lhe entregou sua serva egípcia Hagar. Ele possuiu Hagar, e ela engravidou.
Gênesis 16.1-4

A precipitação é um caminho que tomamos guiados por nossos desejos, não por nossas necessidades. Sarai precipitou-se por não ter paciência para aguardar a promessa de Deus e sugeriu a Abrão que ele se deitasse com uma serva egípcia. Ela deve ter pensado: "Talvez seja isso o que Deus quer".

Ela queria ter um filho e tinha pressa. E Hagar de fato engravidou. Mas agora havia uma escrava carregando o filho do chefe no ventre. Era óbvio que a mãe do único herdeiro não iria mais aceitar ser tratada como serva. E era previsível que Sarai sentiria ciúmes. Essa situação desastrosa foi resultado da precipitação de Sarai.

Essa atitude precipitada tirou a paz da família. Tudo isso porque Sarai não quis esperar o tempo de Deus: se Ele disse que faria, era só aguardar. Prova disso foi que no tempo de Deus a gravidez de Sarai aconteceu! Mas o estrago decorrente de Sua ação precipitada já estava feito.

LEMBRETE DO DIA

A PRECIPITAÇÃO COSTUMA RESULTAR EM DESASTRE.

#DIEGOMENIN

PLANO DE LEITURA BÍBLICA

Obadias 1.1-21
Jonas 1.1 — 4.11
Apocalipse 13.11 — 14.13
Salmos 147.19-20

PENSE E ORE

Precipitação

ANOTAÇÕES

23
DEZ

É HORA DE TRANSBORDAR

E a esperança não nos decepciona, porque Deus derramou seu amor em nossos corações, por meio do Espírito Santo que ele nos concedeu.
Romanos 5.5

LEMBRETE DO DIA

NA VIDA CRISTÃ, É PRECISO TRANSBORDAR.

#DIEGOMENIN

PLANO DE LEITURA BÍBLICA

Miqueias 1.1 — 4.13
Apocalipse 14.14 — 15.8
Salmos 148.1-5

PENSE E ORE

Transbordamento

ANOTAÇÕES

O que tem transbordado de você? A vida cristã é como um rio que deve transbordar. Não se trata de dinheiro, como condição financeira e apoio familiar. Não tem relação com sua história pessoal, ou seja, se teve um pai bom ou mau, se você mora na periferia ou no centro. Esse transbordamento diz respeito ao amor de Deus, derramado em nosso coração até transbordar.

Deus está dizendo: "Tenho algo para você, e é hora de transbordar — transbordar amor, fé, equilíbrio e a unção que tenho sobre sua vida. Para isso, você precisa parar de transbordar rancor, lamentos, angústias, choros e assuntos problemáticos, *para ser alguém que transborde solução!*".

Quando você transborda solução, pessoas com maiores salários, mais títulos e cargos mais elevados que o seu irão se lembrar de você quando tiverem problemas e dirão: "Você me acalma! Você me traz paz! Você me traz equilíbrio!". E você poderá responder: "Não sou eu! É Jesus que transborda em mim e gera vida, unção e graça".

CEIA DE NATAL

24 DEZ

VÉSPERA DE NATAL

Venham! Cantemos ao SENHOR com alegria!
Aclamemos a Rocha da nossa salvação.
Salmos 95.1

Véspera é sinônimo de expectativa. Basta lembrar a noiva na véspera do casamento ou o artista um dia antes de estrear sua peça teatral. Mas a ceia de Natal, tradicionalmente celebrada na véspera do dia 25 de dezembro, não é tão caracterizada pela expectativa, porque Cristo já nasceu. Aliás, ele nasceu, cresceu, morreu, ressuscitou e agora está à direita do Pai. Talvez a expectativa seja pela própria ceia, com os necessários preparativos, a troca de presentes, os parentes que virão de longe, e assim por diante.

Reunir-se na noite anterior ao dia que marca o nascimento de Jesus é uma celebração de união familiar, de amizade, mas também deve ser uma oportunidade de reflexão sobre o amor e a humildade do Salvador ao se fazer como um de nós para nos salvar.

Nesta noite, faça da ceia de Natal de sua família uma celebração festiva, um verdadeiro ato de comunhão e de gratidão. Não importa se o ambiente é requintado ou humilde. Lembremos que Jesus se sentava à mesa de ricos e pobres, e todos se alegravam igualmente com Sua presença. Alegre-se na presença Dele hoje também!

LEMBRETE DO DIA

HOJE É DIA DE CELEBRAR!

#DIEGOMENIN

PLANO DE LEITURA BÍBLICA

Miqueias 5.1 — 7.20
Apocalipse 16.1-21
Salmos 148.6

PENSE E ORE

Celebração

ANOTAÇÕES

25
DEZ
NATAL

NASCEU O SALVADOR!

Estou trazendo boas-novas de grande alegria para vocês, que são para todo o povo: Hoje, na cidade de Davi, nasceu o Salvador, que é Cristo, o Senhor.
Lucas 2.10-11

LEMBRETE DO DIA

NATAL É DIA DE FALAR SOBRE JESUS.

#DIEGOMENIN

PLANO DE LEITURA BÍBLICA

Naum 1.1 — 3.19
Habacuque 1.1 — 2.11
Apocalipse 17.1-18
Salmos 148.7-12

PENSE E ORE

Natal

ANOTAÇÕES

Muitas pessoas que hoje comemoram o nascimento de Jesus nem imaginam que Ele vive e está assentado à direita de Deus Pai, no Céu. Já pensou que muita gente poderia ter um Natal diferente se conhecesse seu Redentor?

Para essas pessoas, o Natal é apenas mais um motivo de festejar, ao passo que para você, que conhece a Cristo na intimidade, é uma expressão de celebração da vida, do perdão recebido e da renovação espiritual, como também uma oportunidade de reafirmar o compromisso de viver os ensinamentos de Cristo no dia a dia.

Então por que não aproveitar este dia para mostrar a essas pessoas o verdadeiro motivo do Natal, para apresentar o Aniversariante a elas? Porque celebrar Jesus é poder dividi-Lo com todas as pessoas ao nosso redor. Assim, no próximo ano teremos mais pessoas cientes de quão valioso é ter Jesus no coração!

Feliz Natal!

ENFRENTANDO OS GIGANTES

26
DEZ

"Teu servo pôde matar um leão e um urso; esse filisteu incircunciso será como um deles, pois desafiou os exércitos do Deus vivo. O Senhor que me livrou das garras do leão e das garras do urso me livrará das mãos desse filisteu". Diante disso Saul disse a Davi: "Vá, e que o Senhor esteja com você".
1Samuel 17.36-37

Você precisa enfrentar os gigantes que estarão nas antessalas dos lugares que Deus lhe prometeu. Deus pode ter preparado algo para sua família, para seu ministério ou mesmo para sua carreira secular, mas não se iluda: só na sua imaginação o caminho é florido.

A promessa não vem com a garantia de uma vida maravilhosa, de uma jornada sem obstáculos. Pelo contrário, no caminho do que Deus tem para você sempre haverá algum gigante tentando impedir a passagem. E, para que você possa continuar, o gigante precisa morrer.

O grande passaporte para o reinado de Davi foi a morte de Golias. A maior promoção, o maior impulso, foi sua vitória sobre o gigante. Não pense que você entrará no palácio das promessas de Deus só porque deseja. Se quiser ver a promessa cumprida, terá de derrotar os gigantes que atravessarem seu caminho.

LEMBRETE DO DIA

A PROMESSA NÃO VIRÁ FACILMENTE.

#DIEGOMENIN

PLANO DE LEITURA BÍBLICA

Habacuque 2.12 — 3.19
Sofonias 1.1 — 3.20
Apocalipse 18.1-17
Salmos 148.13-14

PENSE E ORE

Gigantes

ANOTAÇÕES

27
DEZ

NÃO APRESSE AS COISAS!

**Os planos bem elaborados levam à fartura;
mas o apressado sempre acaba na miséria.**
Provérbios 21.5

LEMBRETE DO DIA

TUDO ACONTECE NA HORA CERTA.

#DIEGOMENIN

PLANO DE LEITURA BÍBLICA

Ageu 1.1 — 2.23
Zacarias 1.1 — 2.5
Apocalipse 18.17 — 19.10
Salmos149.1-4

PENSE E ORE

Pressa

ANOTAÇÕES

A pressa ou a urgência está sempre rondando nossa vida. Acordamos pela manhã assustados porque se o despertador não tocar, perdemos a hora para o trabalho. Mas a verdade é que temos pressa porque não sabemos esperar.

As más notícias chegam rápido, mas aquela resposta pela qual ansiamos parece nunca chegar. Temos pressa de obter as coisas boas, e às vezes nos precipitamos, desistimos ou tomamos um rumo errado na vida por não sabermos esperar. Salomão diz: "Não é bom [...] ser precipitado e perder o caminho" (Provérbios 19.2).

Se você está querendo construir algo ou aguardando uma boa notícia, deixe que tudo aconteça no tempo certo. Tentar apressar o andamento das coisas ou adiantar o relógio de Deus levará você a perder o rumo e a não conseguir aquilo pelo qual está lutando.

O SEGREDO DA PROSPERIDADE

28 DEZ

Então veio outro servo e disse: "Senhor, aqui está a tua mina; eu a conservei guardada num pedaço de pano. Tive medo, porque és um homem severo. Tiras o que não puseste e colhes o que não semeaste". O seu senhor respondeu: "Eu o julgarei pelas suas próprias palavras, servo mau! Você sabia que sou homem severo, que tiro o que não pus e colho o que não semeei".
Lucas 19.20-22

Prosperidade é muito mais que ter: é ser. Não está ligada apenas ao consumo, mas à qualidade de vida. O que gera prosperidade é o que você planta em sua mente e escolhe viver. Afinal, não significa ter tudo, mas não ter falta de nada. Mas o que o impede de ser próspero?

O primeiro inimigo da prosperidade é o medo de fracassar. Por isso, os medrosos não prosperam, pois os riscos fazem parte do crescimento e a audácia é necessária. É preciso estar disposto a correr riscos na busca da prosperidade. O servo da parábola teve uma grande oportunidade, mas ele teve medo de encarar os desafios. Ficou com medo de perder a mina. O medo irá paralisar você e o fará ficar agarrado ao que já ganhou, sem coragem de tentar ganhar mais.

Esteja sempre pronto para outros negócios, possibilidades e mudanças. Esteja liberado para morar onde Deus quer que você more e trabalhar onde quer que você trabalhe. A prosperidade está ligada à coragem!

LEMBRETE DO DIA

PROSPERIDADE NÃO COMBINA COM MEDO.

#DIEGOMENIN

PLANO DE LEITURA BÍBLICA

Zacarias 2.6 — 7.6
Apocalipse 19.11 — 20.6
Salmos 149.5-7

PENSE E ORE

Medo e prosperidade

ANOTAÇÕES

29
DEZ

DESFRUTE DA ALEGRIA QUE VEM DO SENHOR

Neemias, [...] Esdras [...] e os levitas [...] disseram a todos: "Este dia é consagrado ao Senhor [...]. Nada de tristeza e de choro!" Pois todo o povo estava chorando enquanto ouvia as palavras da Lei. E Neemias acrescentou: "Podem sair, e comam e bebam [...], e repartam com os que nada têm preparado. Este dia é consagrado ao nosso Senhor. Não se entristeçam, porque a alegria do Senhor os fortalecerá".
Neemias 8.9-10

Faça uma avaliação interna hoje:

- Você está se sentindo como se a alegria tivesse deixado sua vida?
- Você passa mais tempo pensando em suas dores ou no Deus que cura qualquer tipo de dor?
- Você passa seu tempo preocupado com as dívidas, em vez de pensar no Deus da provisão?

Se você vive pelo menos uma dessas situações, deve estar em colapso emocional e sem ânimo. Mas a alegria está à sua espera, e mais perto do que você imagina. Organize sua mente e desfrute da plenitude que vem do Senhor!

LEMBRETE DO DIA

NOSSA ALEGRIA ESTÁ NO SENHOR.

#DIEGOMENIN

PLANO DE LEITURA BÍBLICA

Zacarias 7.7 — 10.12
Apocalipse 20.7 — 21.8
Salmos 149.8-9

PENSE E ORE

Alegria em Cristo

ANOTAÇÕES

NÃO PERCA O FOCO

30 DEZ

Não se deixem enganar: "As más companhias corrompem os bons costumes". Como justos, recuperem o bom senso e parem de pecar; pois alguns há que não têm conhecimento de Deus; digo isso para vergonha de vocês.
1Coríntios 15.33-34

Devemos nos manter focados em Deus, porque às vezes matamos gigantes, rasgamos ursos e leões, mas somos derrotados nas simples viradas da vida. O motivo desse fracasso são as distrações. Na vida cristã, precisamos de disciplina para domar nossos sentimentos e para não perder o foco naquilo que interessa.

Só um propósito claro e bem-definido irá proteger você das distrações. Muitos crentes desistem no meio da jornada não por falta de amor ou de fé, mas por falta de foco. Acabam se envolvendo com questões menores e até com pessoas pouco recomendáveis, como lembra o apóstolo, e acabam perdendo a intimidade com Deus e com Sua Palavra.

Não se iluda: as más companhias corrompem os bons costumes e prejudicam sua jornada de fé. Busque associação com pessoas que o aproximem de Deus e das coisas do Reino, assim estará cada vez mais longe das distrações!

LEMBRETE DO DIA

APENAS UM PROPÓSITO CLARO PODERÁ AJUDÁ-LO A NÃO PERDER O FOCO.

#DIEGOMENIN

PLANO DE LEITURA BÍBLICA

Zacarias 11.1 — 14.21
Apocalipse 21.9-27
Salmos 150.1-3

PENSE E ORE

Distrações

ANOTAÇÕES

31
DEZ
VÉSPERA DE ANO-NOVO

SEGUROS NO SENHOR DO TEMPO

Eu sou o Alpha e o Ômega, o Primeiro e o Último, o princípio e o fim.
Apocalipse 22.13

LEMBRETE DO DIA

DEIXE O PASSADO E AVANCE PARA O NOVO DE DEUS.

#DIEGOMENIN

PLANO DE LEITURA BÍBLICA

Malaquias 1.1 — 4.6
Apocalipse 22.1-21
Salmos 150.4-6

PENSE E ORE

Celebração das vitórias e avanço

ANOTAÇÕES

A soberania de Deus está sobre o tempo e a História. Ele é o começo e o fim de todas as coisas, e isso nos garante a certeza de vivermos em constante segurança, ainda que tudo ao nosso redor pareça desmoronar. Nos fins de ano, é comum pessoas se frustrarem por aquilo que não alcançaram ou renovarem a esperança com um novo ciclo que se inicia. Escolha se renovar.

O que passou, passou. Deus não está interessado no que você não conseguiu realizar ou conquistar, mas na sua disposição em olhar para frente, acertar os passos e fundamentar a sua esperança no dono do tempo. Você, assim como eu, enfrentamos desafios diários, mas celebrar as vitórias e reconhecer a soberania de Deus sobre todas elas devem ser decisões diárias.

Confie em Deus, que é eterno e imutável, pois Ele guiará seus passos e o sustentará em cada fase de sua nova jornada. Ele é o Senhor de todos os seus dias.

Minhas anotações

Minhas anotações

Minhas anotações

Minhas anotações

Esta obra foi composta em *Museo* e *Politica*
e impressa por Gráfica Santuário sobre papel
Offset 70 g/m² para Editora Vida.